똑똑

똑똑한 문해력

초등 국어
문해력

- 독해 3원리가 적용된 지문 써머리 학습
- 초등 교과 수업의 이해를 돕는 풍부한 글감 학습
- 문해력 향상을 위한 초등 필수 어휘 학습

워크북 | 자기 주도형 심화 학습 노트

3단계
기본편

초등 5·6학년

이투스북

 초등 국어 **문해력 시리즈** (6종)

3가지 독해 원리를 바탕으로 문해력을 기르는 훈련을 해 보세요.

똑똑 초등 국어 문해력 시리즈 독해 3원리

STEP 1
핵심 내용 정리하기

글의 글감을 확인하고, 문장의 중요한 정보들이 무엇인지 살펴봅니다.

STEP 2
짜임 이해하기

문단 간의 관계를 통해 한 편의 글이 어떤 짜임을 갖추고 있는지 확인합니다.

STEP 3
내용 요약하기

글 전체의 내용을 한두 문장의 짧은 글로 요약하여 표현할 수 있도록 훈련합니다.

똑똑 초등 국어 문해력

3단계 | 기본편

초등 5·6학년

STAFF

발행인 정선욱
퍼블리싱 총괄 남형주
개발 김태원 김한길 신영한 김성준 육인선 민소희 권민경
기획·디자인·마케팅 조비호 김정인 강윤정
유통·제작 서준성 신성철

똑독 초등 국어 문해력 3단계 기본편   202209 제1판 1쇄   202402 제1판 2쇄

펴낸곳 이투스에듀(주) 서울시 서초구 남부순환로 2547
전화 1599-3225
등록번호 제2007-000035호
ISBN 979-11-389-1050-7[53700]

똑똑 초등 국어 문해력

똑독이의 학교 시험은…

친구들 만날 생각에 신이 나서 학교까지 뛰어간 똑독이.
'아, 오늘 국어 단원 평가 보는 날이구나.'
'어쩔 수 없지. 영어도, 수학도 아닌 국어인데, 뭘.'
문제를 몇 번을 읽어도 무엇을 물어보는지 모르겠다.
한참을 고민하며 몇 글자 끄적이다가 결국엔 연필을 내려놓았다.
단원 평가가 끝나고 선생님이 똑독이를 부르셨다.
"똑독이는 글자도 잘 읽고 대답도 잘하는데,
글의 의미를 파악하고 어떤 답을 요구하는지 잘 몰랐나 보구나."
'열심히 풀려고 했는데, 무슨 말인지 알 수가 없더라고요.'

똑독이와 같은 학생에게 필요한 것은 바로 문해력입니다.

문해력은 '글을 읽고 내용을 정확히 이해하고 판단하는 능력'을 말합니다.
문해력을 갖추려면, 낱말의 의미를 익히고 문장과 문단의 내용을 바탕으로
전체 글의 내용을 정확하게 이해하는 연습을 반복해야 합니다.
똑독 초등 국어 문해력 시리즈는
어휘 학습, 문장 독해, 문단 독해, 지문 독해에 대한 해법과
자신의 생각을 표현하는 능력을 길러 주는 문해력 향상 훈련서입니다.

글을 읽는 방법을 익히고 배우는

똑독 초등 국어 **문해력 기본편**

1주차 독해 원리를 이해해요

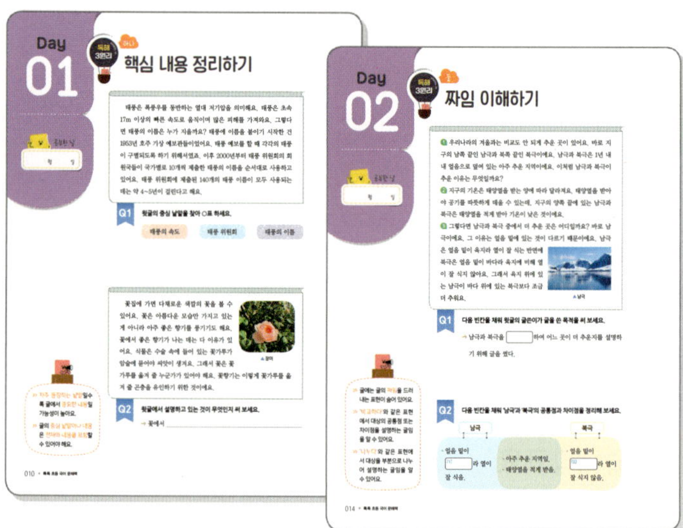

❶ 원리를 배우는 **문제 풀이**

다양한 문제 풀이를 통해 독해력을 기르는 데 필요한 기본 원리 3가지를 학습할 수 있어요.

❷ 원리를 알려 주는 **도움말**

문제 속에 담긴 독해 원리를 쉽고 명확하게 이해할 수 있어요.

❸ **통합 학습**

Day 01~03에서 배운 독해 원리를 종합하여 지문에 적용하는 연습을 해 볼 수 있어요.

2~6주차 독해 원리를 적용해요

지문 독해와 분석

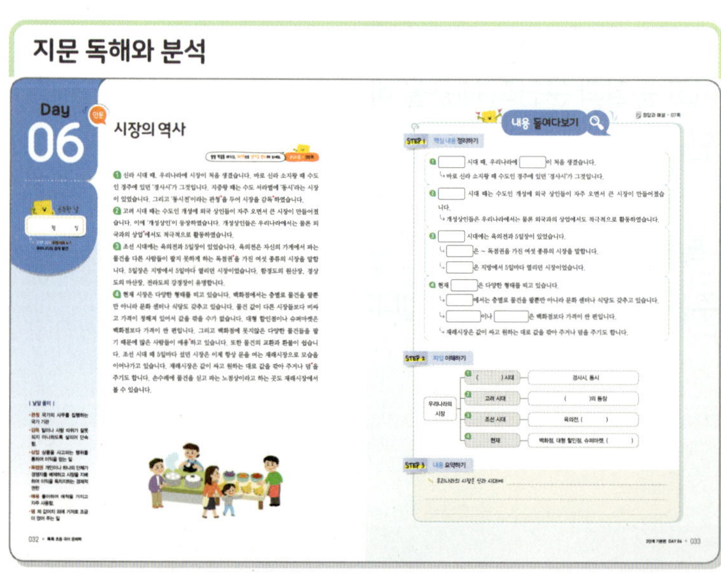

❶ 지문 독해

인문, 사회, 과학, 예체능, 언어 등 다양한 분야의 재미있고 유익한 정보들을 읽을 수 있어요.

❷ 내용 들여다보기

독해 3원리에 따라 지문의 내용을 단계별로 완벽하게 분석하고 정리하는 연습을 반복적으로 할 수 있어요.

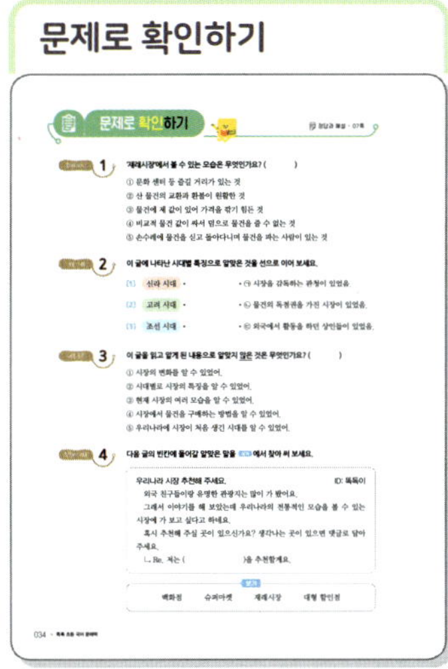

학교 시험이나 수능에서 출제되는 원리와 유형에 따라 문제를 구성하였어요. 문제 풀이를 통해 이해력과 사고력, 문제 해결 능력을 기를 수 있어요.

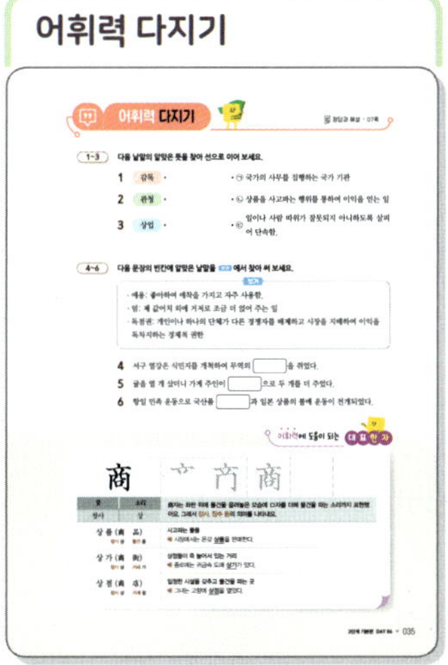

- 앞에서 지문을 읽으면서 학습한 낱말의 의미와 쓰임을 재미있는 문제를 통해 확인할 수 있어요.
- 지문 속 낱말을 이루는 필수 기초 한자들도 함께 익힐 수 있어요.

정답과 해설

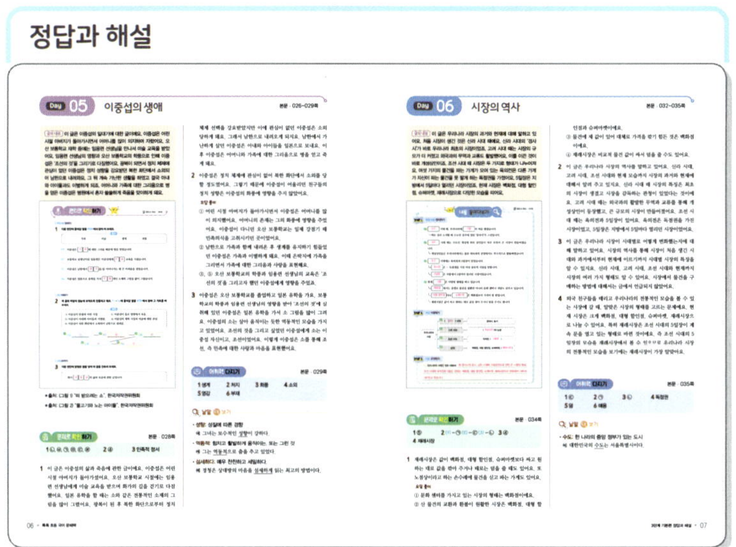

- '내용 들여다보기'의 답안을 한눈에 확인할 수 있어요.
- '문제로 확인하기'와 '어휘력 다지기'의 정답을 확인하고 정답인 이유를 알기 쉽게 이해할 수 있어요.

워크북 · 자기 주도형 심화 학습 노트

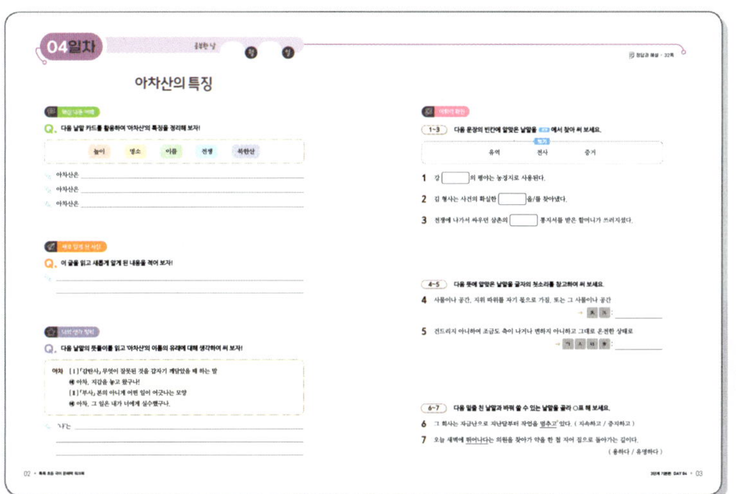

- 일차별 지문에 대한 핵심 내용을 정리하고, 새로 알게 된 사실과, 자신의 생각을 노트에 정리해 보세요.
- 재미있는 문제 풀이로 자신의 어휘력을 테스트해 보세요.

4주

공부한 날

5주

6주

정답과 해설

워크북 ┃ 자기 주도형 심화 학습 노트

똑똑 초등 국어 문해력의
써머리 학습법과 효과

step 1 핵심 내용 정리하기

지문에서 중요한 정보를 담은 문장들만을 뽑아 글의 흐름이 보이도록 정리했어요.

- 지문을 참고하여 빈칸을 채워 가며 핵심 내용만을 다시 한번 읽어 보세요.
- 지문의 흐름을 나타내는 말, 이어 주는 말 등을 중심으로 내용의 흐름을 한눈에 확인해 보세요.

핵심 내용 정리하기

❶ [   ] 시대 때, 우리나라에 [   ]이 처음 생겼습니다.
  ↳ 바로 신라 소지왕 때 수도인 경주에 있던 '경사시'가 그것입니다.
❷ [   ] 시대 때는 수도인 개성에 외국 상인들이 자주 오면서 큰 시장이 만들어졌습니다.
  ↳ 개성상인들은 우리나라에서는 물론 외국과의 상업에서도 적극적으로 활동하였습니다.
❸ [   ] 시대에는 육의전과 5일장이 있었습니다.
  ↳ [   ]은 ~ 독점권을 가진 여섯 종류의 시장을 말합니다.
  ↳ [   ]은 지방에서 5일마다 열리던 시장이었습니다.
❹ 현재 [   ]은 다양한 형태를 띠고 있습니다.
  ↳ [   ]에서는 층별로 물건을 팔뿐만 아니라 문화 센터나 식당도 갖추고 있습니다.
  ↳ [   ]이나 [   ]은 백화점보다 가격이 싼 편입니다.
  ↳ 재래시장은 값이 싸고 원하는 대로 값을 깎아 주거나 덤을 주기도 합니다.

step 2 짜임 이해하기

문단과 문단의 관계와 구성을 이해할 수 있게 구조도로 나타냈어요.

- 빈칸을 채워 가며 각 문단의 소주제를 확인해 보세요.
- 각 문단의 기능과 역할을 중심으로 전체 구조를 이해해 보세요.

짜임 이해하기

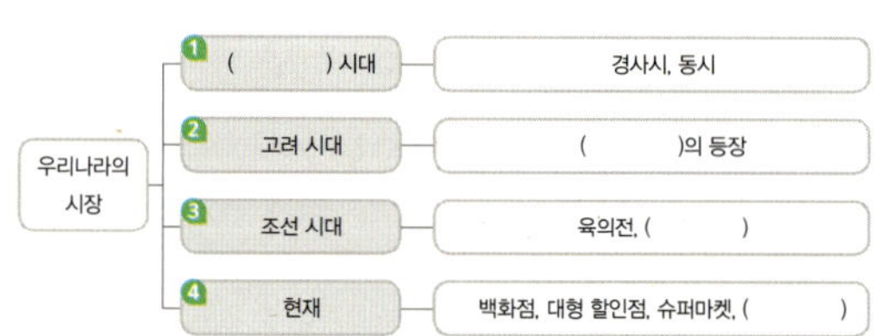

step 3 내용 요약하기

지문 전체의 내용을 짧은 한두 문장으로 간추려 써 볼 수 있도록 했어요.

- 지문의 내용을 자신만의 말로 짧게 간추려서 요약 내용을 완성해 보세요.

내용 요약하기

✎ 우리나라의 시장은 신라 시대에

1주

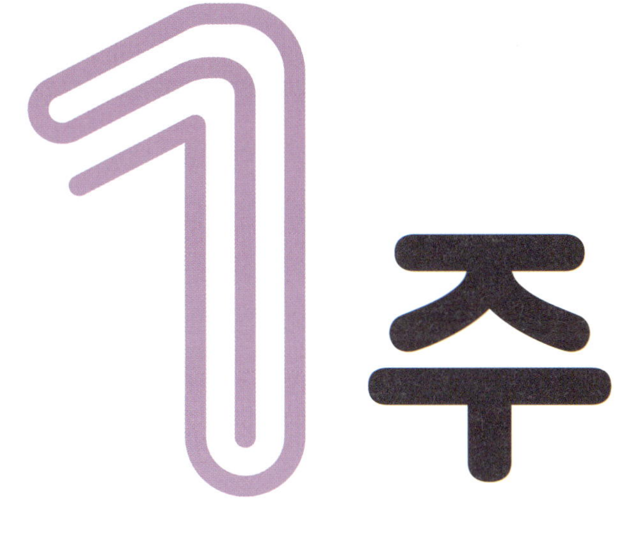

문해력을 기르는 독해 3원리

독해
3원리

하나

핵심 내용 정리하기

월   일

태풍은 폭풍우를 동반하는 열대 저기압을 의미해요. 태풍은 초속 17m 이상의 빠른 속도로 움직이며 많은 피해를 가져와요. 그렇다면 태풍의 이름은 누가 지을까요? 태풍에 이름을 붙이기 시작한 건 1953년 호주 기상 예보관들이었어요. 태풍 예보를 할 때 각각의 태풍이 구별되도록 하기 위해서였죠. 이후 2000년부터 태풍 위원회의 회원국들이 국가별로 10개씩 제출한 태풍의 이름을 순서대로 사용하고 있어요. 태풍 위원회에 제출된 140개의 태풍 이름이 모두 사용되는 데는 약 4~5년이 걸린다고 해요.

Q1 **윗글의 중심 낱말을 찾아 ○표 하세요.**

태풍의 속도   태풍 위원회   태풍의 이름

꽃집에 가면 다채로운 색깔의 꽃을 볼 수 있어요. 꽃은 아름다운 모습만 가지고 있는 게 아니라 아주 좋은 향기를 풍기기도 해요. 꽃에서 좋은 향기가 나는 데는 다 이유가 있어요. 식물은 수술 속에 들어 있는 꽃가루가 암술에 묻어야 씨앗이 생겨요. 그래서 꽃은 꽃가루를 옮겨 줄 누군가가 있어야 해요. 꽃향기는 이렇게 꽃가루를 옮겨 줄 곤충을 유인하기 위한 것이에요.

▲ 장미

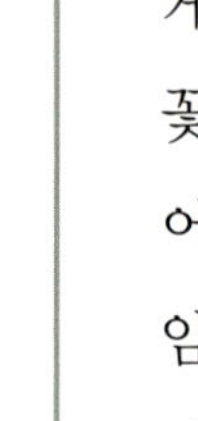

» **자주 등장하는 낱말**일수록 글에서 **중요한 내용**일 가능성이 높아요.

» 글의 **중심 낱말이나 내용**은 **전체의 내용을 포함**할 수 있어야 해요.

Q2 **윗글에서 설명하고 있는 것이 무엇인지 써 보세요.**

→ 꽃에서 _______________________________________

위조지폐는 진짜처럼 보이게 만든 가짜 지폐를 말해요. 위조지폐를 만드는 것은 불법으로, 만든 사람은 큰 처벌을 받아요. 누구나 쉽게 위조지폐를 만들면 안 되기 때문에 지폐에는 위조를 막기 위한 여러 가지 장치가 있어요. 지폐는 일반 종이가 아니라 튼튼한 면섬유를 사용해요. 그리고 홀로그램이 들어가 있어서 지폐를 보는 각도에 따라 색상과 무늬가 변해요. 또한 확대경으로 보이는 미세한 숫자나 오돌토돌한 질감의 숫자도 지폐의 위조를 막기 위한 것이에요.

▲ 만 원 지폐

Q3 다음 빈칸을 채워 윗글의 내용을 정리해 보세요.

[1] 지폐는 종이가 아닌 [　　　]를 사용하여 만든다.

[2] 위조지폐는 진짜처럼 보이게 만든 가짜 [　　　]를 말한다.

[3] 지폐에 있는 [　　　]으로 인해 지폐를 보는 각도에 따라 색상과 무늬가 변한다.

미국의 윌버 라이트와 오빌 라이트 형제에게는 하늘을 날고 싶다는 오랜 꿈이 있었어. 라이트 형제는 새가 나는 모습을 관찰하고 여러 책을 읽으며 연구를 시작했고, 바람의 힘으로 나는 글라이더를 만들었지. 하지만 글라이더는 하늘로 떠오른 후 바닥으로 금세 떨어지고 말았어. 이후 라이트 형제는 오랜 연구 끝에 마침내 프로펠러와 엔진을 단 세계 최초의 비행기 '플라이어호'를 만들었어. '플라이어호'는 12초라는 아주 짧은 시간이었지만 세계 최초로 하늘을 날았어.

Q4 다음 빈칸을 채워 윗글의 중심 내용을 써 보세요.

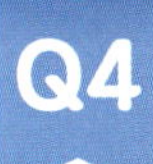
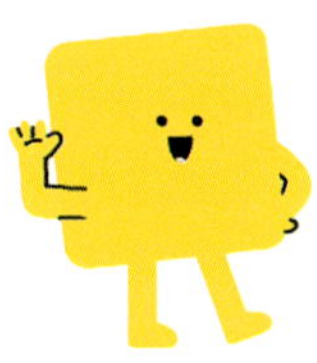

» **문장**은 기본적으로 '무엇이 어찌하다.', '무엇이 어떠하다.', '무엇이 무엇이다.'와 같은 형태를 이루고 있어요.

» 문장에서 '무엇이 어찌하다.', '무엇이 어떠하다.', '무엇이 무엇이다.'와 같은 **기본 형태**만 골라 간추려도 **내용을 파악**하는 데 도움이 될 수 있어요.

소송 사건을 해결하기 위해 법원이나 법관이 판단을 내리는 일을 재판이라고 해요. 이때 법원은 소송 사건에 대한 법률적 판단을 하는 권한을 가진 기관을 말하고, 법관은 법원에 소속되어 갈등을 해결하고 조정하는 권한을 가진 사람을 말해요. 재판은 소송의 목적에 따라 민사 재판, 형사 재판, 행정 재판의 세 가지로 나눌 수 있어요. 민사 재판은 개인과 개인 사이의 갈등을 해결하기 위한 재판이에요. 형사 재판은 잘못을 저질렀다고 생각되는 사람이 실제로 죄가 있는지 없는지 가리는 재판을 의미하고, 행정 재판은 국가나 지방 자치 단체의 잘못된 일 처리를 제대로 판단해 달라고 요구하는 재판을 의미해요.

Q5 **윗글에 대한 설명이 맞으면 ○표, 틀리면 ×표 하세요.**

[1] 법원은 소송 사건에 대해 법률적으로 판단할 수 있다. .... (   )

[2] 재판은 소송을 하는 사람에 따라 민사 재판, 형사 재판, 행정 재판으로 나뉜다.
.... (   )

[3] 개인과 개인 사이에 벌어진 갈등을 해결하기 위한 재판을 민사 재판이라고 한다.
.... (   )

구름은 공기 중의 수분이 매우 작은 물방울이나 얼음 결정의 덩어리가 되어 공중에 떠 있는 것을 의미해요. 구름은 모양에 따라 수평으로 넓게 퍼져서 생기는 층운형 구름과 수직으로 높게 생기는 적운형 구름으로 나뉘어요. 그리고 구름이 생기는 높이에 따라 하층운, 중층운, 상층운으로 구분할 수 있어요. 고도 2,000m 이내의 

▲ 적운형 구름

공중에 있는 구름을 하층운, 고도 2,000m ~ 6,000m 이내에 있는 구름을 중층운, 중층운보다 더 높은 고도에 떠 있는 구름을 상층운이라고 하는데요. 상층운 중에서도 줄무늬 모양의 구름을 권운, 얇고 흰 면사포 모양의 구름을 권층운, 양털 모양의 작은 덩어리 구름을 권적운이라고 해요.

Q6 **다음 그림이 '상층운' 중 무엇인지 윗글에서 찾아 써 보세요.**

[1]

[2]

[3]

봄이 되면 꽃이 피면서 꽃가루가 날리기 시작합니다. 이때 꽃가루 알레르기가 있는 사람들은 얼굴이 가렵거나 콧물이 나고 재채기를 하는 등 각종 증상이 나타나 고생을 합니다. 최근에는 꽃가루 알레르기로 고생하는 사람들이 많아지고 있는데, 이는 환경 오염으로 인해 공기가 더러워져 사람들이 꽃가루에 더 예민하게 반응하기 때문입니다. 또한 지구 온난화로 인해 이산화 탄소 농도가 증가하고 기온이 높아지면 꽃가루가 많이 생기게 됩니다.

Q7 '꽃가루 알레르기'의 발생이 늘어나는 이유를  에서 찾아 그 기호를 써 보세요. (   )

보기

㉠ 환경 오염
㉡ 기온이 낮아지는 현상
㉢ 공기 중 오염 물질 증가
㉣ 이산화 탄소 농도 감소

한국은행은 사람들에게 돈을 빌려주고 투자를 하는 일반 은행과 달리 우리나라의 돈을 관리하는 중앙은행입니다. 한국은행에서는 다양한 일을 하는데 그중 대표적인 일이 우리나라의 화폐를 만드는 것입니다. 그렇기 때문에 우리가 사용하는 모든 돈에서 한국은행이라는 글자를 볼 수 있습니다. 또한 나라에서 사용되는 돈이 부족하거나 넘치지 않도록 조절하고, 일반 은행에게 돈을 빌려주고 맡아 주는 일을 합니다. 한국은행은 정부에서 거두어들인 세금이나 우리나라에 있는 외국 돈을 관리하는 일도 합니다.

Q8 다음 빈칸을 채워 윗글의 내용을 정리해 보세요.

(1) 한국은행은 우리나라의 돈을 관리하는 [   ]이다.

(2) 한국은행은 우리나라의 [   ]를 만든다.

(3) 한국은행에서는 나라에서 사용되는 [   ]의 양을 관리한다.

(4) 한국은행에서는 일반 [   ]에게 돈을 빌려주거나 맡아 준다.

(5) 한국은행은 정부에서 거둔 [   ]이나 [   ] 돈도 관리한다.

짜임 이해하기

❶ 우리나라의 겨울과는 비교도 안 되게 추운 곳이 있어요. 바로 지구의 남쪽 끝인 남극과 북쪽 끝인 북극이에요. 남극과 북극은 1년 내내 얼음으로 덮여 있는 아주 추운 지역이에요. 이처럼 남극과 북극이 추운 이유는 무엇일까요?

❷ 지구의 기온은 태양열을 받는 양에 따라 달라져요. 태양열을 받아야 공기를 따뜻하게 데울 수 있는데, 지구의 양쪽 끝에 있는 남극과 북극은 태양열을 적게 받아 기온이 낮은 것이에요.

❸ 그렇다면 남극과 북극 중에서 더 추운 곳은 어디일까요? 바로 남극이에요. 그 이유는 얼음 밑에 있는 것이 다르기 때문이에요. 남극은 얼음 밑이 육지라 열이 잘 식는 반면에 북극은 얼음 밑이 바다라 육지에 비해 열이 잘 식지 않아요. 그래서 육지 위에 있는 남극이 바다 위에 있는 북극보다 조금 더 추워요.

▲ 남극

Q1 다음 빈칸을 채워 윗글의 글쓴이가 글을 쓴 목적을 써 보세요.

→ 남극과 북극을 [   ]하여 어느 곳이 더 추운지를 설명하기 위해 글을 썼다.

» 글에는 글의 **짜임**을 드러내는 표현이 숨어 있어요.

» '**비교하다**'와 같은 표현에서 대상의 공통점 또는 차이점을 설명하는 글임을 알 수 있어요.

» '**나누다**'와 같은 표현에서 대상을 부분으로 나누어 설명하는 글임을 알 수 있어요.

Q2 다음 빈칸을 채워 '**남극**'과 '**북극**'의 공통점과 차이점을 정리해 보세요.

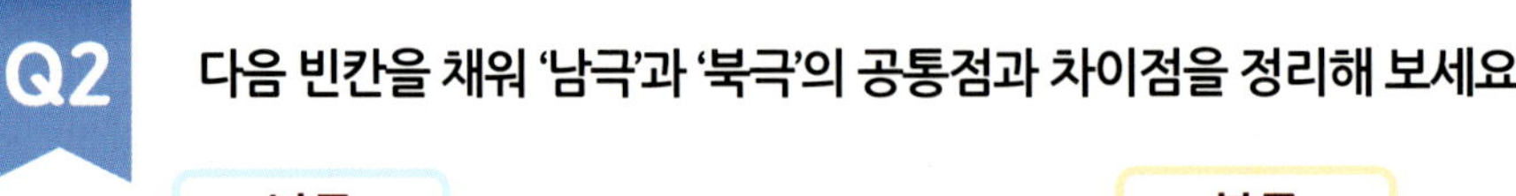

남극		북극
・얼음 밑이 [1] 라 열이 잘 식음.	・아주 추운 지역임. ・태양열을 적게 받음.	・얼음 밑이 [2] 라 열이 잘 식지 않음.

동해 바다에서 잡히는 명태는 우리나라 사람들이 즐겨 먹는 생선이에요. 명태는 상태에 따라 다양한 이름으로 불려요. 갓 잡은 싱싱한 생물일 때는 생태, 얼린 건 동태, 물기나 습기를 절반 정도 말린 건 코다리, 완전히 말린 건 북어, 한겨울철에 일교차가 큰 곳에서 얼렸다 녹였다 반복한 건 황태, 새끼 명태를 말린 건 노가리 등으로 불리지요. 명태는 머리부터 꼬리, 알까지 모든 부분을 먹을 수 있는 물고기예요. 명태의 알은 소금에 절여 명란젓으로 이용하기도 해요.

▲ 명태

Q3 **다음 빈칸을 채워 '명태'의 이름을 특성에 맞게 나누어 써 보세요.**

갓 잡은 명태	얼린 명태	반쯤 말린 명태	완전히 말린 명태
생태	[1]	[2]	**북어**

해조류는 바다에서 나는 조류를 말해요. 우리가 즐겨 먹는 미역이나 김도 해조류의 일종이지요. 해조류는 자라는 바다의 깊이와 빛깔에 따라 녹조류, 홍조류, 갈조류로 나뉘어요. 녹조류는 엽록소를 가지고 있어 초록색을 띠고, 홍조류는 붉은빛이나 자줏빛을 띠며 갈조류는 갈색을 띠지요. 녹조류가 비교적 얕고 밝은 곳에서 자라는 반면에 홍조류와 갈조류는 깊고 어두운 곳에서 자라요. 녹조류에는 파래, 홍조류에는 김과 우뭇가사리, 갈조류에는 미역, 다시마 등이 있어요.

Q4 **다음 빈칸을 채워 '해조류'를 기준에 따라 나누고 각각의 특징을 정리해 보세요.**

녹조류	([2])	갈조류
• 초록색을 띤다.	붉은빛이나 자줏빛을 띤다.	갈색을 띤다.
• 얕고 ([1]) 곳에서 자란다.	깊고 어두운 곳에서 자란다.	

→ 해조류의 특징을 자라는 바다의 깊이와 ([3])에 따라 나누어 설명하고 있다.

≫ 글쓴이가 글에서 말하고 있는 방식을 알면, 글의 짜임을 파악하는 데 도움이 돼요.

≫ 대상을 나누어 설명하거나 대상의 특징을 나열하는지, 두 대상을 비교하여 말하고 있는지, 시간 순서나 과정에 따라 이야기하는지 등을 파악할 수 있어야 해요.

　　겨울이 아닌 따뜻한 계절에도 산 정상에는 하얗게 눈이 남아 있
습니다. 더운 날씨에도 산 정상에 눈이 남아 있는 이유는 무엇일까
요? 첫 번째는 산 정상이 평지보다 기온이 낮기 때문입니다. 높은
곳으로 올라갈수록 기온이 낮아지기 때문에 산 정상은 평지에 비해
눈이 천천히 녹습니다. 두 번째는 산 정상이 평지보다 눈이 많이 내
리기 때문입니다. 눈이 많이 내리면 그만큼 많은 양의 눈이 쌓입니다. 그래서 날씨가 따뜻해져
평지의 눈이 녹기 시작해도 산 정상의 눈은 오랫동안 남아 있는 것입니다.

▲ 눈 내린 산

Q5　윗글의 설명 방법으로 알맞은 것에 ○표 하세요.

[1] 전체를 여러 부분으로 나누어 설명하였다. ──────────── (　　　)

[2] 하나의 주제에 대한 내용을 나열하며 설명하였다. ──────────── (　　　)

[3] 일정한 기준에 따라 같은 것끼리 묶어 설명하였다. ──────────── (　　　)

❶ 법과 도덕은 둘 다 사회 규범으로, 사람들이 사회생활에서 지켜야 할 여러 규범을 의미해
요. 사회 규범을 지켜야 사회의 질서가 유지되고 바람직한 사회생활을 할 수 있어요.

❷ 하지만 법을 지키지 않는 사람들이 벌금을 내거나 교도소에 가는 등의 처벌을 받는 것과 달
리, 도덕에 어긋나는 행동을 하는 사람들은 처벌을 받지 않아요. 법은 국가가 강제하는 사회
규범인 반면에, 도덕은 개인의 양심에 따라 작용할 뿐 강제력이 없기 때문이에요.

Q6　다음 빈칸을 채워 윗글의 짜임을 정리해 보세요.

1문단

법과 도덕의 [1] ☐

· 사람들이 사회생활에서
　지켜야 할 사회 규범

[2] ☐
이어 주는 말

2문단

법과 도덕의 차이점

· 법을 지키지 않으면 [3] ☐ 을 받지만,
　도덕은 그렇지 않음.

· 법은 외적 강제력이 있지만, 도덕은 외적 강
　제력이 없음.

심장은 혈액을 온몸으로 보내는 근육 기관입니다. 사람의 심장은 가슴안에서 중앙보다 왼쪽에 있고, 주먹보다 약간 큰 주머니 모양을 하고 있습니다. 심장 내부는 우심방과 좌심방, 우심실과 좌심실 이렇게 4개의 방으로 나뉩니다. 우심방은 심장으로 들어오는 혈액을 받아들이는 곳이고, 좌심방은 폐에서 온 혈액을 받아들이는 곳입니다. 우심실은 폐로 혈액을 내보내는 곳, 좌심실은 온몸으로 혈액을 내보내는 곳입니다. 온몸을 돌아다니는 혈액은 우심방에서 우심실을 지나 폐로 들어가고, 이후 좌심방에서 좌심실을 지나 다시 온몸으로 이동합니다.

Q7 **다음 빈칸을 채워 심장에서 혈액의 흐름을 써 보세요.**

줄다리기는 정월 대보름에 줄을 당겨 승부를 겨루는 민속놀이를 말해. 정월 대보름날 성인들이 줄다리기를 하기 전에 아이들의 줄다리기가 먼저 이루어지는 경우도 있었어. 줄다리기를 할 때는 먼저 줄다리기의 편을 갈랐어. 다음으로 줄다리기에 사용할 줄을 만들었는데, 줄을 만드는 재료로 볏짚을 이용했어. 줄다리기를 하는 정월 대보름날에는 줄다리기의 승리뿐만 아니라 농사가 잘 되고 아무 탈 없이 편안하게 지낼 수 있기를 기원하는 고사를 지냈어. 줄다리기가 시작되면 양쪽 사람들은 자신의 쪽으로 줄을 당겼는데, 줄이 기준점을 넘어가면 이긴 것으로 봤어. 마지막으로 줄다리기가 끝나면 이긴 편은 대장의 집에서 잔치를 벌이고, 다음날 진 편의 대장 집에 찾아가 위로를 건넸어.

Q8 **다음 빈칸을 채워 줄다리기를 하는 순서를 정리해 보세요.**

(1) 줄다리기의 양쪽 [   ]을 갈랐다.

(2) 볏짚으로 줄다리기에 사용할 [   ]을 만들었다.

(3) 정월 대보름날 양쪽 편은 줄다리기를 했고, 줄이 [   ]을 넘으면 이긴 것이었다.

(4) 줄다리기가 끝나면 이긴 편은 [   ]를 벌이고, 다음날 진 편을 찾아가서 위로를 했다.

'먼저', '다음으로', '마지막으로'라는 말로 내용이 연결되면 내용의 '순서'를 알 수 있어.

독해 3원리 · 셋

내용 요약하기

공부한 날

월   일

① 우리는 소비를 하며 원하는 제품이나 서비스를 얻고 이를 통해 풍요로운 생활을 합니다. 이렇게 우리가 소비하는 제품과 서비스는 기업이 만듭니다. 기업은 재화나 서비스를 생산하고 판매하는 조직을 말합니다.

② 그렇다면 기업이 재화와 서비스를 생산하는 이유는 무엇일까요? 바로 이윤을 얻기 위해, 즉 돈을 벌기 위해서입니다. 기업은 사람들의 삶을 풍족하게 해 주며 돈을 벌고, 사람들은 기업 덕분에 풍족한 삶을 살 수 있습니다. 그리고 기업은 재화와 서비스를 생산하는 과정에서 일자리를 만들고, 사람들은 그 일자리를 통해 돈을 법니다. 즉 기업의 생산 활동은 경제 발전에도 도움이 되는 것입니다.

Q1 다음 빈칸을 채워 윗글의 내용을 정리해 보세요.

기업이란?

재화나 서비스를 [1] [   ] 하고 [2] [   ] 하는 조직

기업의 생산 목적

[3] [   ] 을 얻는 것이다.

기업의 긍정적 기능

- 사람들의 삶을 풍족하게 해 준다.
- [4] [   ] 를 만들고, 사람들은 이를 통해 돈을 번다.

>> 글의 내용을 간추릴 때는 각 문단의 중심 문장들을 연결하고, 글의 전개에 따라 내용을 정리해야 해요. 필요에 따라 문장을 이을 때에는 이어 주는 말을 사용해요.

Q2 윗글의 중심 내용을 말한 친구는 누구인지 써 보세요. (   )

- **경배**: 소비 활동을 통해 사람들의 삶이 풍요로워져요.
- **인선**: 기업은 돈을 벌기 위해 재화와 서비스를 만들고 판매해요.
- **영기**: 기업은 사람들의 편리함을 위해 재화와 서비스를 만들어요.

❶ 4월 5일은 식목일, 바로 나무를 심는 날이에요. 나라에서 나무를 심는 날까지 지정할 정도면 나무 심기에는 어떤 좋은 점이 있는 것일까요? 나무를 심으면 나무가 이산화 탄소나 온실가스를 흡수하고 산소를 내뿜어서 공기가 깨끗해져요. 그리고 산사태나 가뭄이 일어나는 걸 막아 주는 효과도 있죠.

❷ 하지만 단순히 아무런 나무나 심는 것보다는 지역에 따라 적합한 나무를 심는 것이 중요해요. 추운 지역에서는 추위에 강한 소나무를 심는 것이 좋아요. 그리고 산비탈과 같이 건조하고 바위가 많은 지역에는 삼나무를 심는 것이 좋지요. 비가 많이 오지 않는 건조한 지역에는 떡갈나무처럼 가뭄에도 잘 견디는 나무를 심는 것이 좋고요. 지역마다 다양한 환경을 가지고 있으므로 나무의 특성을 고려하여 적합한 나무를 심어야 해요.

▲ 소나무

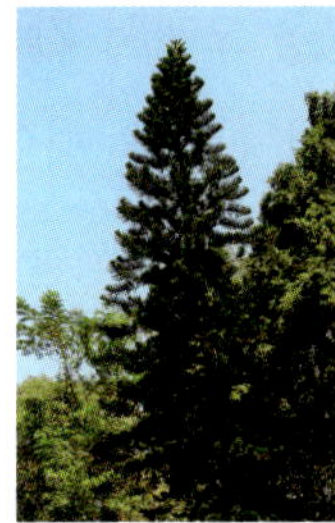
▲ 삼나무

Q3 윗글의 내용으로 구조도를 그렸을 때 빈칸에 들어갈 알맞은 말을 써 보세요.

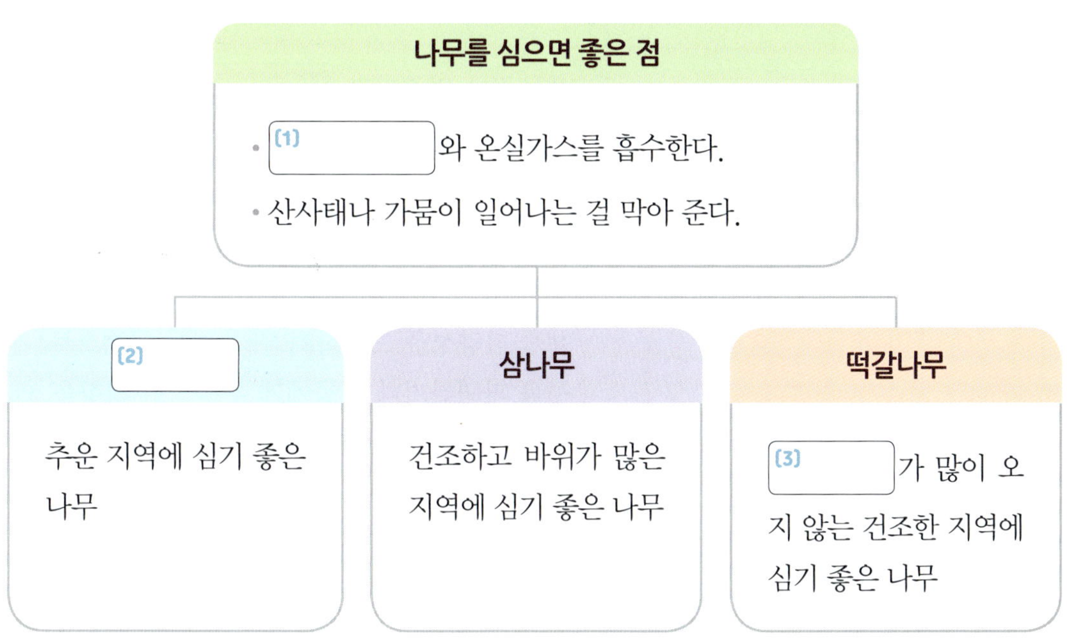

나무를 심으면 좋은 점

- [1] [　　　　]와 온실가스를 흡수한다.
- 산사태나 가뭄이 일어나는 걸 막아 준다.

[2] [　　　]	삼나무	떡갈나무
추운 지역에 심기 좋은 나무	건조하고 바위가 많은 지역에 심기 좋은 나무	[3] [　　　]가 많이 오지 않는 건조한 지역에 심기 좋은 나무

Q4 다음 빈칸을 채워 윗글의 내용을 간추려 보세요.

나무 심기는 ([1]　　　　)를 깨끗하게 해 주고 산사태와 가뭄을 막아 주는 효과가 있다. 이때 ([2]　　　　)에 맞는 특성을 가진 나무를 심는 것이 필요하다.

❶ 지구상에는 매우 다양한 생물이 살고 있어요. 이렇게 생물종, 유전자, 생태계 등 생명 현상의 모든 수준에서의 다양성을 통틀어 이르는 말을 생물 다양성이라고 해요.

❷ 그렇다면 우리가 생물 다양성을 지켜야 하는 이유는 무엇일까요? 만약 전 세계의 생물 다양성이 보존되지 않는다면 생물종이 멸종되고 생태계가 파괴되겠죠. 이는 결국 생태계 기능에 문제를 일으키고, 인간 사회에까지 안 좋은 영향을 끼쳐요.

❸ 그래서 각국에서는 생물 다양성을 보존하기 위해 생물 다양성 협약을 맺었어요. 생물 다양성 협약은 다양한 생물이 여러 생태계에서 멸종되지 않고 잘 살아가도록 보호하는 것을 목적으로 해요. 생물이 사는 곳을 파괴하거나 생물에게 좋지 않은 영향을 끼칠 수 있는 인간의 무분별한 개발을 금지하고 있죠. 또한 생물 다양성이 높지만 생물이 사는 서식지가 심각하게 파괴되었거나 파괴될 위험이 있는 지역은 '생물 다양성 보존 중요 지점'으로 선정하여 관리하고 있어요.

Q5 다음 빈칸을 채워 윗글의 내용을 정리해 보세요.

생물 다양성

생명 현상의 모든 수준에서의 [1] ☐

생물 다양성 보존 이유

생물종이 멸종되고 [2] ☐ 기능에 문제가 생기는 것을 막기 위한 것이다.

생물 다양성 협약

생물 다양성을 보존하기 위해 만든 규정으로, 생물이 사는 곳을 파괴하거나 생물에게 부정적인 영향을 끼칠 수 있는 인간의 무분별한 [3] ☐ 을 금지한다.

Q6 윗글의 내용을 다음과 같이 간추릴 때 ㉠과 ㉡에 들어갈 알맞은 말을 써 보세요.

생물종 멸종과 생태계 파괴를 막기 위해 (㉠)을 보존해야 한다. 이를 위해 각국에서는 생물 다양성 (㉡)을 맺어 노력하고 있다.

[1] ㉠: (   )   [2] ㉡: (   )

❶ 우리 동네에 있는 편의점이나 식당이 다른 동네에서 똑같은 모습으로 영업하고 있는 걸 본 적이 있나요? 이렇게 다른 지역에 같은 이름으로 있는 상점을 프랜차이즈 가맹점이라고 해요. 프랜차이즈는 특정한 상품이나 서비스를 제공하는 본사가 일정한 자격을 갖춘 가맹점에게 자기 상품에 대한 판매권을 주어 시장을 개척하는 방식을 말해요.

❷ 프랜차이즈는 본사와 가맹점이 계약을 맺어서 만들어져요. 본사는 가맹점이 본사와 같은 상품을 판매하고 동일한 서비스를 제공할 수 있는 권리를 주고, 상품이나 서비스의 품질이 떨어지지 않도록 기술을 알려 주고 관리해 줘요. 가맹점에서는 이러한 권리를 얻는 대신에 본사에 일정한 비용을 지불해요.

❸ 사람들은 프랜차이즈 가맹점에서도 본사와 동일한 상품과 서비스를 제공받을 수 있다고 생각해요. 그래서 프랜차이즈 가맹점을 내는 것만으로도 홍보 효과가 있죠.

Q7 윗글의 내용으로 구조도를 그렸을 때 빈칸에 들어갈 알맞은 말을 써 보세요.

[1]

본사가 가맹점에게 상품에 대한 판매권을 주어 시장을 개척하는 방식

프랜차이즈 본사

· 가맹점이 같은 상품과 서비스를 제공할 수 있는 [2] 를 준다.
· 가맹점의 상품과 서비스의 [3] 을 유지하기 위한 기술을 알려 준다.

계약 →

프랜차이즈 가맹점

· 본사의 상품 판매권을 얻는 대신에 본사에 일정한 [4] 을 지불한다.
· 프랜차이즈 가맹점을 내는 것만으로도 홍보가 된다.

Q8 윗글의 내용을 다음과 같이 간추릴 때 빈칸에 들어갈 이어 주는 말을 써 보세요. (   )

프랜차이즈 본사는 가맹점에게 본사의 상품을 판매할 권리를 준다. (   ) 가맹점에서도 본사와 같은 상품과 서비스를 제공받을 수 있다.

① 또한   ② 그러나   ③ 따라서

④ 반면에   ⑤ 왜냐하면

Day 04

독해 3원리

통합

아차산의 특징

일일 학습을 마치고, 워크북으로 생각을 정리해 보세요. 워크북 · 02쪽

공부한 날

월   일

관련 교과 **초등사회 5-1**
국토와 우리 생활

❶ 아차산의 높이는 287미터입니다. 아차산을 오르다 보면 북한산과 한강을 볼 수 있습니다. 또 아차산은 고구려의 온달 장군이 전사°한 곳이기도 합니다. 온달 장군은 신라에 빼앗긴 한강 유역을 다시 찾기 위해 전쟁에 나갔다가 아차산성에서 전사했다고 합니다. 아차산의 명소°에는 낙타 고개, 고구려정 등이 있습니다.

❷ 아차산에는 전쟁의 역사가 지금까지 고스란히 남아 있습니다. 삼국 시대 때 아차산에서는 한강 지역을 차지하기 위해 고구려, 백제, 신라가 치열하게° 싸웠습니다. 그 증거°로 아차산에서는 삼국 시대의 유물°이 많이 발견되었습니다. 또한 과거 고구려의 군사가 적의 침입°을 막기 위해 돌로 쌓은 성곽들도 다수로 발견되었습니다.

❸ 아차산이라는 이름이 생기게 된 ㉮이야기는 조선 시대로 거슬러 올라갑니다. 조선 명종 때에 유명한 점쟁이가 있었는데, 그의 이름은 홍계관이었습니다. 명종은 홍계관의 용한 능력을 알아보기 위해서 상자에 쥐 두 마리를 넣고 이 상자에 무엇이 얼마나 들어있는지를 알아맞히라고 했습니다. 홍계관은 상자 안에 쥐 세 마리가 있다고 대답했습니다. 명종은 틀린 답을 말한 홍계관을 죽이라고 했습니다. 홍계관의 사형이 집행°되기 전, 명종이 쥐의 배를 갈라 보니 새끼가 있었습니다. 즉, 상자 안의 쥐는 홍계관의 말대로 세 마리가 맞았습니다. 명종은 홍계관의 사형을 중지하라고 하였지만, 이미 그 사이에 사형이 집행되어 홍계관은 결국 죽었습니다. 명종은 홍계관의 죽음을 슬퍼하며, 사형이 집행되던 곳의 위쪽에 있던 산의 이름을 아차산이라고 부르게 되었습니다.

▮ 낱말 풀이 ▮

- **전사** 전쟁터에서 적과 싸우다 죽음.
- **명소** 경치나 고적, 산물 따위로 널리 알려진 곳
- **치열하다** 기세나 세력 따위가 불길같이 맹렬하다.
- **증거** 어떤 사실을 증명할 수 있는 근거
- **유물** 선대의 인류가 후대에 남긴 물건
- **침입** 침범하여 들어가거나 들어옴.
- **집행** 법률, 명령, 재판, 처분 따위의 내용을 실행하는 일

▲ 아차산의 전망

핵심 내용 정리하기

1 이 글을 바르게 이해한 친구에게 ○표, 그렇지 <u>않은</u> 친구에게 ×표 하세요.

[1] 아차산의 높이는 300m 이하이다. ( )

[2] 아차산에는 홍계관이 죽었다는 전설이 있다. ( )

[3] 아차산에는 고구려, 백제, 신라의 흔적이 있다. ( )

[4] 아차산 정상에 올라서 볼 수 있는 것은 한강뿐이다. ( )

짜임 이해하기

2 이 글의 짜임이 한눈에 보이도록 만들려고 해요. [1]~[3]에 들어갈 말을 보기 에서 찾아 그 기호를 써 보세요.

보기
| ㉠ 아차산의 역사 | ㉡ 아차산 이름의 유래 | ㉢ 아차산에 대한 정보 |

1 [1] ____________ — **2** [2] ____________ — **3** [3] ____________

내용 요약하기

3 다음 빈칸에 알맞은 말을 넣어 이 글을 간추려 보세요.

□□□에 대한 다양한 정보와, 역사, 이름의 유래에 대한 글입니다.

화제 파악

1 이 글을 통해 알 수 <u>없는</u> 것은 무엇인가요? (   )

① 아차산의 높이
② 아차산의 전망
③ 아차산 이름의 유래
④ 아차산의 풍수적 가치
⑤ 아차산의 유명한 장소

내용 이해

2 ㉮에 관한 것으로 알맞지 <u>않은</u> 것은 무엇인가요? (   )

① 홍계관은 명종 때문에 죽었다.
② 명종이 준비한 쥐는 수놈 세 마리였다.
③ 명종이 홍계관에게 상자에 있는 것을 물어보았다.
④ 조선 명종 때 유명한 홍계관이라는 점쟁이가 있었다.
⑤ 홍계관이 명종의 시험에서 쥐 세 마리가 있다고 하였다.

내용 추론

3 다음 글을 읽고 밑줄 친 부분에 대한 두 가지 답을 이 글에서 찾아 써 보세요.

> 아차산은 서울에서 일출을 볼 수 있는 대표적인 곳입니다. 지금은 시민들의 휴식 공간으로 자리를 잡았지만 1,500여 년 전에는 고구려, 신라, 백제가 한강 유역을 둘러싸고 치열한 전투를 벌이던 곳입니다. 삼국 시대 때 가장 중심이 되는 곳은 한강 유역이었습니다. 한강은 넓은 토지와 비옥한 농토를 형성하고 있었습니다. 농업이 중요한 기반이었던 삼국 시대 때 한강 주변은 중요한 곳일 수밖에 없었습니다. 이런 곳을 차지하기 위해 <u>삼국이 전쟁을 했었던 증거</u>가 아차산에 남아있습니다.

답 ____

어휘력 다지기

1~2 다음 낱말의 알맞은 뜻을 찾아 선으로 이어 보세요.

1 유물 •

•㉠ 선대의 인류가 후대에 남긴 물건

2 집행 •

•㉡ 법률, 명령, 재판, 처분 따위의 내용을 실행하는 일

3~6 다음 문장의 빈칸에 알맞은 낱말을 〈보기〉에서 찾아 써 넣으세요.

보기

전사　　　　명소　　　　침입　　　　증거

3 그는 손님에게 고장의 [　　　　]을/를 소개했다.
경치나 고적, 산물 따위로 널리 알려진 곳

4 어머니는 형님의 [　　　　] 소식을 듣고 쓰러지셨다.
전쟁터에서 적과 싸우다 죽음.

5 확실한 [　　　　]도 없이 무턱대고 사람을 의심하면 안 된다.
어떤 사실을 증명할 수 있는 근거

6 중환자실은 세균의 [　　　　]을/를 방지하기 위해 외부와 격리되어 있다.
침범하여 들어가거나 들어옴.

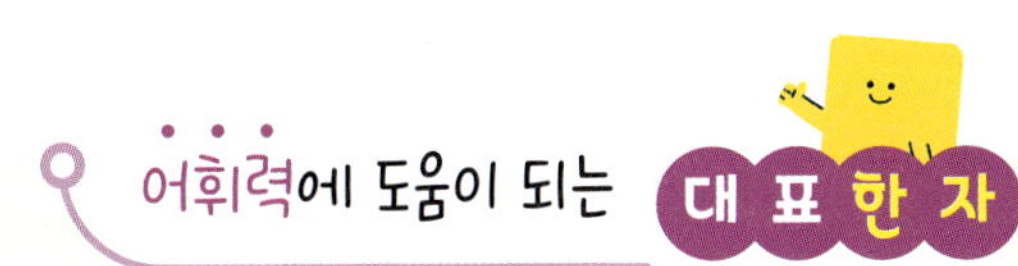

어휘력에 도움이 되는 **대표 한자**

戰		口口	單	戰	

뜻	소리	戰자는 單(홀 단)자와 戈(창 과)자가 결합한 한자예요. 고대의 무기들로 서로 다툰다는 뜻을 표현한 것이지요. 그래서 **싸움, 전쟁** 등의 의미를 가지고 있어요.
싸울	전	

도 전 (挑 戰)	정면으로 맞서 싸움을 겞.
돋울 도　싸울 전	예) 그는 상대방의 **도전**에 응했다.

전 쟁 (戰 爭)	국가와 국가, 또는 교전 단체 사이에 무력을 사용하여 싸움.
싸울 전　다툴 쟁	예) 이웃 나라에서 **전쟁**을 일으켰다.

작 전 (作 戰)	어떤 일을 이루기 위하여 필요한 조치나 방법을 강구하거나 실행함. 또는 그런 조치나 방법
지을 작　싸울 전	예) 감독은 선수들을 모아 **작전**을 짜고 있었다.

Day 05

독해 3원리 · 통합2

이중섭의 생애

1 화가 이중섭은 가난한 집안은 아니었지만, 일찍이 아버지가 돌아가셨습니다. 이중섭은 아버지의 부재로 인해 어머니를 크게 의지하며 자랐습니다. 어머니의 존재는 후에 이중섭의 화풍에 많은 영향을 주었습니다.

2 이중섭은 1929년 오산 보통학교에 재학하며 미술에 큰 관심을 보였습니다. 오산 보통학교는 민족의식을 고취시키는 교육을 하였는데, 이런 분위기는 이중섭에게 엄청난 예술적 영감을 주었습니다. 오산 보통학교 선생님이던 임용련은 이중섭의 재능을 알아보고 미술 교육을 시켰습니다. 임용련은 이중섭이 졸업을 할 때 '조선을 위해 일하라.'라는 말을 하였습니다. 그때부터 이중섭은 '조선의 것'을 그리겠다는 다짐을 하였고, 그 다짐을 마음에 품고 일본으로 유학을 갔습니다. 이중섭은 일본 유학 시절 소와 같은 전통적인 소재의 그림을 많이 그렸습니다.

3 광복 이후 이중섭은 남과 북 중에서 한쪽의 정치 체제를 지지하지 않았습니다. 이에 따라 이중섭은 점차 북한의 화단에서 소외되었지만, 그럼에도 불구하고 여전히 정치적인 문제에는 관심이 없었습니다. 그는 남쪽으로 내려가 그림을 그리라는 어머니의 말에 따라 아내와 아들을 데리고 길을 떠났습니다. 이후 남한에서 생계를 이어나가는 데 큰 어려움을 겪게 됩니다.

4 이중섭은 생계를 책임질 수 없는 처지가 되자 아내와 아이들을 일본으로 보냈습니다. 그는 아내와 아이들을 담뱃갑의 은박지에 그리며 그리움을 달랬는데, 이는 이중섭만의 독창적인 기법으로 평가받았습니다.

5 결국 그는 가족에 대한 그리움 때문에 병을 얻었습니다. 그리고 돌보는 사람도 없이 홀로 병원에서 눈을 감았습니다.

낱말 풀이

- **부재** 그곳에 있지 아니함.
- **화풍** 그림을 그리는 방식이나 양식
- **고취** 의견이나 사상 따위를 열렬히 주장하여 불어넣음.
- **영감** 창조적인 일의 계기가 되는 기발한 착상이나 자극
- **체제** 사회를 하나의 유기체로 볼 때에, 그 조직이나 양식, 또는 그 상태를 이르는 말
- **소외** 어떤 무리에서 기피하여 따돌리거나 멀리함.
- **생계** 살림을 살아 나갈 방도. 또는 현재 살림을 살아가고 있는 형편
- **처지** 처하여 있는 사정이나 형편

▲ 이중섭, 「떠 받으려는 소」

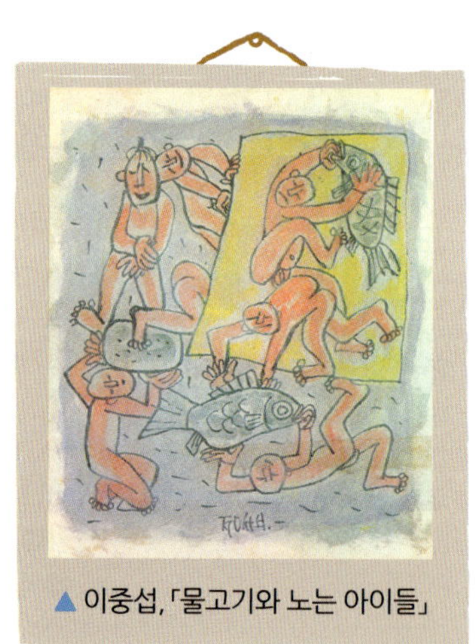

▲ 이중섭, 「물고기와 노는 아이들」

원리로 확인하기

핵심 내용 정리하기

1 다음 빈칸에 들어갈 말을 **보기**에서 찾아 써 보세요.

보기

| 가족 | 미술 | 생계 | 전통 |

[1] 이중섭은 ☐☐에 대한 그리움 때문에 병을 얻었습니다.

[2] 보통학교 선생님이던 임용련은 이중섭에게 ☐☐ 교육을 시켰습니다.

[3] 이중섭은 남한에서 ☐☐을/를 이어나가는 데 큰 어려움을 겪었습니다.

[4] 이중섭은 일본으로 유학을 가서 ☐☐적인 소재의 그림을 많이 그렸습니다.

짜임 이해하기

2 이 글의 짜임이 한눈에 보이도록 만들려고 해요. [1]~[5]에 들어갈 말을 **보기**에서 찾아 그 기호를 써 보세요.

보기

㉠ 이중섭의 탄생과 어린 시절   ㉡ 이중섭이 홀로 병원에서 죽음.

㉢ 이중섭이 아내와 아이들과 이별함.   ㉣ 이중섭의 재학 시절과 미술에 대한 관심

㉤ 이중섭이 북한 화단에서 소외되어 남한으로 내려감.

① [1] ___________ — **②** [2] ___________ — **③** [3] ___________

④ [4] ___________ — **⑤** [5] ___________

내용 요약하기

3 다음 빈칸에 알맞은 말을 넣어 이 글을 간추려 보세요.

화가 ☐☐☐의 삶과 죽음에 관한 글입니다.

내용 이해 1 '이중섭'에게 일어난 일을 순서대로 기호를 써 보세요.

> ㉠ 북한의 화단에서 소외되었다.
> ㉡ 임용련에게 미술 교육을 받았다.
> ㉢ 아내와 아이들이 일본으로 떠났다.
> ㉣ 가족에 대한 그리움으로 병을 얻었다.
> ㉤ 아내와 아들과 함께 남한으로 내려갔다.
> ㉥ 일본 유학을 가서 소 그림을 많이 그렸다.

(→   →   →   →   →   )

내용 추론 2 '이중섭'의 화풍에 영향을 주지 <u>않은</u> 것은 무엇인가요? (   )

① 어머니의 존재
② 가족에 대한 사랑
③ 오산 보통학교의 분위기
④ 어울리던 친구들의 정치 성향
⑤ 오산 보통학교 임용련 선생님의 교육

상황에 적용 3 다음 글을 읽고 빈칸에 들어갈 말을 보기 에서 골라 써 보세요.

> 이중섭은 일본 유학 시절에 특히 소 그림을 많이 그렸습니다. 이중섭은 소를 관찰하여 완벽히 머리에 그려질 때가 되어서야 그림을 그리기 시작했습니다. 마치 눈앞에서 살아 움직이는 듯한 역동적인 소의 모습은 거칠고도 섬세했습니다. (   )을/를 그리고 싶었던 이중섭에게 소는 이중섭 자신이고, 조선이었습니다. 소를 그리며 조선에 대한 마음을 표현했던 것입니다.

보기

민족적 정서   역동적인 동물   자연의 아름다움

어휘력 다지기

1~3 다음 뜻에 알맞은 낱말을 주어진 첫소리를 참고하여 써 보세요.

1 살림을 살아 나갈 방도   ㅅ ㄱ ____________________

2 처하여 있는 사정이나 형편   ㅊ ㅈ ____________________

3 그림을 그리는 방식이나 양식   ㅎ ㅍ ____________________

4~6 다음 문장의 빈칸에 알맞은 낱말을 보기에서 찾아 써 넣으세요.

보기

| 부재 | 소외 | 영감 |

4 다른 학생들에게 [　　　　]을/를 당했다.
어떤 무리에서 기피하여 따돌리거나 멀리함.

5 그녀는 [　　　　]이/가 떠오를 때마다 메모하는 습관이 있다.
창조적인 일의 계기가 되는 기발한 착상이나 자극

6 이 부서 사람들은 정책 [　　　　]와/과 경험 부족으로 곤란을 겪고 있다.
그곳에 있지 아니함.

어휘력에 도움이 되는 **대표한자**

畫	聿 畫 畫

뜻	소리	畫자는 聿(붓 율)자와 田(밭 전)자가 결합한 한자예요. 이는 붓으로 그림을 그리고 있는 모습을 표현한 것이에요. 그래서 그림, 그리다 등의 의미를 가지고 있어요.
그림	화	

화 가 (畫 家) 그림 화　집 가	그림 그리는 것을 직업으로 하는 사람 예 그는 인물화로 유명한 화가였다.
만 화 (漫 畫) 질펀할 만　그림 화	이야기 따위를 여러 장면으로 그린 그림 예 한국사를 만화로 만든 책이 인기를 끌고 있다.
벽 화 (壁 畫) 벽 벽　그림 화	건물이나 동굴, 무덤 따위의 벽에 그린 그림 예 이 지역의 명소 중에는 벽화 마을이 있다.

법원은 무슨 역할을 할까?

　법원은 국가 기관으로, 법을 바탕으로 재판을 통해 판결을 해요. 일상생활에서 생긴 크고 작은 갈등을 해결해 주고, 피해를 입은 사람들을 도와줘요. 사회에 피해를 준 사람에게는 처벌을 내리기도 하지요. 죄를 지으면 누구나 처벌을 받기 때문에 사람들은 죄를 짓지 않으려고 노력해요. 이를 통해 사회의 질서가 유지되지요.

화폐는 어떻게 발전해 왔을까?

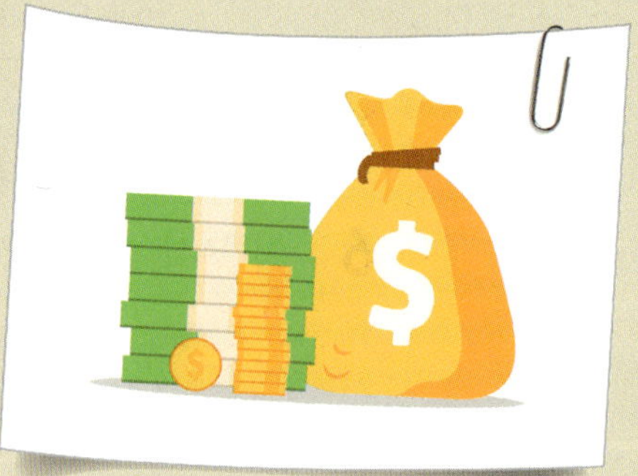

　우리가 물건을 살 때 사용하는 화폐는 어떻게 발달해 왔을까요? 처음에는 조개껍질이나 쌀 등의 물품을 화폐로 사용했어요. 하지만 이러한 화폐는 보관과 휴대가 어려웠어요. 다음으로는 크기가 작은 금속을 화폐로 이용했지만 여전히 보관이 어렵고 무겁다는 문제가 있었어요. 이후 가볍고 보관하기 편리한 지폐를 만들었어요. 최초의 지폐는 동물 가죽으로 만들었다고 해요. 그 후 종이가 발명되고 지폐도 종이로 만들게 되었지요.

북극에도 동물이 살까?

　북극은 대부분의 날이 영하 30~40℃로 엄청나게 추워요. 하지만 이렇게 추운 북극에도 동물이 살고 있어요. 북극에 사는 대표적인 동물에는 북극곰과 북극여우가 있어요. 북극곰은 코 부분을 제외한 온몸에 두꺼운 털이 나 있어요. 이러한 털이 열기를 간직하고 체온을 유지해 줘서 추위를 이겨낼 수 있죠. 북극여우는 다른 여우에 비해 귀가 매우 작은데, 이것은 몸속의 열을 빼앗기지 않기 위해서지요. 그리고 북극여우의 몸에 빽빽하게 난 솜털은 보온 효과가 뛰어나요.

2주

Day 06

시장의 역사

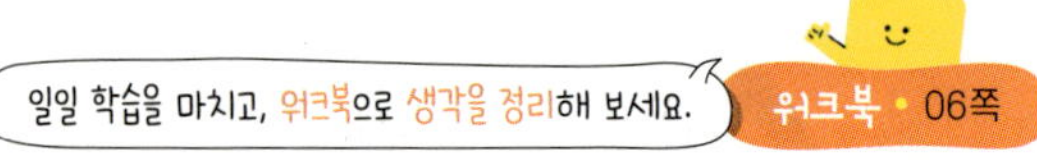

공부한 날

월   일

관련 교과 **초등사회 6-1**
우리나라의 경제 발전

❶ 신라 시대 때, 우리나라에 시장이 처음 생겼습니다. 바로 신라 소지왕 때 수도인 경주에 있던 '경사시'가 그것입니다. 지증왕 때는 수도 서라벌에 '동시'라는 시장이 있었습니다. 그리고 '동시전'이라는 관청*을 두어 시장을 감독*하였습니다.

❷ 고려 시대 때는 수도인 개성에 외국 상인들이 자주 오면서 큰 시장이 만들어졌습니다. 이에 '개성상인'이 등장하였습니다. 개성상인들은 우리나라에서는 물론 외국과의 상업*에서도 적극적으로 활동하였습니다.

❸ 조선 시대에는 육의전과 5일장이 있었습니다. 육의전은 자신의 가게에서 파는 물건을 다른 사람들이 팔지 못하게 하는 독점권*을 가진 여섯 종류의 시장을 말합니다. 5일장은 지방에서 5일마다 열리던 시장이었습니다. 함경도의 원산장, 경상도의 마산장, 전라도의 강경장이 유명합니다.

❹ 현재 시장은 다양한 형태를 띠고 있습니다. 백화점에서는 층별로 물건을 팔뿐만 아니라 문화 센터나 식당도 갖추고 있습니다. 물건 값이 다른 시장들보다 비싸고 가격이 정해져 있어서 값을 깎을 수가 없습니다. 대형 할인점이나 슈퍼마켓은 백화점보다 가격이 싼 편입니다. 그리고 백화점에 못지않은 다양한 물건들을 팔기 때문에 많은 사람들이 애용*하고 있습니다. 또한 물건의 교환과 환불이 쉽습니다. 조선 시대 때 5일마다 섰던 시장은 이제 항상 문을 여는 재래시장으로 모습을 이어나가고 있습니다. 재래시장은 값이 싸고 원하는 대로 값을 깎아 주거나 덤*을 주기도 합니다. 손수레에 물건을 싣고 파는 노점상이라고 하는 곳도 재래시장에서 볼 수 있습니다.

▌ 낱말 풀이 ▐

• **관청** 국가의 사무를 집행하는 국가 기관

• **감독** 일이나 사람 따위가 잘못되지 아니하도록 살피어 단속함.

• **상업** 상품을 사고파는 행위를 통하여 이익을 얻는 일

• **독점권** 개인이나 하나의 단체가 경쟁자를 배제하고 시장을 지배하여 이익을 독차지하는 경제적 권한

• **애용** 좋아하여 애착을 가지고 자주 사용함.

• **덤** 제 값어치 외에 거저로 조금 더 얹어 주는 일

내용 들여다보기

STEP 1 핵심 내용 정리하기

1 ☐ 시대 때, 우리나라에 ☐ 이 처음 생겼습니다.
↳ 바로 신라 소지왕 때 수도인 경주에 있던 '경사시'가 그것입니다.

2 ☐ 시대 때는 수도인 개성에 외국 상인들이 자주 오면서 큰 시장이 만들어졌습니다.
↳ 개성상인들은 우리나라에서는 물론 외국과의 상업에서도 적극적으로 활동하였습니다.

3 ☐ 시대에는 육의전과 5일장이 있었습니다.
↳ ☐ 은 ~ 독점권을 가진 여섯 종류의 시장을 말합니다.
↳ ☐ 은 지방에서 5일마다 열리던 시장이었습니다.

4 현재 ☐ 은 다양한 형태를 띠고 있습니다.
↳ ☐ 에서는 층별로 물건을 팔뿐만 아니라 문화 센터나 식당도 갖추고 있습니다.
↳ ☐ 이나 ☐ 은 백화점보다 가격이 싼 편입니다.
↳ 재래시장은 값이 싸고 원하는 대로 값을 깎아 주거나 덤을 주기도 합니다.

STEP 2 짜임 이해하기

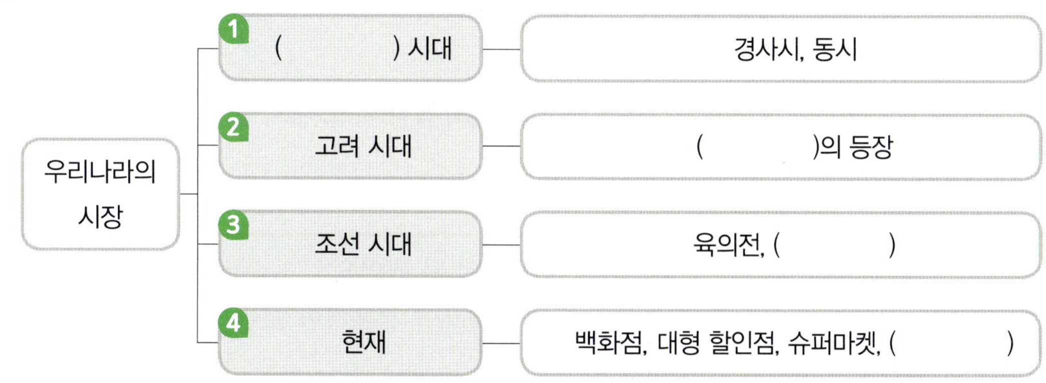

STEP 3 내용 요약하기

🖋 우리나라의 시장은 신라 시대에 ______________________

화제 파악 **1** '재래시장'에서 볼 수 있는 모습은 무엇인가요? (   )

① 문화 센터 등 즐길 거리가 있는 것

② 산 물건의 교환과 환불이 원활한 것

③ 물건에 제 값이 있어 가격을 깎기 힘든 것

④ 비교적 물건 값이 싸서 덤으로 물건을 줄 수 없는 것

⑤ 손수레에 물건을 싣고 돌아다니며 물건을 파는 사람이 있는 것

내용 이해 **2** 이 글에 나타난 시대별 특징으로 알맞은 것을 선으로 이어 보세요.

[1] 신라 시대 •　　　　　• ㉠ 시장을 감독하는 관청이 있었음.

[2] 고려 시대 •　　　　　• ㉡ 물건의 독점권을 가진 시장이 있었음.

[3] 조선 시대 •　　　　　• ㉢ 외국에서 활동을 하던 상인들이 있었음.

내용 추론 **3** 이 글을 읽고 알게 된 내용으로 알맞지 **않은** 것은 무엇인가요? (   )

① 시장의 변화를 알 수 있었어.

② 시대별로 시장의 특징을 알 수 있었어.

③ 현재 시장의 여러 모습을 알 수 있었어.

④ 시장에서 물건을 구매하는 방법을 알 수 있었어.

⑤ 우리나라에 시장이 처음 생긴 시대를 알 수 있었어.

상황에 적용 **4** 다음 글의 빈칸에 들어갈 알맞은 말을  보기 에서 찾아 써 보세요.

> 우리나라 시장 추천해 주세요.　　　　　　　　　　ID: 똑독이
>
> 　외국 친구들이랑 유명한 관광지는 많이 가 봤어요.
>
> 　그래서 이야기를 해 보았는데 우리나라의 전통적인 모습을 볼 수 있는 시장에 가 보고 싶다고 하네요.
>
> 　혹시 추천해 주실 곳이 있으신가요? 생각나는 곳이 있으면 댓글로 달아 주세요.
>
> 　┗ Re. 저는 (　　　　　　　　)을 추천할게요.

보기

| 백화점 | 슈퍼마켓 | 재래시장 | 대형 할인점 |

1~3 다음 낱말의 알맞은 뜻을 찾아 선으로 이어 보세요.

1 감독 •
　　　　　　　　• ㉠ 국가의 사무를 집행하는 국가 기관

2 관청 •
　　　　　　　　• ㉡ 상품을 사고파는 행위를 통하여 이익을 얻는 일

3 상업 •
　　　　　　　　• ㉢ 일이나 사람 따위가 잘못되지 아니하도록 살피어 단속함.

4~6 다음 문장의 빈칸에 알맞은 낱말을 [보기]에서 찾아 써 보세요.

> **[보기]**
>
> • 애용: 좋아하여 애착을 가지고 자주 사용함.
> • 덤: 제 값어치 외에 거저로 조금 더 얹어 주는 일
> • 독점권: 개인이나 하나의 단체가 다른 경쟁자를 배제하고 시장을 지배하여 이익을 독차지하는 경제적 권한

4 서구 열강은 식민지를 개척하여 무역의 　　　　 을 쥐었다.

5 귤을 열 개 샀더니 가게 주인이 　　　　 으로 두 개를 더 주었다.

6 항일 민족 운동으로 국산품 　　　　 과 일본 상품의 불매 운동이 전개되었다.

어휘력에 도움이 되는 **대 표 한 자** 

商

亠　产　商

뜻	소리	商자는 좌판 위에 물건을 올려놓은 모습에 口자를 더해 물건을 파는 소리까지 표현했어요. 그래서 장사, 장수 등의 의미를 나타내요.
장사	상	

	사고파는 물품
상 품 (商 品) 장사 상　물건 품	예 시장에서는 온갖 **상품**을 판매한다.
상 가 (商 街) 장사 상　거리 가	상점들이 죽 늘어서 있는 거리 예 종로에는 귀금속 도매 **상가**가 있다.
상 점 (商 店) 장사 상　가게 점	일정한 시설을 갖추고 물건을 파는 곳 예 그녀는 고향에 **상점**을 열었다.

초등학생의 평균 키와 몸무게

일일 학습을 마치고, 워크북으로 생각을 정리해 보세요.　워크북 ● 08쪽

공부한 날

월　　일

관련 교과 **초등국어 6-1**
짜임새 있게 구성해요

1 '건강한 신체에 건강한 정신이 깃든다.'라는 말이 있습니다. 정상적인 몸의 성장은 곧 마음과 정신의 발달로 이어집니다. 그렇다면 초등학교 5학년의 키와 몸무게의 평균은 어떠할까요? 이를 알아보기 위해 조사를 해 보았습니다.

2 20○○년 5학년 학생을 대상으로 학생 건강 검진을 실시하였습니다. 그리고 4학년 때의 키와 몸무게를 비교하기 위해 해당 학생의 생활 기록부를 같이 조사하였습니다.

3

학년	키(cm)		몸무게(kg)	
	남학생	여학생	남학생	여학생
4학년	139.7	139.1	38.2	35.4
5학년	145	145.6	43.1	40.8

〈자료〉 20○○년 초등학교 4, 5학년 학생들의 평균 키와 몸무게

　4학년 때는 남학생의 평균 키가 여학생보다 0.6cm 더 컸습니다. 하지만 5학년 때는 여학생이 남학생보다 0.6cm 더 컸습니다. 동일 기간에 남학생은 5.3cm가 큰 반면, 여학생은 6.5cm 자랐습니다. 즉 1년 사이에 여학생의 키는 남학생보다 더 빠른 속도로 성장했다는 것을 알 수 있습니다.

4 남학생은 4학년 때에 비해 5학년 때 몸무게가 4.9kg이 더 늘었습니다. 같은 기간 동안에 여학생은 5.4kg이 늘었습니다. 즉 여학생이 남학생보다 평균 몸무게가 더 많이 늘었다는 것을 알 수 있습니다. 하지만 키와는 다르게 몸무게는 학년이 바뀌어도 남학생이 여학생보다 많이 나가는 양상을 보입니다.

5 초등학교 5학년의 키와 몸무게 변화를 조사한 결과, 5학년 여학생은 남학생보다 키가 더 많이 컸고 몸무게도 더 빠른 속도로 늘었다는 것을 알 수 있었습니다. 이렇게 꾸준히 성장하기 위해서는 적절한 운동과 식단이 필요합니다.

┃ 낱말 풀이 ┃

• **깃들다** 감정, 생각, 노력 따위가 어리거나 스미다.

• **평균** 여러 수나 같은 종류의 양의 중간값을 갖는 수

• **검진** 건강 상태와 질병의 유무를 알아보기 위하여 증상이나 상태를 살피는 일

• **해당** 무엇에 관계되는 바로 그것

• **반면** 뒤에 오는 말이 앞의 내용과 상반됨을 나타내는 말

• **양상** 사물이나 현상의 모양이나 상태

• **식단** 일정한 기간 동안 먹을 음식의 종류와 순서를 짜놓은 표. 또는 그러한 종류나 순서

내용 들여다보기

STEP 1 핵심 내용 정리하기

1 그렇다면 초등학교 5학년의 [   ]와 [   ]의 평균은 어떠할까요? 이를 알아보기 위해 [   ]를 해 보았습니다.

2 20○○년 5학년 학생을 대상으로 [   ]을 실시하였습니다. [   ] 4학년 때의 키와 몸무게를 비교하기 위해 해당 학생의 [   ]를 같이 조사하였습니다.

3 즉 1년 사이에 여학생의 키는 남학생보다 더 [   ] 속도로 성장했다는 것을 알 수 있습니다.

4 즉 여학생이 남학생보다 평균 [   ]가 더 많이 늘었다는 것을 알 수 있습니다. [   ] 키와는 다르게 몸무게는 학년이 바뀌어도 남학생이 여학생보다 [   ] 나가는 양상을 보입니다.

5 5학년 여학생은 남학생보다 [   ]가 더 많이 컸고 [   ]도 더 빠른 속도로 늘었다는 것을 알 수 있었습니다.

STEP 2 짜임 이해하기

1 조사 주제: 5학년의 (   )와 몸무게의 평균

2 조사 방법: 학생 건강 검진, 생활 기록부

3 조사 결과 ①: 여학생의 키는 (   )보다 더 빠른 속도로 성장함.

4 조사 결과 ②: (   )의 몸무게는 남학생보다 더 많이 늘었음.

5 조사 결과: 여학생은 남학생보다 키가 더 빨리 크고 몸무게도 더 빨리 늘어남.

STEP 3 내용 요약하기

✏️ 초등학교 5학년을 대상으로 ....

....

....

문제로 확인하기

내용 이해

1 이 글에서 알 수 있는 내용이 <u>아닌</u> 것은 무엇인가요? (　　　)

① 여학생과 남학생의 평균 키의 차이를 알 수 있다.

② 5학년 학생의 남녀별 평균 키와 몸무게를 알 수 있다.

③ 4, 5학년의 남녀 평균 키와 몸무게의 차이를 알 수 있다.

④ 5학년의 학급별 평균 키와 몸무게 증가량을 알 수 있다.

⑤ 1년 동안의 5학년 학생들의 평균 키와 몸무게 변화를 알 수 있다.

구조 이해

2 다음은 조사 보고문을 쓰는 순서입니다. 글 **2**는 무엇에 관한 것인지 찾아 써 보세요.

(　　　　　)

> 조사 보고문
>
> 1. 조사 주제
> 2. 조사자, 조사 기간
> 3. 조사 동기
> 4. 조사 방법
> 5. 조사 내용
> 6. 조사 결과 및 결과 분석
> 7. 느낀 점

상황에 적용

3 이 글의 〈자료〉를 보고 알맞게 말한 내용을 **보기** 에서 모두 찾아 기호로 써 보세요.

(　　　　　)

> **보기**
>
> ㉠ 남학생의 평균 키는 여학생의 평균 키보다 언제나 커.
> ㉡ 6학년이 되면 남학생이 여학생의 평균 키보다 더 클 거야.
> ㉢ 20○○년에 여학생은 남학생보다 평균 몸무게가 더 많이 늘었어.
> ㉣ 20○○년 5학년 때에는 여학생과 남학생의 평균 키 차이가 1cm 이하야.

내용 추론

4 이 글 뒤에 이어질 내용으로 알맞은 것은 무엇인가요? (　　　)

① 남녀가 성장 속도가 다른 이유에 대한 내용

② 6학년의 남녀별 평균 키와 몸무게에 대한 내용

③ 키와 몸무게를 해마다 조사해야 하는 이유에 대한 내용

④ 학생 건강 검진을 하기 전의 준비와 유의사항에 대한 내용

⑤ 적절한 키 성장과 몸무게 변화를 위해 필요한 행동에 대한 내용

어휘력 다지기

1~3 다음 낱말의 알맞은 뜻을 찾아 선으로 이어 보세요.

1 식단 •
2 평균 •
3 해당 •

• ㉠ 무엇에 관계되는 바로 그것
• ㉡ 여러 수나 같은 종류의 양의 중간값을 갖는 수
• ㉢ 일정한 기간 동안 먹을 음식의 종류와 순서를 짜놓은 표

4~6 다음 문장의 빈칸에 알맞은 낱말을 **보기** 의 글자 카드로 만들어 써 보세요.

보기

| 검 | 면 | 반 | 상 | 양 | 진 |

4 부모님께서 병원에서 ⬜⬜ 을 받으셨다.
건강 상태와 질병 유무를 알아보기 위해 증상이나 상태를 살피는 일

5 그는 공부는 못하는 ⬜⬜ 에 운동은 잘한다.
뒤에 오는 말이 앞의 내용과 상반됨을 나타내는 말

6 이 소설의 내용은 매우 복잡한 ⬜⬜ 을 보인다.
사물이나 현상의 모양이나 상태

어휘력에 도움이 되는 대표 한자

身	冂 身 身

뜻	소리	身자는 배가 볼록한 임신한 여자를 표현한 한자로 본래는 임신하다의 의미였으나, 후에 몸의 상태나 몸이라는 의미로 쓰이면서 **몸**이나 **신체**라는 뜻을 갖게 되었어요.
몸	신	

신 체 (身　體) 몸 신　몸 체	사람의 몸 예 그는 꾸준히 운동하며 <u>신체</u>를 단련했다.
심 신 (心　身) 마음 심　몸 신	마음과 몸을 아울러 이르는 말 예 따뜻한 물에 몸을 담구는 것은 <u>심신</u>을 안정시키는 데 도움을 준다.
대 신 (代　身) 대신할 대　몸 신	어떤 대상의 자리나 구실을 바꾸어서 새로 맡음. 또는 그렇게 새로 맡은 대상 예 사료 <u>대신</u>에 풀을 먹였다.

Day 08

월식과 일식

일일 학습을 마치고, 워크북으로 생각을 정리해 보세요. · 워크북 · 10쪽

공부한 날

월   일

관련 교과 **초등과학 6-1**
지구와 달의 운동

1 ㉮미국 항공 우주국에 따르면 미국 일부 지역에서 현지˙ 시간으로 15일 밤 10시 27분(한국 시각 16일 오전 11시 27분)부터 월식이 시작되었다고 합니다. 월식은 16일 오전 1시 55분(한국 시각 16일 오후 2시 55분)까지 이어졌습니다. 이는 33년 만에 가장 긴 개기 월식으로 기록되었습니다. 이날 개기 월식은 미국 일부 지역에서만 관측˙되었지만, 미국 항공 우주국과 그리피스 천문대 등이 지구 그림자에 가려진 후 붉게 빛나는 달의 모습을 유튜브를 통해 실시간으로 중계˙하였습니다.

2 월식은 태양과 지구, 달이 정확히 일직선으로 놓여 지구의 그림자가 달을 가리는 현상입니다. 지구의 그림자가 달의 전체를 가리면 개기 월식, 일부분˙을 가리면 부분 월식이라고 합니다. 개기 월식이 일어날 때 달은 붉은색으로 보입니다. 그 이유는 지구 대기˙에 태양빛이 산란˙할 때 파장˙이 긴 붉은색이 달의 표면에서 반사되어 지구로 오기 때문입니다. 지구 대기에 먼지나 구름이 많을수록 달은 더 붉은 색을 띱니다. 이것을 '블러드문'이라고 합니다.

3 반면에 일식은 태양과 달, 지구가 일직선으로 놓일 때, 달이 태양의 일부나 전부를 가리는 현상입니다. 달이 태양의 전부를 가리면 개기 일식, 태양의 일부를 가리면 부분 일식, 달이 지구에서 멀어져 태양을 완전히 가리지 못해 태양 주위가 반지처럼 보이면 금환 일식이라고 합니다.

— 조○○ 기자(bini0221@etoos.com)

┃ 낱말 풀이 ┃

- **현지** 사물이 현재 있는 곳
- **관측** 육안이나 기계로 자연 현상 특히 천체나 기상의 상태, 추이, 변화 따위를 관찰하여 측정하는 일
- **중계** 어느 방송국의 방송을 다른 방송국에서 연결하여 방송하는 일
- **일부분** 한 부분. 또는 전체를 여럿으로 나눈 얼마
- **대기** 천체의 표면을 둘러싸고 있는 기체
- **산란** 파동이나 입자선이 물체와 충돌하여 여러 방향으로 흩어지는 현상
- **파장** 파동에서, 같은 위상을 가진 서로 이웃한 두 점 사이의 거리

STEP 1 핵심 내용 정리하기

❶ 미국 항공 우주국에 따르면 미국 일부 지역에서 현지 시간으로 15일 밤 10시 27분(한국 시각 16일 오전 11시 27분)부터 [   ]이 시작되었다고 합니다.

↳ 이는 33년 만에 가장 긴 [   ]으로 기록되었습니다.

❷ 월식은 태양과 [   ], 달이 정확히 [   ]으로 놓여 지구의 그림자가 달을 가리는 현상입니다.

↳ 지구의 그림자가 달의 [   ]를 가리면 개기 월식, [   ]을 가리면 부분 월식이라고 합니다. 개기 월식이 일어날 때 달은 [   ]으로 보입니다.

❸ [   ]에 [   ]은 태양과 달, 지구가 일직선으로 놓일 때, 달이 태양의 일부나 전부를 가리는 현상입니다.

↳ 달이 태양의 전부를 가리면 [   ], 태양의 일부를 가리면 부분 일식, 달이 지구에서 멀어져 태양을 완전히 가리지 못해 태양 주위가 반지처럼 보이면 [   ]이라고 합니다.

STEP 2 짜임 이해하기

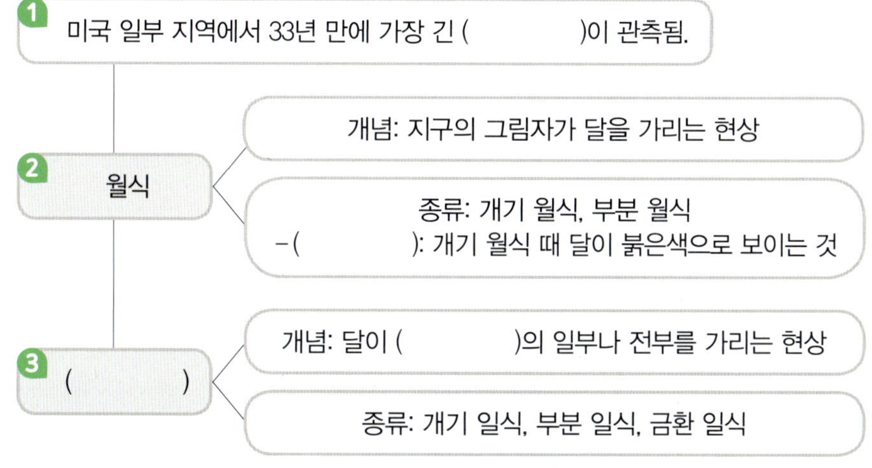

STEP 3 내용 요약하기

✎ 지난 15일 밤, 미국 일부 지역에서 지구의 그림자가 달의 전체를 가리는

화제 파악 **1** 기사문을 읽을 때 주의할 점을 알맞지 <u>않게</u> 말한 친구는 누구인가요? (　　　)

① 도윤: 기사문은 전할 내용을 사실대로 써야 해.
② 서연: 기사문은 전할 내용을 육하원칙에 따라 써야 해.
③ 정원: 기사문은 전할 내용을 기자의 의견과 함께 써야 해.
④ 준수: 기사문은 전할 내용을 어법에 맞는 문장으로 써야 해.
⑤ 미연: 기사문은 전할 내용을 널리 알릴만한 내용으로 써야 해.

내용 이해 **2** '월식'과 '일식'에 관한 설명으로 알맞은 것끼리 선으로 이어 보세요.

[1] 개기 월식 •　　　• ㉠ 달이 태양의 부분을 가리는 것

[2] 부분 일식 •　　　• ㉡ 달이 태양 주위를 반지처럼 보이게 하는 것

[3] 금환 일식 •　　　• ㉢ 지구의 그림자에 달의 전체가 어두워지는 것

내용 추론 **3** ㉮에 대한 설명으로 알맞은 것은 무엇인가요? (　　　)

① 이번 월식은 세계 전 지역에서 볼 수 있었다.
② 이번 월식은 유튜브를 통해서도 볼 수 있었다.
③ 이번 월식은 한국에서는 '부분 월식'이라고 불렀다.
④ 이번 월식은 미국 항공 우주국에서 행사를 주관했다.
⑤ 이번 월식은 33년 만에 가장 짧은 월식으로 기록되었다.

상황에 적용 **4** 다음을 읽고 알맞은 말에 각각 ○표를 하세요.

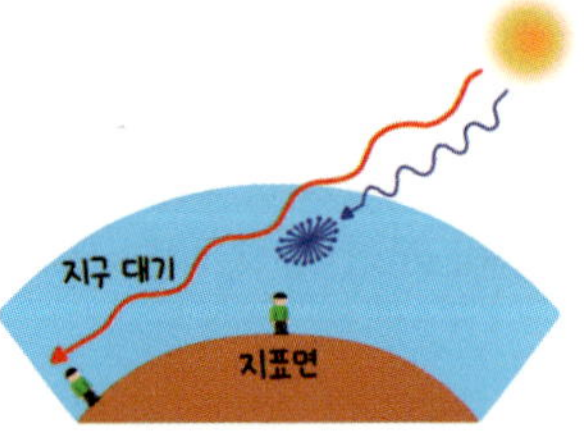

블러드문이 생기는 이유는 아침과 저녁의 노을이 붉은 이유와 같습니다. 해가 뜨고 지는 아침과 저녁에는 빛의 경로가 낮보다 훨씬 길어지게 됩니다. 이때 빛의 (투과 / 파장)이/가 (긴 / 짧은) 붉은색이 대기를 통과해 우리 눈앞에 도달해 산란하기 때문에 붉은색의 노을을 볼 수 있는 것입니다.

1~3 다음 낱말의 알맞은 뜻을 찾아 선으로 이어 보세요.

1 대기 •

2 중계 •

3 현지 •

• ㉠ 사물이 현재 있는 곳

• ㉡ 천체의 표면을 둘러싸고 있는 기체

• ㉢ 어느 방송국의 방송을 다른 방송국에서 연결하여 방송하는 일

4~6 다음 문장의 빈칸에 알맞은 낱말을 〔보기〕에서 찾아 써 보세요.

─── 보기 ───

· 일부분: 한 부분. 또는 전체를 여럿으로 나눈 얼마
· 관측: 육안이나 기계로 자연 현상 특히 천체나 기상의 상태, 추이, 변화 따위를 관찰하여 측정하는 일
· 반사: 일정한 방향으로 나아가던 파동이 다른 물체의 표면에 부딪쳐서 나아가던 방향을 반대로 바꾸는 현상

4 홍수로 둑의 [   ]이/가 무너졌다.

5 별의 움직임에 대한 [   ] 자료가 많이 필요하다.

6 불빛의 [   ] 때문에 작은 거울은 오히려 빛이 쏟아져 들어오는 구멍처럼 보인다.

어휘력에 도움이 되는 **대표한자**

陽

阝 阠 陽

뜻	소리
볕	양

陽자는 阝(언덕 부)자와 昜(볕 양)자가 결합한 한자예요. 햇볕이 제단과 주변을 밝게 비추는 모습을 표현한 것이지요. **볕, 해** 등의 의미를 가져요.

석 양 (夕　陽)
저녁 석　볕 양

저녁때의 햇빛. 또는 저녁때의 저무는 해
예 어느덧 하늘에 붉은 **석양**이 내려앉고 있었다.

양 지 (陽　地)
볕 양　땅 지

볕이 바로 드는 곳
예 봄이 오니 **양지**에는 싹이 돋아나기 시작했다.

차 양 (遮　陽)
막을 차　볕 양

햇볕을 가리거나 비가 들이치는 것을 막기 위하여 처마 끝에 덧붙이는 좁은 지붕
예 굵은 소나기가 쏟아지자 가게 **차양**이 심하게 흔들렸다.

우리나라의 문화유산

일일 학습을 마치고, 워크북으로 생각을 정리해 보세요. 워크북 · 12쪽

1 우리 민족의 소중한 문화유산 중에는 바위그림, 민화, 고려청자와 조선백자가 있습니다. 이러한 문화유산을 통해 선조들의 멋과 정신, 생각과 삶의 모습을 알 수 있습니다.

2 바위그림은 석기 시대나 청동기 시대 사람들이 동굴의 벽에 새겨 놓은 그림입니다. 바위그림은 평평하고 반듯한 동굴 벽면에 굵은 선으로 동물, 사람 또는 원과 같은 모양을 간단하게 새긴 것으로 그 시대 사람들이 믿었던 종교와 관련해 그림을 그렸다고도 합니다. 그리고 유달리 사냥과 관련된 그림이 많은 것으로 보아, 바위그림은 사냥감을 많이 잡고 싶어 하는 마음을 표현하기 위해 그린 것임을 알 수 있습니다.

3 민화는 언제부터 그렸는지는 알 수 없지만, 조선 후기에 평민들 사이에서 유행했던 그림입니다. 민화는 동물, 물과 나무 같은 자연물 등을 소재로 하여 그렸습니다. 민화는 세련되거나 격식을 갖춘 그림이 아닙니다. 민화를 그린 대부분의 사람들은 정식으로 그림을 배운 적이 없는 사람들이기 때문입니다. 그래서인지 민화는 소박하고 익살스러운 아름다움을 가졌습니다.

4 고려청자는 고려 시대에 만들어진 푸른색을 띠는 도자기입니다. 고려청자의 푸른색은 세련되고 고급스러운 멋을 느끼게 합니다. 고려청자에는 학, 국화, 구름 등 여러 그림이 그려져 있습니다. 특히 상감 청자는 우리 조상들이 독창적으로 개발한 상감 기법으로 만들었습니다. 조선백자는 조선 시대에 만들어진 흰색을 띠는 도자기를 말합니다. 조선백자는 특별한 기법을 쓰지 않고 도자기 표면에 흰색 흙을 씌워서 만듭니다. 조선백자를 통해 소박하고 수수한 아름다움을 느낄 수 있습니다.

공부한 날

월   일

관련 교과 **초등사회 5-2**
옛사람들의 삶과 문화

❘ 낱말 풀이 ❘

- **문화유산** 정신적·물질적 각종 문화재나 문화 양식
- **선조** 먼 윗대의 조상
- **평민** 벼슬이 없는 일반인
- **격식** 격에 맞는 일정한 방식
- **소박하다** 꾸밈이나 거짓이 없고 수수하다.
- **익살스럽다** 남을 웃기려고 일부러 우스운 말이나 행동을 하는 데가 있다.
- **상감** 금속이나 도자기, 목재 따위의 표면에 여러 가지 무늬를 새겨서 그 속에 같은 모양의 금, 은, 보석, 뼈, 자개 따위를 박아 넣는 공예 기법
- **수수하다** 물건의 품질이나 겉모양, 또는 사람의 옷차림 따위가 제격에 어울리는 품이 어지간하다.

▲ 바위그림

▲ 청자

▲ 백자

내용 들여다보기 🔍

STEP 1　핵심 내용 정리하기

❶ 우리 민족의 소중한 〔　　　　〕 중에는 바위그림, 민화, 고려청자와 조선백자가 있습니다.

　↳ 이러한 문화유산을 통해 선조들의 〔　　　　〕, 생각과 삶의 모습을 알 수 있습니다.

❷ 〔　　　　〕은 석기 시대나 청동기 시대 사람들이 동굴의 벽에 새겨 놓은 그림입니다.

　↳ 그 시대 사람들이 믿었던 〔　　　〕와 관련해 그림을 그렸다고도 합니다.

　↳ 바위그림은 〔　　　〕을 많이 잡고 싶어 하는 마음을 표현하기 위해 그린 것임을 알 수 있습니다.

❸ 〔　　　〕는 ~ 조선 후기에 평민들 사이에서 유행했던 그림입니다.

　↳ 민화는 소박하고 〔　　　〕 아름다움을 가졌습니다.

❹ 〔　　　〕는 고려 시대에 만들어진 푸른색을 띠는 도자기입니다.

　↳ 고려청자의 푸른색은 〔　　　〕 고급스러운 멋을 느끼게 합니다.

〔　　　〕는 조선 시대에 만들어진 흰색을 띠는 도자기를 말합니다.

　↳ 조선백자를 통해 〔　　　〕 수수한 아름다움을 느낄 수 있습니다.

STEP 2　짜임 이해하기

STEP 3　내용 요약하기

✎ 우리 민족의 소중한 문화유산 중에는 바위그림, 민화, 고려청자와 조선백자가 있습니다. 이를 통해

____

____

내용 이해

1 '바위그림'과 '민화'의 공통점은 무엇인가요? (   )

① 종교적인 의식을 할 때 그린 그림이다.

② 그리는 소재 중에 동물이 있는 그림이다.

③ 지금까지 사람들에게 유행하고 있는 그림이다.

④ 그림을 누가 그렸는지 정확하게 알 수 있는 그림이다.

⑤ 당시 지도자 계층의 생활 모습이 드러나 있는 그림이다.

내용 이해

2 '고려청자'와 '조선백자'의 특징을 비교하여 빈칸을 채워 보세요.

	고려청자	조선백자
색	㉠ ___________	흰색
만들어진 시대	고려 시대	㉡ ___________
장식	㉢ ___________.	특별한 기법을 사용하지 않고 도자기에 흰색 흙을 씌움.

내용 추론

3 '바위그림'을 그렸던 당시 사람들의 모습을 추측한 것으로 알맞은 것은 무엇인가요?

(   )

① 당시 사람들은 바위를 신성하게 여겼다.

② 당시 사람들은 사냥을 하는 것을 중요하게 생각했다.

③ 당시 사람들은 굵은 선으로 세밀하게 표현한 그림을 좋아했다.

④ 당시 사람들은 자신의 두려움을 극복하기 위해 그림을 그렸다.

⑤ 당시 사람들은 자신들의 역사를 기록하기 위해 그림을 그렸다.

상황에 적용

4 다음 글을 읽고 이와 관련된 문화유산을  에서 골라 써 보세요.

> 은입사는 청동기 표면에 홈을 파고 실처럼 얇게 만든 은을 채워 아름다운 무늬와 그림을 장식하는 방법입니다. 나전 칠기는 옻칠한 바탕에 자개를 붙여 무늬를 나타내는 것입니다. 이들은 귀족 문화를 대표하는 공예 예술로 화려하고 고급스러운 아름다움을 느낄 수 있습니다. 이런 아름다움을 느낄 수 있는 다른 문화유산에는 (   )이/가 있습니다.

보기

민화   고려청자   바위그림   조선백자

1~3 다음 낱말의 알맞은 뜻을 찾아 선으로 이어 보세요.

1 평민 •

2 선조 •

3 문화유산 •

• ㉠ 먼 윗대의 조상

• ㉡ 벼슬이 없는 일반인

• ㉢ 정신적·물질적 각종 문화재나 문화 양식

4~6 다음 문장의 빈칸에 들어갈 낱말을 보기 에서 찾아 알맞은 형태로 써 보세요.

─ 보기 ─

• 소박하다: 꾸밈이나 거짓이 없고 수수하다.
• 익살스럽다: 남을 웃기려고 일부러 우스운 말이나 행동을 하는 데가 있다.
• 수수하다: 물건의 품질이나 겉모양, 또는 사람의 옷차림 따위가 제격에 어울리는 품이 어지간하다.

4 된장찌개와 밥만 차려진 평범하고 [   ] 밥상이다.

5 유진이는 상당한 미인이지만 옷차림은 매우 [   ].

6 학교에서 손꼽히는 개그맨인 준호는 [   ] 표정을 잘 짓는다.

어휘력에 도움이 되는 **대표 한자**

格

木 杦 格

格자는 木(나무 목)자와 各(각각 각)자가 결합한 한자예요. 잘 다듬어진 사람의 인성 또는 모양을 바로잡는다는 뜻을 나타내는 글자로 **격식, 바로잡다** 등의 의미를 가지고 있어요.

뜻	소리	
격식	격	

성 격 (性 格)
성품 성 · 격식 격

개인이 가지고 있는 고유의 성질이나 품성
⑩ 그녀는 **성격**이 쾌활하다.

가 격 (價 格)
값 가 · 격식 격

물건이 지니고 있는 가치를 돈으로 나타낸 것
⑩ 우유 **가격**이 많이 올랐다.

자 격 (資 格)
재물 자 · 격식 격

일정한 신분이나 지위
⑩ 감독관 **자격**으로 시험에 참석하였다.

Day 10

낱말 사이의 관계

일일 학습을 마치고, 워크북으로 생각을 정리해 보세요. 워크북 • 14쪽

1 낱말 사이의 관계를 이해하면 쉽고 재미있게 낱말을 배울 수 있습니다.

2 '딸기, 사과, 복숭아'는 모두 과일에 속합니다. 즉, '딸기, 사과, 복숭아'는 과일을 나타내는 낱말입니다. 이와 같이 낱말들 중에는 어떤 낱말이 다른 낱말을 포함하는 경우도 있고 포함되는 경우도 있습니다. 우리는 이런 낱말을 '포함하는 낱말', '포함되는 낱말'이라고 합니다. 예를 들어 '머리, 팔, 다리, 몸통, 몸'이라는 낱말이 있습니다. 여기서 '몸'은 포함하는 낱말이고, '머리, 팔, 다리, 몸통'은 포함되는 낱말입니다.

3 '밥'과 비슷한 낱말로는 '진지'가 있습니다. 이처럼 서로 소리는 다르지만 의미가 비슷한 말을 '뜻이 비슷한 낱말'이라고 합니다. 원래 뜻이 비슷한 낱말은 서로 바꾸어 써도 뜻이 크게 다르지 않지만 가리키는 대상이나 쓰이는 상황에 따라 느낌의 차이가 있습니다. '밥'은 '끼니로 먹는 음식'입니다. '진지'는 '밥'의 높임말입니다. 그래서 뜻이 비슷하다고 해도 그 대상이나 상황에 따라 어울리는 말을 써야 합니다. 이런 뜻이 비슷한 낱말에는 '이–치아–이빨'이 있습니다.

4 '뜻이 반대되는 낱말'은 서로 반대되는 뜻을 가지고 있는 낱말을 말합니다. 뜻이 반대되는 낱말을 찾을 때는 방향, 등급 등의 기준을 정해야 합니다. 예를 들어 '남자'와 뜻이 반대되는 낱말은 '여자'입니다. '남자'와 반대되는 낱말을 '아주머니'라고 하지는 않습니다. '아주머니'는 '여자'이지만, 정확하게 말하자면 '남남끼리에서 나이 든 여자를 말하는 말'입니다. 그러므로 '남자'와 뜻이 반대되는 낱말은 '여자'이고, '아주머니'와 뜻이 반대되는 낱말은 '남남끼리에서 나이 든 남자를 말하는 말'인 '아저씨'입니다.

공부한 날

월 일

관련 교과 **초등국어 5-1**
아는 것과 새롭게 안 것

┃ 낱말 풀이 ┃

• **속하다** 관계되어 딸리다.

• **포함** 어떤 사물이나 현상 가운데 함께 들어 있거나 함께 넣음.

• **의미** 말이나 글의 뜻

• **끼니** 아침, 점심, 저녁과 같이 날마다 일정한 시간에 먹는 밥. 또는 그렇게 먹는 일

• **이** 무엇을 물거나 음식물을 씹는 역할을 하는 기관

• **치아** '이'를 점잖게 이르는 말

• **등급** 높고 낮음이나 좋고 나쁨 따위의 차이를 여러 층으로 구분한 단계

• **기준** 기본이 되는 표준

▲ 딸기

▲ 사과

▲ 복숭아

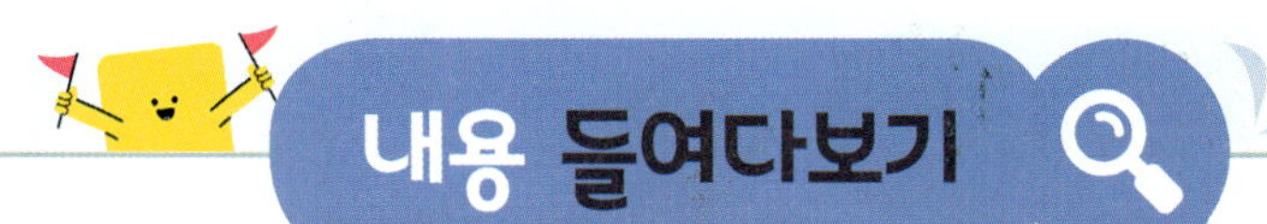

STEP 1 핵심 내용 정리하기

❶ 낱말 사이의 [   ]를 이해하면 쉽고 재미있게 낱말을 배울 수 있습니다.

❷ 낱말들 중에는 어떤 낱말들이 다른 낱말을 포함하는 경우도 있고 포함되는 경우도 있습니다.

우리는 이런 낱말을 '[   ]', '[   ]'이라고 합니다.

↳ '[   ]'은 포함하는 낱말이고, '머리, 팔, 다리, 몸통'은 포함되는 낱말입니다.

❸ 서로 소리는 다르지만 의미가 비슷한 말을 '[   ]'이라고 합니다.

↳ 가리키는 [   ]이나 쓰이는 [   ]에 따라 느낌의 차이가 있습니다.

↳ '밥'은 '끼니로 먹는 음식'입니다. '[   ]'는 '밥'의 높임말입니다. [   ] 뜻이

비슷하다고 해도 그 대상이나 상황에 따라 어울리는 말을 써야 합니다.

❹ '[   ]'은 서로 반대되는 뜻을 가지고 있는 낱말을 말합니다.

↳ 뜻이 반대되는 낱말을 찾을 때는 방향, 등급 등의 [   ]을 정해야 합니다.

↳ '남자'와 뜻이 반대되는 낱말은 '[   ]'이고, '아주머니'와 뜻이 반대되는 낱말은 '남

남끼리에서 나이 든 남자를 말하는 말'인 '[   ]'입니다.

STEP 2 짜임 이해하기

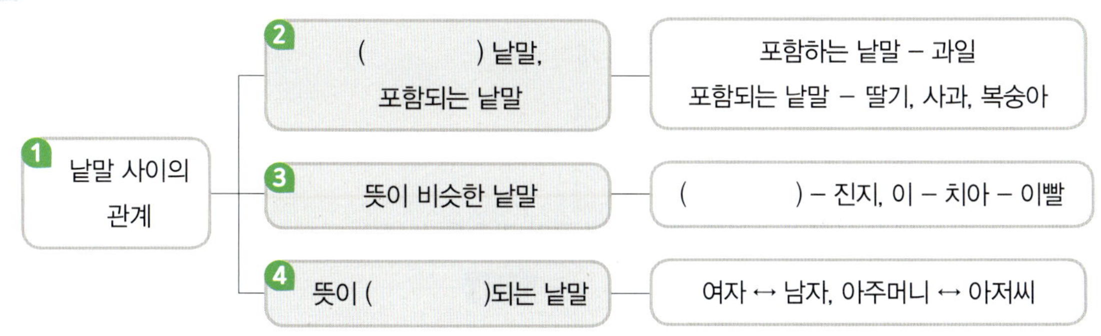

STEP 3 내용 요약하기

✎ 낱말 사이의 관계에는

문제로 확인하기

내용 이해

1 이 글의 내용으로 알맞은 것은 무엇인가요? (　　　)

① '채소'는 '딸기, 사과, 복숭아'를 포함한다.

② 하나의 말에 '뜻이 비슷한 낱말'은 반드시 한 개이다.

③ '아주머니'와 '남자'는 서로 '뜻이 반대되는 낱말'이다.

④ 뜻이 비슷한 말이라도 상황에 따라 느낌의 차이를 가진다.

⑤ 의미는 비슷하지만 소리가 다른 두 낱말은 '포함하는 낱말'이다.

내용 이해

2 낱말 사이의 관계가 알맞은 것끼리 묶인 것은 무엇인가요? (　　　)

	뜻이 비슷한 낱말	뜻이 반대되는 낱말
①	밥 – 진지	아주머니 – 아저씨
②	여자 – 남자	이 – 치아 – 이빨
③	아주머니 – 아저씨	밥 – 진지
④	과일 – 딸기, 사과, 복숭아	여자 – 남자
⑤	이 – 치아 – 이빨	과일 – 딸기, 사과, 복숭아

내용 추론

3 낱말 사이의 관계가 나머지와 <u>다른</u> 하나는 무엇인가요? (　　　)

① 악기 – 북, 장구, 꽹과리

② 이름 – 성명, 성함, 존함

③ 가구 – 옷장, 침대, 책상

④ 학용품 – 공책, 사인펜, 지우개

⑤ 꽃 – 백합, 해바라기, 코스모스

상황에 적용

4 다음 낱말 사이의 관계를 보기에서 골라 기호를 쓰세요.

보기

㉠ 뜻이 비슷한 낱말

㉡ 뜻이 반대되는 낱말

㉢ 포함하는 낱말과 포함되는 낱말

(1) 위 – 아래 ➡ (　　　　　)

(2) 국가 – 나라 ➡ (　　　　　)

(3) 동물 – 사자, 호랑이 ➡ (　　　　　)

어휘력 다지기

1~3 다음 뜻에 알맞은 낱말을 보기 에서 찾아 써 보세요.

> **보기**
>
> 기준　　　　끼니　　　　치아

1 기본이 되는 표준　　→ ____________

2 '이'를 점잖게 이르는 말　　→ ____________

3 아침, 점심, 저녁과 같이 날마다 일정한 시간에 먹는 밥　　→ ____________

4~6 다음 주어진 뜻과 글자의 첫소리를 참고하여 문장을 완성해 보세요.

4 ㅇ ㅁ : 말이나 글의 뜻

　→ 두 단어는 사전적 ____________이/가 같다.

5 ㅍ ㅎ : 어떤 사물이나 현상 가운데 함께 들어 있거나 함께 넣음.

　→ 우리 가족은 나를 ____________해서 모두 네 명이다.

6 ㄷ ㄱ : 높고 낮음이나 좋고 나쁨 따위의 차이를 여러 층으로 구분한 단계

　→ 공장에서는 제품을 품질에 따라 세 ____________(으)로 구분한다.

어휘력에 도움이 되는 **대표한자**

意	뜻	소리	
	뜻	의	意자는 音(소리 음)자와 心(마음 심)자가 결합한 한자로, 마음의 소리라는 뜻으로 만들어졌어요. 그러므로 뜻, 의미, 생각 등의 의미를 가지고 있어요.
의 견 (意 見) 뜻 의　볼 견			어떤 대상에 대하여 가지는 생각 예 너와 나는 서로 **의견**을 교환해야 한다.
의 사 (意 思) 뜻 의　생각 사			무엇을 하고자 하는 생각 예 그는 그녀와 결혼할 **의사**가 전혀 없다.
주 의 (注 意) 물댈 주　뜻 의			마음에 새겨 두고 조심함. 예 약품의 **주의** 사항을 잘 읽어 봐야 한다.

잠을 안 자면 키가 안 클까?

키가 크려면 밤에 충분히 자는 게 필요해요. 왜냐하면 우리의 키를 크게 만드는 성장 호르몬은 잠을 잘 때 많이 나오기 때문이에요. 특히 얕은 잠보다 숙면을 취할 때 더 많은 성장 호르몬이 나온다고 해요. 너무 늦은 시간에 잠에 들거나 오랜 시간 동안 잠을 자지 않으면 키가 덜 큰답니다. 그러니까 성장기의 친구들은 제 시간에 잠을 충분히 자도록 해야겠죠.

달의 모양은 왜 변할까?

달은 늘 둥글게 우주 공간에 떠 있어요. 하지만 우리에게 달은 매일 모양이 변하는 것처럼 보여요. 이러한 착각에 빠지는 것은 달이 지구 주위를 돌면서 태양의 빛을 받는 부분이 달라지기 때문이에요. 우리 눈에는 달에서 햇빛이 비치는 부분만 보이는 거죠. 예를 들어 반달이면 달이 반만 햇빛을 받은 모습을 우리가 보게 되는 것이에요. 달은 약 한 달에 한 바퀴씩 지구 주변을 돌기 때문에 달의 모양 변화는 한 달을 주기로 반복돼요.

우리나라에서 호랑이를 자주 그린 이유는 무엇일까?

국토의 많은 부분이 산으로 이루어진 우리나라에는 옛날부터 호랑이가 많이 살았어요. 호랑이는 사람들이 만날 수 있는 가장 무서운 동물이었지요. 그래서 호랑이는 두려움의 대상인 동시에 존경의 대상으로 여겨졌어요. 사람들은 호랑이를 그리며 나쁜 존재를 막아주고 좋은 일을 가져다주길 소망했죠. 그림에서 호랑이는 무서운 존재보다는 친근한 존재로 표현되어요. 용맹스럽고 무서운 동물을 친근한 대상으로 바꾸어 표현한 것이죠.

3주

백화점의 발전

❶ 백화점은 다양한 물건들을 종류별로 모아 놓고 파는 대규모 상점*입니다. 산업 혁명 이후 기계화*로 인해 물건의 대량* 생산이 가능해지면서 생긴 소매점*에서 비롯되었습니다. 그 후 백화점은 소비자가 여러 가지 물건들을 직접 둘러보며 살 수 있도록 하고, 모든 상품을 정해진 가격으로 판매하면서 소매점보다 발전된 모습을 갖추었습니다. 이렇게 현재의 백화점의 모습을 띠기까지, 우리나라 백화점의 발전 시기와 방향에 대해 알아보겠습니다.

❷ 우리나라 최초의 백화점은 1916년에 문을 열었던 김윤 백화점입니다. 하지만 김윤 백화점은 지금의 백화점처럼 다양한 물건을 팔기보다는 도자기나 철물*을 판매하는 곳이었습니다. 현재 백화점의 모습과 비슷한 곳은 1929년에 문을 연 화신 상회*입니다. 그 후 화신 백화점으로 이름을 바꾸었습니다.

❸ 1970년대부터 우리나라의 백화점이 본격적으로 발전하기 시작하였습니다. 1970년대 무렵에 우리나라 국민들의 생활 수준이 대폭* 향상되면서 비싼 가격이 문제라고 여겨졌던 백화점에 대한 인식이 변화되었기 때문입니다. 백화점을 이용하는 소비자가 늘어나면서 백화점의 수도 많아졌습니다. 지금 우리나라에는 다수의 백화점이 있으며, 백화점과 비슷한 형태의 복합 쇼핑센터나 대형 할인점도 있습니다. 이에 더 나아가 ㉮요즘에는 백화점에서 인터넷을 통하여 물건을 판매하기도 합니다. 인터넷을 통한 상품 판매는 백화점과 다르게 상품을 팔고 진열*하는 장소나 판매원이 필요하지 않다는 점이 장점입니다.

❘ 낱말 풀이 ❘

- **상점** 일정한 시설을 갖추고 물건을 파는 곳
- **기계화** 사람이나 동물이 하는 노동을 기계가 대신함.
- **대량** 아주 많은 분량이나 수량
- **소매점** 물건을 생산자나 도매상에게서 사들여 직접 소비자에게 파는 상점
- **철물** 쇠로 만든 여러 가지 물건
- **상회** 몇 사람이 함께 장사를 하는 상업상의 조합이라는 뜻으로, 기업이나 상점, 상사에 덧붙여 쓰는 말
- **대폭** 썩 많이
- **진열** 여러 사람에게 보이기 위하여 물건을 죽 벌여 놓음.

내용 들여다보기

STEP 1 핵심 내용 정리하기

❶ ⬜은 다양한 물건들을 종류별로 모아 놓고 파는 대규모 상점입니다.
그 후 백화점은 소비자가 여러 가지 물건들을 직접 둘러보며 살 수 있도록 하고, 모든 상품을 정해진 ⬜으로 판매하면서 ⬜보다 발전된 모습을 갖추었습니다.

❷ ⬜ 최초의 백화점은 1916년에 문을 열었던 김윤 백화점입니다.
현재 백화점의 모습과 비슷한 곳은 1929년에 문을 연 ⬜입니다.

❸ ⬜년대부터 우리나라의 백화점이 본격적으로 발전하기 시작하였습니다.
지금 우리나라에는 다수의 백화점이 있으며, 백화점과 ⬜ 형태의 복합 쇼핑센터나 대형 할인점도 있습니다. 이에 더 나아가 요즘에는 백화점에서 ⬜을 통하여 물건을 판매하기도 합니다.

STEP 2 짜임 이해하기

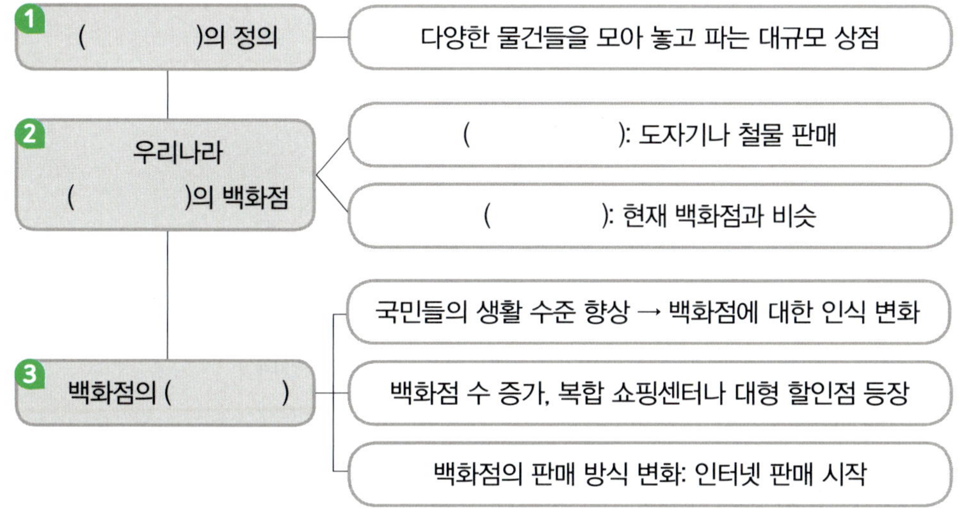

STEP 3 내용 요약하기

✎ 다양한 물건들을 모아 놓고 파는 백화점은

화제 파악 1 이 글을 읽고 알 수 있는 것을 모두 골라 기호로 쓰세요. (   )

> ㉠ 우리나라 최초의 백화점
> ㉡ 우리나라 백화점의 문제점
> ㉢ 우리나라 백화점의 미래 모습
> ㉣ 우리나라 백화점의 정의와 특징
> ㉤ 우리나라 백화점의 세계화 방안

내용 이해 2 이 글의 '백화점'에 대한 설명으로 알맞지 <u>않은</u> 것은 무엇인가요? (   )

① 상품을 종류별로 나누어 진열하고 있다.
② 물건 생산이 기계화되며 가능해진 판매 형태이다.
③ 판매자와의 흥정으로 물건을 저렴하게 살 수 있다.
④ 소비자는 물건을 자유롭게 구경하며 구입할 수 있다.
⑤ 소매점보다 여러 방면에서 발전된 형태의 판매처이다.

내용 추론 3 ㉮의 장점으로 알맞은 것은 무엇인가요? (   )

① 인터넷으로 판매하면 매장 직원이 없어도 된다.
② 인터넷으로 판매하면 가게 임대료를 많이 내야 한다.
③ 인터넷으로 판매하면 고객의 불만을 듣지 않아도 된다.
④ 인터넷으로 판매하면 더 비싼 가격에 물건을 팔 수 있다.
⑤ 인터넷으로 판매하면 소비자가 더 귀한 물건을 살 수 있다.

상황에 적용 4 보기 의 상황들이 '백화점'에 미치는 영향을 써 보세요.

> **보기**
> – 1970년 경부고속국도 완성
> – 1977년 100억 달러 수출 성공
> – 우리나라 국민들의 생활 수준이 달라짐.
> – 1979년 1인당 국민소득 1,600달러를 넘어섬.

답 ____

1~3 다음 낱말의 알맞은 뜻을 찾아 선으로 이어 보세요.

1 상점 •

• ㉠ 아주 많은 분량이나 수량

2 대량 •

• ㉡ 일정한 시설을 갖추고 물건을 파는 곳

3 기계화 •

• ㉢ 사람이나 동물이 하는 노동을 기계가 대신함.

4~6 다음 문장의 빈칸에 알맞은 낱말을 보기 에서 찾아 써 보세요.

보기

- 대폭: 썩 많이
- 철물: 쇠로 만든 여러 가지 물건
- 상회: 몇 사람이 함께 장사를 하는 상업상의 조합
---

4 가을을 맞아 각 방송사가 프로그램을 [ ] 바꿀 예정이다.

5 그 [ ] 가게에서는 목재와 철물, 청소 도구 따위를 다 놓고 판다.

6 너도나도 [ ] 을/를 만들어서 주인 노릇도 하고 사장 노릇도 한다.

어휘력에 도움이 되는 **대 표 한 자**

店

뜻	소리
가게	점

广 庄 店

店자는 广(집 엄)자와 占(차지할 점)자가 결합한 한자로, 시장 한쪽 부분을 차지한 집이라는 뜻으로 만들어졌어요. 따라서 가게나 상점이라는 뜻을 가지고 있어요.

서 점 (書 店)
글 서 · 가게 점

책을 갖추어 놓고 팔거나 사는 가게
예 학교에 가는 길에 **서점**에 들러 참고서를 한 권 샀다.

개 점 (開 店)
열 개 · 가게 점

새로 가게를 내어 처음으로 영업을 시작함.
예 그 빵집은 **개점** 6주년을 맞이하였다.

점 원 (店 員)
가게 점 · 관원 원

상점에서 고용되어 물건을 팔거나 그 밖의 일을 맡아 하는 사람
예 그는 그의 어머니 가게에서 **점원**으로 일했다.

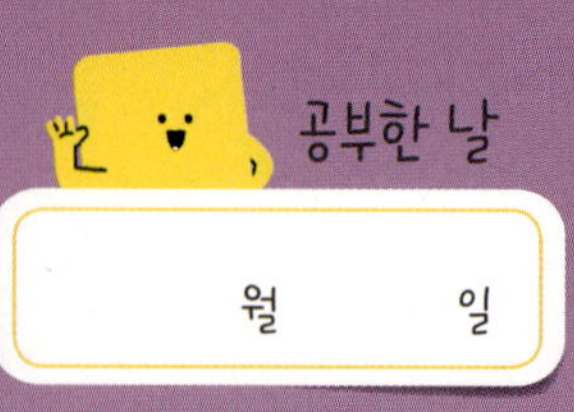

학교 급식의 올바른 관리

일일 학습을 마치고, 워크북으로 생각을 정리해 보세요. **워크북 • 18쪽**

공부한 날

월   일

1 많은 학교에서 급식을 하고 있습니다. 하지만 급식 메뉴 부실, 집단 식중독 사건, 급식 위생 문제 등 간간이 들리는 ㉮급식에 관한 이슈는 급식에 대한 경각심을 느끼게 합니다. 그렇다면 학생들의 건강을 지키고 올바른 성장을 돕기 위해 ㉯학교에서는 급식을 어떻게 만들어야 할까요?

2 유통 기한이 지났거나 품질이 낮은 식재료를 사용하지 않아야 합니다. 특히 상한 고기나 생선은 식중독을 일으키기 쉽습니다. 또 신선하지 않거나 품질이 안 좋은 재료는 신체의 성장과 발달에 나쁜 영향을 끼칩니다. 그러므로 값이 싸다는 이유로 이런 식재료를 사용하는 것은 옳지 않습니다. 싱싱하고 질 좋은 식재료를 구하기 위해 좋은 유통 업체를 선정하는 등의 노력을 아끼지 말아야 합니다.

3 음식을 만드는 사람들은 늘 깨끗해야 합니다. 음식을 만들기 전에는 반드시 손을 씻어야 합니다. 음식을 만들기 위해서는 깨끗이 세탁하고 관리한 조리복과 머리카락이 들어가는 것을 방지하기 위한 조리용 모자와 마스크, 장갑을 착용해야 합니다. 즉, 늘 청결한 상태를 유지하는 것이 중요합니다. 그리고 다른 사람들에게 식중독이나 전염병을 옮길 수 있는 장염이나 감기에 걸린 사람은 음식을 만들지 말아야 합니다.

4 조리사의 청결은 물론 조리 시설의 청결 상태도 확인해야 합니다. 칼과 도마, 프라이팬과 주걱 등 조리를 할 때 주로 사용하는 도구들의 청결을 유지해야 합니다. 여러 사람이 사용하는 숟가락, 젓가락, 식판도 깨끗하게 씻어 살균 처리해야 합니다.

┃ 낱말 풀이 ┃

• **식중독** 음식물 가운데 함유된 유독 물질의 섭취로 생기는 급성 소화 기관 병

• **이슈** 서로 다투는 중심이 되는 점

• **경각심** 정신을 차리고 주의 깊게 살피어 경계하는 마음

• **유통 기한** 주로 식품 따위의 상품이 시중에 유통될 수 있는 기한

• **품질** 물건의 성질과 바탕

• **청결** 맑고 깨끗함.

• **살균** 세균 따위의 미생물을 죽임.

내용 들여다보기

STEP 1 핵심 내용 정리하기

❶ 급식에 관한 이슈는 급식에 대한 [   ]을 느끼게 합니다. 그렇다면 학생들의 건강을 지키고 올바른 성장을 돕기 위해 학교에서는 [   ]을 어떻게 만들어야 할까요?

❷ [   ]이 지났거나 [   ]이 낮은 식재료를 사용하지 않아야 합니다. 또 신선하지 않거나 품질이 안 좋은 재료는 신체의 [   ]과 [   ]에 나쁜 영향을 끼칩니다. ~ 싱싱하고 질 좋은 [   ]를 구하기 위해 좋은 유통 업체를 선정하는 등의 노력을 아끼지 말아야 합니다.

❸ 음식을 만드는 사람들은 늘 [   ]해야 합니다.
↳ 음식을 만들기 전에는 반드시 [   ]을 씻어야 합니다. 음식을 만들기 위해서는 깨끗이 세탁하고 관리한 [   ]과 머리카락이 들어가는 것을 방지하기 위한 조리용 [   ]와 마스크, 장갑을 착용해야 합니다.

❹ 조리사의 청결은 물론 조리 [   ]의 청결 상태도 확인해야 합니다.
↳ 조리를 할 때 주로 사용하는 도구들의 [   ]을 유지해야 합니다. 여러 사람이 사용하는 숟가락, 젓가락, 식판도 깨끗하게 씻어 [   ] 처리해야 합니다.

STEP 2 짜임 이해하기

❶ 학교 급식의 관리

❷ 싱싱하고 질 좋은 (   ) — 유통 기한이 지났거나 품질이 낮은 식재료 사용하지 않기

❸ (   )의 청결 — 손 씻기 및 조리복, 모자, 마스크, 장갑 착용

❹ 조리 시설의 (   ) — 조리 도구의 청결 유지, 숟가락, 젓가락, 식판 살균 처리

STEP 3 내용 요약하기

✎ 학교 급식을 조리할 때에는 싱싱하고 질 좋은 식재료를 사용하고, ______________________________

화제 파악 **1** 이 글은 누구를 위해 쓴 글인가요?

→ 학교에서 급식을 ___________________

내용 추론 **2** ㉮와 관련된 내용으로 알맞지 **않은** 것은 무엇일까요? (   )

① 급식 식단에 왜 이렇게 맛없는 것만 있을까?
② 키가 작다고 급식의 양을 이렇게 조금 주는 것일까?
③ 급식 식판에 설거지가 안 된 음식 찌꺼기가 있을 때가 있어.
④ 급식을 먹고 장염에 걸린 친구 이야기를 들어 본 적이 있어.
⑤ 급식을 먹으면 식사 시간을 규칙적으로 지키지 못할 수도 있어.

내용 이해 **3** ㉯에 대한 답변으로 알맞지 **않은** 것은 무엇인가요? (   )

① 유통 기한이 지난 재료는 사용하지 말아야 한다.
② 조리를 하는 사람들은 항상 청결을 유지해야 한다.
③ 전염병에 걸린 사람은 조리 시설에 들어오지 않아야 한다.
④ 저렴한 가격으로 식재료를 제공하는 업체를 선정해야 한다.
⑤ 여러 사람이 쓰는 숟가락, 젓가락은 위생적으로 관리해야 한다.

상황에 적용 **4** 이 글을 읽고 A씨가 할 말로 알맞은 것을 보기 에서 골라 기호를 써 보세요. (   )

> tvV의 '좋은 사람'에서는 ○○ 고등학교에 재직 중인 영양사 A씨가 출연
> 했다. A씨는 교육청 주관 '전국 학교 급식 평가'에서 맛과 영양, 학생들의
> 만족도를 모두 충족시킨 건강한 식단을 제공한 공로를 인정받아 장관상을
> 받았다. 방송에서 A씨는 "무엇보다도 아이들이 맛있는 급식을 먹고 즐거운
> 학교 생활을 하며 건강하게 자랐으면 좋겠다."라고 이야기했다.

보기

㉠ 무조건 값 싸고 양 많은 식재료를 사야 해요.
㉡ 학생들이 좋아하는 메뉴를 준비하기 위해 급식비를 인상해야 해요.
㉢ 급식은 어머니가 차려 주신 밥상처럼 몸의 성장과 발달을 고려해야 해요.

 **어휘력 다지기** 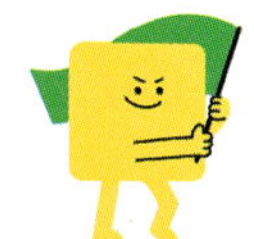

1~3 다음 낱말의 알맞은 뜻을 찾아 선으로 이어 보세요.

1 살균 •　　　　　• ㉠ 물건의 성질과 바탕

2 이슈 •　　　　　• ㉡ 세균 따위의 미생물을 죽임.

3 품질 •　　　　　• ㉢ 서로 다투는 중심이 되는 점

4~6 다음 문장의 빈칸에 알맞은 낱말을 **보기** 에서 찾아 써 보세요.

보기
- 경각심: 정신을 차리고 주의 깊게 살피어 경계하는 마음
- 유통 기한: 주로 식품 따위의 상품이 시중에 유통될 수 있는 기한
- 식중독: 음식물 가운데 함유된 유독 물질의 섭취로 생기는 급성 소화 기관 병

4 그 사건은 사람들에게 ◻◻◻을 불러일으켰다.

5 주희는 ◻◻◻◻이 지난 우유를 먹고 배탈이 났다.

6 여름철에 음식물을 잘못 먹으면 ◻◻◻에 걸리기 쉽다.

어휘력에 도움이 되는 **대 표 한 자**

品

口　呂　品

뜻	소리	品자는 3개의 口(입 구)자가 결합하여 여러 개의 그릇이 함께 놓여 있는 모습을 표현한
물건	품	것이에요. 그래서 **물건, 등급** 등의 의미를 가지고 있어요.

작 품 (作 品)
지을 작　물건 품

예술 창작 활동으로 얻어지는 제작물
예 심혈을 기울여 최고의 **작품**을 남기다.

식 품 (食 品)
먹을 식　물건 품

사람이 섭취할 수 있는 음식물을 통틀어 이르는 말
예 화학조미료가 첨가된 **식품**은 인체에 해롭다.

제 품 (製 品)
지을 제　물건 품

원료를 써서 물건을 만듦. 또는 그렇게 만들어 낸 물품
예 그 가게에는 내가 원하는 **제품**이 많다.

위대한 과학자 마리 퀴리

❶ 마리 퀴리는 1867년 폴란드에서 5남매 중 막내로 태어났습니다. 1891년 24살이 된 마리는 프랑스 파리의 소르본 대학에 입학했습니다. 마리는 열심히 공부를 했고 피에르 퀴리를 만나 결혼했습니다.

❷ 1898년 마리는 우라늄 광석˙의 한 종류인 역청 우라늄 광석이 우라늄 자체˙보다 강한 빛을 뿜어낸다는 사실을 알아냈습니다. 이에 마리 부부는 수많은 역청 우라늄 광석을 쪼개고 끓여 우라늄 광석의 원소˙를 하나씩 나누어 보았습니다. 그리고 이 나눈 원소들 중 엄청난 양의 방사선˙을 방출˙하는 '라듐'을 발견하였습니다.

❸ 5년이 지난 1902년에 퀴리 부부는 마침내 라듐을 뽑아내는 데 성공했습니다. 많은 사람들이 라듐을 사려고 했지만, 퀴리 부부는 공익을 위해 라듐을 뽑아내는 방법을 아무런 대가˙ 없이 공개했습니다. 이후 1903년 부부는 노벨 물리학상을 받았습니다. 그 후 라듐이 암세포를 파괴하는 데 효과가 좋다는 것을 발견했습니다. 이전까지만 해도 암은 치료 방법이 없는 무서운 병이었습니다. 하지만 퀴리 부부가 발견한 라듐에서 나오는 방사능을 이용하면 암을 치료할 수 있었습니다.

❹ 1911년 44살의 마리는 라듐 연구로 두 번째 노벨상을 받았습니다. 이후 마리는 자신이 발견한 라듐에서 나온 방사능 때문에 백혈병에 걸려 67살에 눈을 감았습니다. 라듐에서 나오는 방사능은 암세포만 파괴하는 것이 아니라 인간에게 안 좋은 영향을 끼치는 전자기파였던 것입니다. 평생을 ㉮올곧은˙ 과학자의 정신으로 살았던 마리 퀴리는 위대한 과학자였습니다.

▎낱말 풀이 ▎

- **광석** 경제적 가치가 있고 채광할 수 있는 광물. 또는 그런 광물의 집합체
- **자체** 다른 것을 제외한 사물 본래의 몸체. 또는 바로 그 본래의 바탕
- **원소** 모든 물질을 구성하는 기본적 요소
- **방사선** 방사성 원소의 붕괴에 따라 물체에서 방출되는 입자나 전자기파
- **방출** 입자나 전자기파의 형태로 에너지를 내보냄.
- **대가** 물건의 값으로 치르는 돈
- **올곧다** 마음이나 정신 상태 따위가 바르고 곧다.

내용 들여다보기

STEP 1 핵심 내용 **정리하기**

❶ [   ]는 1867년 폴란드에서 5남매 중 막내로 태어났습니다.

❷ 마리 부부는 수많은 역청 우라늄 광석을 쪼개고 끓여 [   ] 광석의 원소를 하나씩 나누어 보았습니다. [   ]이 나눈 원소들 중 엄청난 양의 [   ]을 방출하는 '라듐'을 발견하였습니다.

❸ 1902년에 퀴리 부부는 마침내 [   ]을 뽑아내는 데 성공했습니다.

↳ 많은 사람들이 라듐을 사려고 했지만, 퀴리 부부는 공익을 위해 라듐을 [   ]을 아무런 대가 없이 공개했습니다.

↳ 퀴리 부부가 발견한 라듐에서 나오는 방사능을 이용하면 [   ]을 치료할 수 있었습니다.

❹ 이후 마리는 자신이 발견한 라듐에서 나온 [   ] 때문에 백혈병에 걸려 67살에 눈을 감았습니다.

평생을 올곧은 [   ]으로 살았던 마리 퀴리는 위대한 과학자였습니다.

STEP 2 짜임 **이해하기**

❶ 마리 퀴리의 (   )과 결혼

❷ 퀴리 부부의 연구: 엄청난 방사선을 방출하는 (   ) 발견

❸ 라듐에서 나오는 (   )을 통해 암을 치료할 수 있음.

❹ 올곧은 과학자의 정신으로 살았던 위대한 (   ) 마리 퀴리의 죽음

STEP 3 내용 **요약하기**

🖉 마리 퀴리는

내용 이해 **1** '라듐'에 대한 설명으로 알맞은 것은 무엇인가요? (   )

① 암을 예방할 수 있게 도와주었다.

② 마리 부부의 아이 이름을 가져다 붙였다.

③ 역청 우라늄 광석을 쪼개고 끓여서 얻는다.

④ 적은 양의 광석으로도 많은 라듐을 얻을 수 있다.

⑤ 라듐에서는 사람들에게 유익한 전자기파가 나온다.

내용 추론 **2** ㉮와 관련되지 <u>않은</u> 것은 무엇인가요? (   )

① 라듐의 발견이 의학 발전에 도움이 된 일

② 물질적 대가 없이 라듐을 뽑아내는 방법을 공개한 일

③ 자신의 목숨을 바쳐가며 맡은 연구를 책임감 있게 해낸 일

④ 자신이 하고자 하는 일은 몇 년이 지나도 끈기 있게 해낸 일

⑤ 자신과 남편의 명예를 높이겠다는 목표를 위해 끊임없이 노력한 일

구조 이해 **3** 이 글의 특징으로 알맞으면 ○표, 그렇지 않으면 ×표 하세요.

[1] 상대방과 친교를 나누기 위한 글이다. (   )

[2] 인물이 한 일을 시간 순서대로 나열한 글이다. (   )

[3] 많은 사람들에게 인물에게서 본받을 점을 알려 주는 글이다. (   )

상황에 적용 **4** 다음 글을 읽고 빈칸에 들어갈 알맞은 말을 **보기** 에서 골라 써 보세요.

> 마리 부인에게
>
> 안녕하세요? 저는 '마리 퀴리'라는 책을 읽고 감동을 받아 부인에게 편지를 쓰게 되었어요. 마리 부인은 오랜 시간 동안 연구를 하며 방사선을 방출하는 (㉠   )을/를 발견하셨죠. 이로 인해 노벨상을 받으셨어요. 비록 자신이 발견한 라듐에서 나온 (㉡   ) 때문에 죽음을 맞게 되셨지만, 한평생 연구에 매진하며 과학의 발전에 이바지한 마리 부인이 존경스러워요.

보기

암	광석	라듐	우라늄	방사능

답 ㉠ (   ), ㉡ (   )

1~3 다음 낱말의 알맞은 뜻을 찾아 선으로 이어 보세요.

1 광석 •

     • ㉠ 모든 물질을 구성하는 기본적 요소

2 원소 •

     • ㉡ 경제적 가치가 있고 채광할 수 있는 광물

3 방사선 •

     • ㉢ 방사성 원소의 붕괴에 따라 물체에서 방출되는 입자나 전자기파

4~6 다음 문장의 빈칸에 알맞은 낱말을 보기 에서 찾아 써 보세요.

보기

| 대가 | 방출 | 자체 |

4 은하는 태양계에 빛을 [ ]한다.

입자나 전자기파의 형태로 에너지를 내보냄.

5 미리 주문했던 물품의 [ ]을/를 지불하다.

물건의 값으로 치르는 돈

6 사람은 존재한다는 그 [ ]만으로도 가치가 있다.

다른 것을 제외한 사물 본래의 몸체. 또는 바로 그 본래의 바탕

어휘력에 도움이 되는 **대표한자**

光

뜻	소리
빛	광

光자는 儿(어진사람 인)자와 火(불 화)자가 결합한 한자예요. 사람 주위가 매우 밝게 빛나고 있음을 표현한 한자지요. 그래서 빛이나 비추다 등의 의미를 가지고 있어요.

광선 (光 線)
빛 광 · 선 선
빛의 줄기
예 몸을 검게 그을리기 위해 **광선**을 쬐고 있다.

영광 (榮 光)
꽃 영 · 빛 광
빛나고 아름다운 영예
예 우리 반 반장이 일등의 **영광**을 차지하였다.

형광등 (螢 光 燈)
개똥벌레 형 · 빛 광 · 등잔 등
진공 유리관 속에 수은과 아르곤을 넣고 안쪽 벽에 형광 물질을 바른 방전등
예 **형광등**이 자주 깜박여서 교체하였다.

만리장성과 석굴암

일일 학습을 마치고, 워크북으로 생각을 정리해 보세요. 워크북 • 22쪽

공부한 날

월   일

관련 교과 **초등사회 6-2**
세계 여러 나라의 자연과 문화

1 건축물은 인간에게 주거라는 목적 이외에도 예술로서의 가치를 가지거나, 한 국가나 도시의 상징이 되기도 합니다. 그럼 세계적으로 유명한 건축물 중에 만리장성과 석굴암에 대해 알아봅시다.

2 만리장성은 오랜 세월 동안 중국의 역사와 함께한 건축물입니다. 6세기에 만리장성을 처음 건축할 당시에는 길이가 약 1,500킬로미터였습니다. 이후에 북방 유목 민족의 침입을 막기 위해 서쪽으로 연장하며 지었습니다. 16세기에 이르러 현재의 모습을 갖추었는데, 중간에 갈라져 뻗어 나온 부분까지 합치면 그 길이가 약 6,400킬로미터가 됩니다. 또한 만리장성은 오래전부터 산성을 둘러싸고 무역이 이루어져 무역의 중심지로 큰 역할을 하였습니다.

3 석굴암은 뛰어난 건축 기법뿐만 아니라 불교라는 종교를 담고 있고, 완벽하고 빼어난 불상 조각을 통해 예술적인 영역까지 집합한 건축물입니다. 석굴암은 전실과 주실로 방이 분리되고 그 사이에 복도가 있습니다. 전실은 직사각형 모양의 방으로, 벽에는 불상들이 조각되어 있습니다. 주실에는 본존불이 있습니다. 본존불의 모습에서는 숭고함과 신비함을 느낄 수 있습니다. 또한 주실의 천장은 넓적한 돌을 사용해 돔 형식으로 만들어져 독창성을 엿볼 수 있습니다.

4 이처럼 세계에는 다양한 건축물들이 있습니다. 만리장성은 한 나라의 역사를 상징합니다. 석굴암은 건축물을 뛰어넘어 과학과 예술 영역을 접목한 하나의 작품입니다. 이런 점에서 건축물은 단순히 사람이 사는 집을 떠나서 예술이자 상징으로서의 역할을 합니다.

| 낱말 풀이 |

• **주거** 일정한 곳에 머물러 삶. 또는 그런 집

• **유목 민족** 목축을 업으로 삼아 물과 풀을 따라 옮겨 다니며 사는 민족

• **침입** 침범하여 들어가거나 들어옴.

• **무역** 지방과 지방, 나라와 나라 사이에 서로 물건을 사고팔거나 교환하는 일

• **집합하다** 주워 모아서 합하다.

• **숭고하다** 뜻이 높고 고상하다.

• **신비하다** 일이나 현상 따위가 사람의 힘이나 지혜 또는 보통의 이론이나 상식으로는 도저히 이해할 수 없을 만큼 신기하고 묘하다.

• **돔** 반구형으로 된 지붕

▲ 만리장성

내용 들여다보기

STEP 1 　핵심 내용 정리하기

❶ ☐☐☐은 인간에게 주거라는 목적 이외에도 ☐☐☐로서의 가치를 가지거나, 한 국가나 도시의 ☐☐☐이 되기도 합니다.

❷ 만리장성은 오랜 세월 동안 중국의 역사와 함께한 건축물입니다.
　↳ 이후에 북방 ☐☐☐의 침입을 막기 위해 서쪽으로 연장하며 지었습니다.
　↳ 만리장성은 오래전부터 산성을 둘러싸고 무역이 이루어져 ☐☐☐의 중심지로 큰 역할을 하였습니다.

❸ ☐☐☐은 뛰어난 건축 기법뿐만 아니라 불교라는 종교를 담고 있고, 완벽하고 빼어난 불상 조각을 통해 예술적인 영역까지 집합한 건축물입니다.

❹ 만리장성은 한 나라의 ☐☐☐를 상징합니다.
　석굴암은 건축물을 뛰어넘어 ☐☐☐과 ☐☐☐ 영역을 접목한 하나의 작품입니다.

STEP 2 　짜임 이해하기

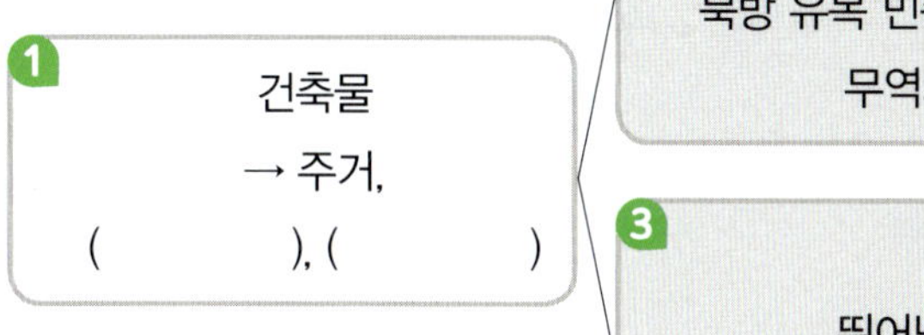

STEP 3 　내용 요약하기

✏ 건축물은 주거뿐만 아니라 예술이자 상징으로서의 역할을 합니다. 만리장성은 ＿＿

내용 이해

1 '만리장성'에 대한 설명으로 알맞지 <u>않은</u> 것은 무엇인가요? (   )

① 중국의 역사와 함께한 대표적인 건축물이다.

② 6세기에 만리장성의 길이는 1,500킬로미터였다.

③ 만리장성은 중국의 위대함을 알리기 위해 건축되었다.

④ 외부 민족의 침입을 막기 위한 군사적 역할도 담당했다.

⑤ 지금의 모습과 같은 모습을 갖춘 것은 16세기 때부터이다.

구조 이해

2 이 글을 알맞은 방법으로 읽은 것에 ○표, 그렇지 <u>않은</u> 것에 ×표 하세요.

[1] 만리장성의 특징과 가진 사연을 파악하며 글을 읽었어. (   )

[2] 석굴암을 비유적으로 표현한 부분을 찾으며 글을 읽었어. (   )

[3] 만리장성과 관련된 꾸며 낸 이야기를 파악하며 글을 읽었어. (   )

[4] 석굴암에 대한 내 생각과 다른 친구의 생각을 비교하면서 글을 읽었어.

(   )

상황에 적용

3 다음 그림에 대한 설명으로 알맞은 것을 찾아 선으로 이어 보세요.

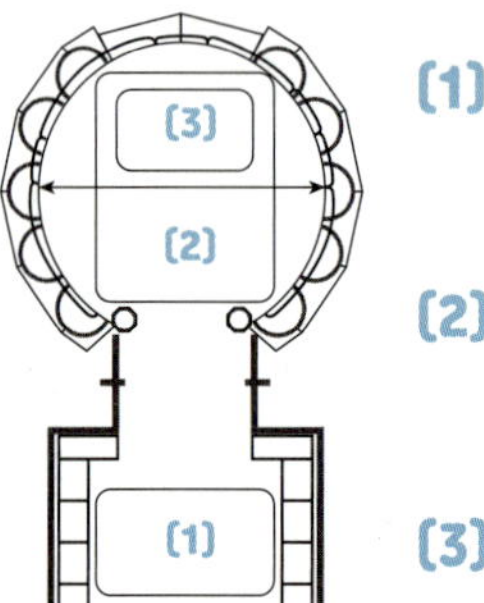

[1] •

[2] •

[3] •

• ㉠ '본존불'이며, 숭고미를 느낄 수 있음.

• ㉡ '전실'이며, 불상들이 조각되어 있음.

• ㉢ '주실'이며, 천장이 돔 형식으로 되어 있음.

비판과 평가

4 이 글을 읽고 생각이나 느낌을 알맞게 말한 친구는 누구인가요? (   )

• **서우:** 석굴암은 많은 사람들에 의해 모습이 변화했다는 것이 신기해.

• **지호:** 지금까지 밝혀지지 않은 만리장성의 뛰어난 건축 기술이 궁금해.

• **정현:** 석굴암이 종교, 예술 등을 아우르는 건축물이라는 사실이 대단해.

어휘력 다지기

1~3 다음 뜻에 알맞은 낱말을 [보기]에서 찾아 써 보세요.

> **보기**
>
> 신비하다　　　　숭고하다　　　　집합하다

1 뜻이 높고 고상하다. → ____________

2 주워 모아서 합하다. → ____________

3 일이나 현상 따위가 사람의 힘이나 지혜 또는 보통의 이론이나 상식으로는 도저히 이해할 수 없을 만큼 신기하고 묘하다. → ____________

4~6 다음 문장의 빈칸에 알맞은 낱말을 [보기]에서 찾아 써 보세요.

> **보기**
>
> • 침입: 침범하여 들어가거나 들어옴.
> • 주거: 일정한 곳에 머물러 삶. 또는 그런 집
> • 무역: 지방과 지방, 나라와 나라 사이에 서로 물건을 사고팔거나 교환하는 일

4 [　　] 환경은 아이들에게 많은 영향을 끼친다.

5 장군은 적의 [　　]을/를 막기 위해 방어벽을 만들었다.

6 이 지역은 소금 [　　]이/가 활발하게 이루어지던 곳이다.

어휘력에 도움이 되는 **대표 한자** 

建

ㅋ　聿　建

뜻	소리	建자는 廴(길게 걸을 인)자와 聿(붓 율)자가 결합한 한자예요. 글자의 조합으로 보았을 때 律(법 율)자와 유사하고 세우다, 일으키다 등의 의미를 가지고 있어요.
세울	건	

건국 (建 國) 세울 건　나라 국	나라가 세워짐. 또는 나라를 세움. ⑩ 신라가 망하고 고려가 **건국**되었다.
건물 (建 物) 세울 건　만물 물	사람이 들어 살거나, 일을 하거나, 물건을 넣어 두기 위해 지은 집을 통틀어 이르는 말 ⑩ 비어 있는 땅에 **건물**을 지었다.
건설 (建 設) 세울 건　베풀 설	건물, 설비, 시설 따위를 새로 만들어 세움. ⑩ **건설** 현장에서는 안전에 유의해야 한다.

바다의 자원

1 한국판 뉴딜•의 핵심 중 하나는 바로 그린 뉴딜입니다. 그린 뉴딜은 환경과 사람이 중심이 되는 지속가능한 발전을 뜻합니다. 그리고 그린 뉴딜의 중심에는 신재생 에너지가 있습니다. 바다는 신재생 에너지를 얻을 수 있는 곳으로 각광을 받고 있습니다. 바다는 생물 자원•, 광물 자원, 에너지 자원 등 매우 다양한 자원을 가지고 있기 때문입니다. 특히 해양 생물 자원은 인류에게 많은 양의 식량을 제공해 준다는 점에서 더 의미가 있습니다. 바다의 식량 생산 능력은 같은 공간의 바다와 육지를 비교했을 때, 육지보다 두 배나 높습니다. 바다가 지구 면적의 70%를 차지하고 평균 수심•은 3,800미터가 훨씬 넘는 것을 고려하면, 바다에서 얻을 수 있는 식량은 엄청 많을 것입니다.

2 바다가 가진 광물 자원에는 석유, 석탄, 천연가스 등이 있습니다. 이런 광물 자원은 주로 바다 깊숙한 곳에 묻혀 있습니다. 이를 얻기 위해서는 많은 비용과 인력, 그리고 기술력이 필요합니다. 석유, 석탄 등과 같은 육지의 광물 자원을 다 써버리기 전에 바다의 자원을 개발하는 데 노력을 기울여야 합니다.

3 바다의 에너지 자원은 미래의 에너지를 얻을 수 있는 방법이므로 주목해야 합니다. 자원의 고갈• 문제나 에너지를 얻기 위해 발생되는 환경 오염 문제에서도 자유롭습니다. 바다에서 에너지를 얻을 수 있는 방법에는 ㉠파도의 힘을 이용하는 것이 있습니다. 그리고 밀물•로 물이 많아져 가장 높은 해수면•일 때와, 썰물•로 물이 없어져 해수면이 가장 낮아졌을 때의 ㉡물의 높이 차이를 이용해 에너지를 얻는 방법도 있습니다. 또는 ㉢물의 온도 차이를 이용해 에너지를 얻기도 합니다.

공부한 날

월   일

관련 교과 **초등과학 6-2**
에너지와 생활

| 낱말 풀이 |

• **뉴딜** 1933년에 미국의 대통령 루스벨트가 경제 공황에 대처하기 위하여 시행한 경제 부흥 정책

• **자원** 인간 생활 및 경제 생산에 이용되는 원료로서의 광물, 산림, 수산물 따위를 통틀어 이르는 말

• **수심** 강이나 바다, 호수 따위의 물의 깊이

• **고갈** 어떤 일의 바탕이 되는 돈이나 물자, 소재, 인력 따위가 다하여 없어짐.

• **밀물** 조수의 간만으로 해면이 상승하는 현상. 또는 그 바닷물

• **해수면** 바닷물의 표면

• **썰물** 조수의 간만으로 해면이 하강하는 현상. 또는 그 바닷물

STEP 1   핵심 내용 정리하기

❶ 바다는 생물 자원, [　　　], [　　　] 등 매우 다양한 자원을 가지고 있기 때문입니다.

  ↳ 특히 [　　　]은 인류에게 많은 양의 [　　　]을 제공해 준다는 점에서 더 의미가 있습니다. ~ [　　　]에서 얻을 수 있는 식량은 엄청 많을 것입니다.

❷ 바다가 가진 [　　　]에는 석유, 석탄, 천연가스 등이 있습니다.

  ↳ 이를 얻기 위해서는 많은 [　　　]과 인력, 그리고 [　　　]이 필요합니다.

❸ 바다의 [　　　]은 미래의 에너지를 얻을 수 있는 방법이므로 주목해야 합니다.

  ↳ 바다에서 에너지를 얻을 수 있는 방법에는 [　　　]의 힘을 이용하는 것이 있습니다.

  ↳ 밀물로 물이 많아져 가장 높은 [　　　]일 때와, 썰물로 물이 없어져 해수면이 가장 낮아졌을 때의 물의 [　　　] 차이를 이용해 에너지를 얻는 방법도 있습니다.

  ↳ 또는 물의 [　　　] 차이를 이용해 에너지를 얻기도 합니다.

STEP 2   짜임 이해하기

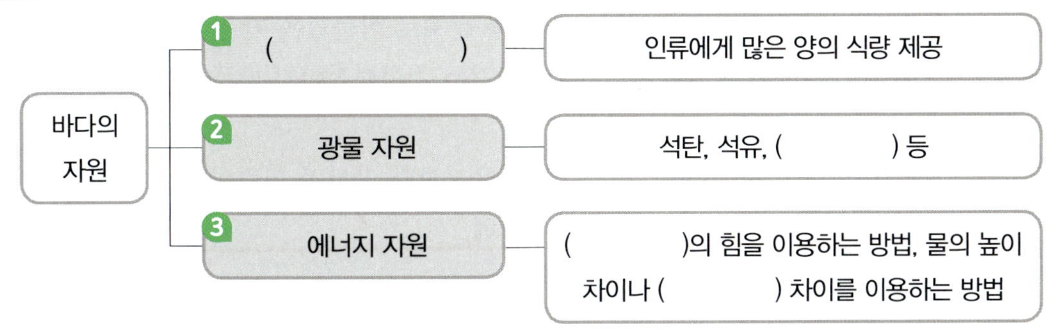

STEP 3   내용 요약하기

✏️ 바다는 ....

....

1 내용 이해

이 글의 내용으로 알맞은 것은 무엇인가요? (   )

① 바다는 지구 면적의 80%를 차지한다.

② 바다보다 육지가 식량 생산 능력이 높다.

③ 바다 속의 광물을 캐려면 많은 돈이 들어간다.

④ 바다의 해양 생물은 이미 고갈의 문제를 겪고 있다.

⑤ 바다의 광물 자원을 대체할 자원들이 육지에는 없다.

2 구조 이해

이 글의 특징으로 알맞은 것은 무엇인가요? (   )

① 질문하고 답하는 형식으로 화제를 말하고 있다.

② 전문가의 말을 인용하여 정보에 신뢰를 주고 있다.

③ 대상에 대한 여러 가지 정보를 순서대로 나열하고 있다.

④ 다양한 사례를 들어 상대방의 의견에 반대하여 말하고 있다.

⑤ 예상되는 반론을 제기하며 대상에 대해 다양한 정보를 말하고 있다.

3 비판과 평가

이 글을 읽고 생각한 점을 알맞지 <u>않게</u> 말한 친구는 누구인가요? (   )

> • **지아**: 바다가 없었다면 사람들은 식량 문제로 힘들었을 거야.
> • **유진**: 바다에서 생산할 수 있는 에너지는 친환경적이기 때문에 미래의 에너지로 각광을 받고 있어.
> • **서연**: 바다의 자원들을 얻기 위해선 육지보다 자본과 인력이 많이 필요하니 최대한 늦게, 천천히 개발해야 해.

4 상황에 적용

다음 그림에 해당하는 것을 이 글의 ㉠~㉢ 중에서 써 보세요. (   )

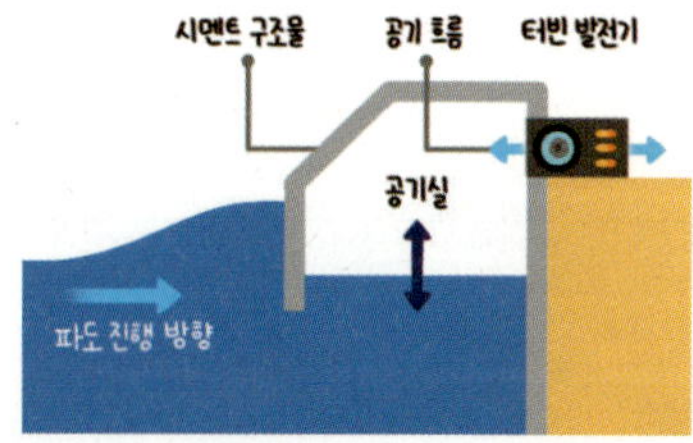

어휘력 다지기

1~3 다음 낱말의 알맞은 뜻을 찾아 선으로 이어 보세요.

1 뉴딜 •

2 밀물 •

3 자원 •

• ㉠ 조수의 간만으로 해면이 상승하는 현상

• ㉡ 인간 생활 및 경제 생산에 이용되는 원료로서의 광물, 산림, 수산물 따위를 이르는 말

• ㉢ 1933년에 미국의 대통령 루스벨트가 경제 공황에 대처하기 위하여 시행한 경제 부흥 정책

4~6 다음 문장의 빈칸에 알맞은 낱말을 **보기** 에서 찾아 써 보세요.

> **보기**
> • 해수면: 바닷물의 표면
> • 수심: 강이나 바다, 호수 따위의 물의 깊이
> • 고갈: 어떤 일의 바탕이 되는 돈이나 물자, 소재, 인력 따위가 다하여 없어짐.

4 ☐ 의 상승으로 많은 논밭이 침수되었다.

5 그 단체는 자금 ☐ (으)로 어려움을 겪고 있다.

6 섬에는 모래도 제법 있고 ☐ 도 얕았지만 물살이 거센 편이었다.

어휘력에 도움이 되는 **대표 한자**

洋 氵 氵 洋

뜻	소리
큰 바다	양

洋자는 水(물 수)자와 羊(양 양)자가 결합하여 크게 무리를 지어 다니는 양처럼 큰 바다라는 뜻으로 만들어졌어요. 그래서 큰 바다나 서양, 외국이라는 의미를 가져요.

서 양 (西 洋)
서녘 서 큰 바다 양
유럽과 남북아메리카의 여러 나라를 통틀어 이르는 말
예 **서양**의 문화를 폭넓게 받아들이다.

해 양 (海 洋)
바다 해 큰 바다 양
넓고 큰 바다
예 지구에서 가장 넓은 **해양**은 태평양이다.

양 궁 (洋 弓)
큰 바다 양 활 궁
서양식으로 만든 활. 또는 그 활로 겨루는 경기
예 그는 세계 **양궁** 대회에서 우승했다.

산업 혁명은 무엇일까?

산업 혁명은 18세기 후반 생산 방식이 수공업에서 대규모 기계 공업으로 변한 것을 말해요. 산업 혁명은 영국에서 제임스 와트가 증기 기관을 만들며 시작되었어요. 증기 기관은 보일러에서 보낸 증기의 움직임을 이용하여 힘을 얻는 기관이에요. 증기 기관을 이용해서 기계를 돌리기 시작하면서 생산 속도가 크게 증가하고 대량 생산이 가능해졌어요. 이후 사람들이 손으로 직접 물건을 만들던 장소가 기계로 물건을 생산하는 큰 공장으로 바뀌게 되었어요.

노벨상은 누가 만들었을까?

다이너마이트를 발명해 부자가 된 노벨은 세계 평화와 발전을 위해 자신의 재산을 내 놓으며 노벨상을 만들었어요. 노벨상은 세계에서 가장 권위 있는 상으로, 물리학, 화학, 생리 · 의학, 문학, 평화, 경제학의 6개 부문이 있어요. 1901년부터 지금까지 세계에서 가장 뛰어난 업적을 세운 사람에게 수여하고 있어요. 우리나라에서는 2000년에 김대중 전 대통령이 남북한 관계를 개선하여 아시아의 평화를 가져왔다는 것을 인정받아 최초로 노벨 평화상을 받았어요.

바다는 왜 파랗게 보일까?

바닷물은 투명한데 왜 바다는 파랗게 보일까요? 바다가 푸르게 보이는 건 햇빛 때문이에요. 햇빛은 무지개 색으로 이루어졌는데, 이 중에서 파란색, 남색, 보라색 빛은 물과 충돌했을 때 반사가 일어나 흩어져요. 이때 우리 눈에 파란색이 가장 잘 보이기 때문에 바다가 파란색으로 보이는 거죠. 바다의 수심에 따라 이 파란색도 다르게 나타나요. 수심이 얕은 곳에서는 연한 파란색으로, 수심이 깊은 곳에서는 어둡고 짙은 파란색으로 보여요.

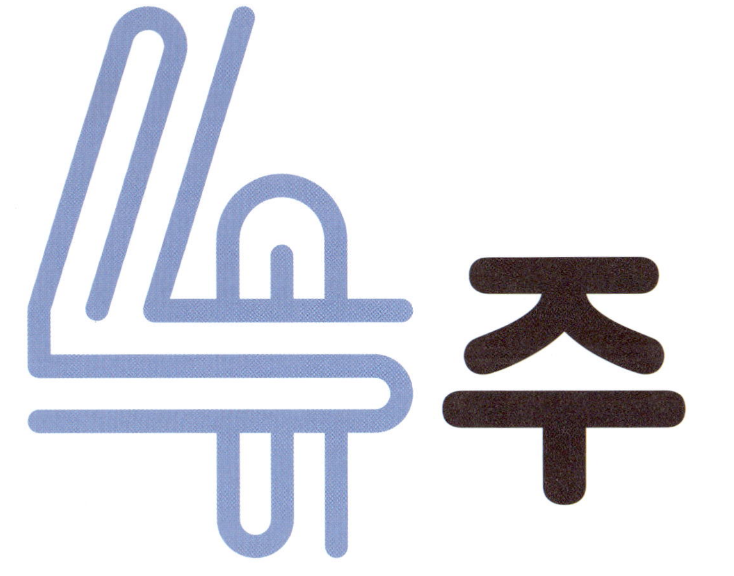

4주

토론과 토의

일일 학습을 마치고, 워크북으로 생각을 정리해 보세요. 워크북 • 26쪽

❶ 사람마다 생각과 가치관이 다르기 때문에 여러 사람의 뜻을 모아 하나의 결정을 내리는 것은 쉽지 않다. 가장 합리적인 해결 방안을 모색*하는 과정에서 자신의 주장에 대한 정당성을 획득할 수 있는 말하기 방법으로 토론과 토의가 있다.

❷ 토론은 찬성과 반대로 나뉘는 주제인 논제에 대하여 논리적으로 근거를 들어 자신의 주장이 정당함을 입증*하는 것이다. 즉 찬성과 반대로 양분*될 수 있는 논제를 설정해야 하며, 상대방의 논거를 경청하고 이를 반박하는 과정을 통해 자신의 주장을 펼쳐야 한다. 토론의 논제는 옳고 그름의 문제가 아닌 가치 판단과 관련된 문제로 정해야 하고, 주장을 입증하는 과정을 평가하여 승패를 결정하게 된다. 그러므로 주어진 절차와 규칙에 따라 자신의 주장에 대한 근거를 설득력 있게 제시하는 것과 상대방의 근거에 대한 허점을 정확하게 짚어내는 것이 중요하다. 반면, 토의는 의제에 대하여 가장 탁월한 의사 결정을 내리기 위해 구성원 모두의 의견을 모으는 협의의 과정이다. 토의는 "특별 활동 시간을 어떻게 보낼까?", "교실 환경 미화를 어떻게 하는 것이 좋을까?"와 같이 열린 질문에 대한 의사 결정 과정에서 사용된다. 이에 대해 최선의 해답을 도출*하기 위해서는 적절한 근거와 자료가 뒷받침되어야만 한다.

❸ 토론과 토의에서 상대방을 존중하고 상대방의 말을 경청하는 태도는 매우 중요하다. 토론은 자신의 주장만을 펼치는 것보다 상대의 주장과 근거를 경청하여 주장의 모순*과 자료의 사실 관계에 대해 날카로운 반박과 질문을 하는 것이 유리하다. 또한 토론과 토의가 인신공격이나 상대방의 의견에 흠집 내기로 변질*되는 것을 경계해야 한다.

공부한 날

월   일

관련 교과 **초등국어 5-1**
토의하여 해결해요
초등국어 5-2
타당성을 생각하며 토론해요

┃ 낱말 풀이 ┃

• **모색** 일이나 사건 따위를 해결할 수 있는 방법이나 실마리를 더듬어 찾음.

• **입증** 어떤 증거 따위를 내세워 증명함.

• **양분** 둘로 가르거나 나눔.

• **도출** 판단이나 결론 따위를 이끌어 냄.

• **모순** 어떤 사실의 앞뒤, 또는 두 사실이 이치상 어긋나서 서로 맞지 않음을 이르는 말

• **변질** 성질이 달라지거나 물질의 질이 변함. 또는 그런 성질이나 물질

내용 들여다보기

STEP 1 핵심 내용 정리하기

❶ 가장 합리적인 해결 방안을 모색하는 과정에서 자신의 주장에 대해 정당성을 획득할 수 있는 말하기 방법으로 [   ]과 [   ]가 있다.

❷ 토론은 찬성과 반대로 나뉘는 주제인 [   ]에 대하여 논리적으로 근거를 들어 자신의 [   ]이 정당함을 입증하는 것이다.

↳ 토론의 논제는 옳고 그름의 문제가 아닌 가치 판단과 관련된 문제로 ~ 결정하게 된다.

↳ 주장에 대한 [   ]를 설득력 있게 제시하는 것과 상대방의 근거에 대한 허점을 정확하게 짚어내는 것이 중요하다.

[   ], 토의는 의제에 대하여 가장 탁월한 의사 결정을 내리기 위해 구성원 모두의 의견을 모으는 [   ]의 과정이다.

❸ 토론과 토의에서 상대방을 [   ]하고 상대방의 말을 [   ]하는 태도는 매우 중요하다.

STEP 2 짜임 이해하기

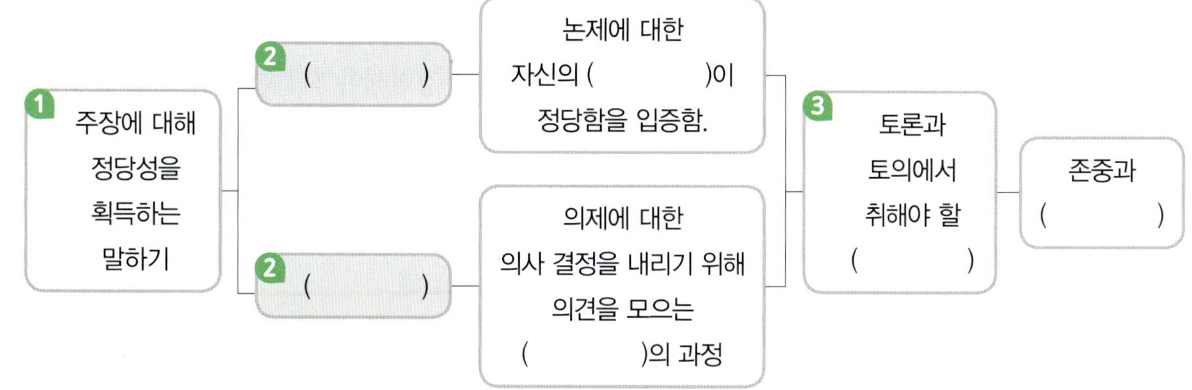

STEP 3 내용 요약하기

✎ 자신의 주장에 대한 정당성을 획득할 수 있는 말하기 방법에는

주제 파악

1 이 글의 주제는 무엇인가요? (   )

① 토론과 토의의 유래
② 토론과 토의의 종류
③ 토론과 토의의 중요성
④ 토론과 토의가 필요한 이유
⑤ 토론과 토의의 공통점과 차이점

내용 이해

2 이 글의 내용으로 알맞지 <u>않은</u> 것은 무엇인가요? (   )

① 토론과 토의를 할 때는 참여자의 태도가 매우 중요하다.
② 토론의 논제는 찬성과 반대로 나눌 수 있는 것이어야 한다.
③ 토의의 목표는 의제에 대한 가장 탁월한 의사 결정을 하는 것이다.
④ 토의를 할 때는 자신의 주장을 뒷받침할 수 있는 근거가 적절해야 한다.
⑤ 토론은 승패를 가르므로 승리한 사람의 의견대로 의사 결정이 이루어진다.

비판과 평가

3 **보기**의 대화를 읽고, 토론과 토의에 대해 <u>잘못</u> 이해하고 있는 사람을 찾아 쓰세요.

(   )

> **보기**
>
> • **성훈**: 토론에서의 경청은 공감하며 듣기와는 달라. 상대방의 주장과 근거가 알맞은지 비판적으로 듣는 활동으로 봐야 해.
> • **미주**: 토론을 할 때에는 상대방의 의견에 경청해야 적절한 반론을 펼칠 수 있고, 상대방 주장에 대한 근거의 허점을 발견할 수도 있어.
> • **가인**: 토론을 할 때 상대방의 말을 너무 많이 듣다 보면 나도 모르게 설득되어 내 주장이 약화될 수 있으니, 흔들리지 않고 내 주장을 일관되게 내세울 수 있도록 내 의견에만 집중해야 해.

상황에 적용

4 토론의 논제로 알맞지 <u>않은</u> 것은 무엇인가요? (   )

① 노키즈존을 인정해야 할까?
② 자유 학년제를 도입해야 할까?
③ 어린이 보호 구역을 늘려야 할까?
④ 졸업 앨범의 주제를 무엇으로 할까?
⑤ 청소년기의 이성 교제는 바람직할까?

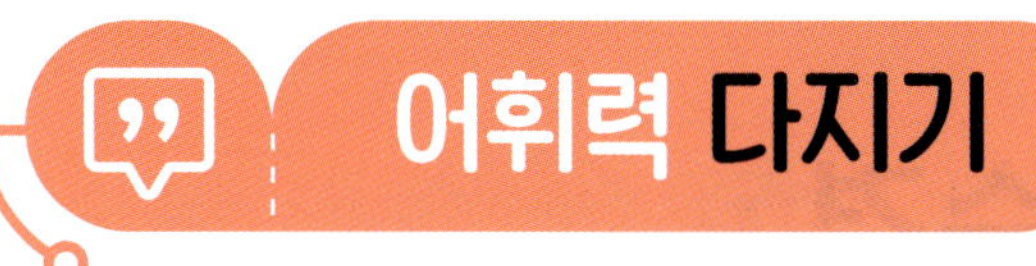

1~3 다음 뜻에 알맞은 낱말을 주어진 글자의 첫소리를 참고하여 써 보세요.

1 어떤 증거 따위를 내세워 증명함.　　ㅇ ㅈ ＿＿＿＿＿＿＿

2 일이나 사건 따위를 해결할 수 있는 방법이나 실마리를 더듬어 찾음.
ㅁ ㅅ ＿＿＿＿＿＿＿

3 어떤 사실의 앞뒤, 또는 두 사실이 이치상 어긋나서 서로 맞지 않음을 이르는 말
ㅁ ㅅ ＿＿＿＿＿＿＿

4~6 다음 문장의 빈칸에 알맞은 낱말을 【보기】에서 찾아 써 보세요.

> **보기**
> • 양분: 둘로 가르거나 나눔.　　• 도출: 판단이나 결론 따위를 이끌어 냄.
> • 변질: 성질이 달라지거나 물질의 질이 변함. 또는 그런 성질이나 물질

4 흑과 백으로 ＿＿＿＿ 하여 생각하는 것은 편협한 사고이다.

5 그는 연구 끝에 성장 호르몬과 스트레스의 상관관계를 ＿＿＿＿ 해 냈다.

6 유통기한이 지난 음식은 ＿＿＿＿ 의 우려가 있으므로 각별히 주의해야 한다.

어휘력에 도움이 되는 **대표 한자**

題	日	是	題

뜻	소리	題자는 是(옳을 시)자에 頁(머리 혈)자가 결합된 한자예요. 바른 얼굴이라는 뜻으로 제목, 머리말 등의 의미로 사용하고 있어요.
제목	제	

제 목 (題 目)
제목 제　눈 목
작품이나 강연, 보고 따위에서, 그것을 대표하거나 내용을 보이기 위하여 붙이는 이름
예 그 책은 **제목**만 보아도 내용을 짐작할 수 있다.

논 제 (論 題)
논의할 논　제목 제
논설이나 논문, 토론 따위의 주제나 제목
예 이번 토론의 **논제**를 정하다.

과 제 (課 題)
시험할 과　제목 제
처리하거나 해결해야 할 문제
예 환경 오염 문제는 우리가 시급하게 해결해야 할 **과제**이다.

디지털 폭력의 습격

일일 학습을 마치고, 워크북으로 생각을 정리해 보세요. 워크북 · 28쪽

공부한 날

월   일

관련 교과 **초등도덕 5-1**
밝고 건전한 사이버 생활

1 진행자: 오늘은 최근 청소년들 사이에서 심각한 문제가 되고 있는 '사이버불링'에 관해 청소년 범죄 심리 전문가 엄근진 교수님과 함께 이야기를 나눠 보겠습니다. 안녕하세요? 먼저 청취자분들께 '사이버불링'이 무엇인지 설명해 주시겠어요?

전문가: 안녕하십니까? '사이버불링'이란 가상 공간을 뜻하는 사이버(Cyber)와 집단 따돌림을 뜻하는 불링(Bullying)이 합쳐진 신조어로, 온라인이라는 가상 공간 안에서 벌어지는 집단 따돌림을 일컫는 말이지요. 과거에는 대면으로 행해지던 집단 따돌림이나 언어폭력, 신체적 폭력이 온라인상으로 이동하여 진화°하는 양상°을 보이고 있습니다.

2 진행자: 사이버불링은 어떤 형태로 나타나는 건가요?

전문가: 사이버불링이 가장 쉽고 흔하게 일어나는 것은 SNS를 통한 따돌림이지요. SNS에서 언어폭력을 행사하거나 무리의 대화에서 특정한 친구를 소외°시킵니다. 시도 때도 없이 문자 폭탄을 보내 심리적으로 압박하는 행위, 상대방이 굴욕감을 느낄만한 사진을 멋대로 온라인에 올리는 행위 등도 모두 해당됩니다. 더 심하게는 특정인의 이름이나 아이디를 도용°하여 그가 하지 않은 행동이나 말을 마치 실제로 한 것처럼 모함°하기도 하고요.

3 진행자: 그렇다면 이러한 사이버불링이 특별히 더 문제가 되는 이유는 무엇인가요?

전문가: 집단 따돌림을 당한다는 것 자체가 피해자 입장에서 엄청난 고통이지요. 특히 사이버불링은 가상 공간의 익명성, 엄청나게 빠른 확산 속도, 가해자 파악과 처벌의 어려움 등으로 인해 매우 심각한 사회적 문제가 되고 있습니다. 그리고 직접적으로 신체적 폭력을 행사한 것과 달리 가해자 측에서 별다른 죄책감을 느끼지도 않고 장난으로 치부°한다는 점도 문제입니다.

▍낱말 풀이 ▍

• **진화** 일이나 사물 따위가 점점 발달하여 감.

• **양상** 사물이나 현상의 모양이나 상태

• **소외** 어떤 무리에서 기피하여 따돌리거나 멀리함.

• **도용** 남의 물건이나 명의를 몰래 씀.

• **모함** 나쁜 꾀로 남을 어려운 처지에 빠지게 함.

• **치부** 마음속으로 그러하다고 보거나 여김.

내용 들여다보기

STEP 1 핵심 내용 정리하기

1 '   '이란 가상 공간을 뜻하는 사이버(Cyber)와 집단 따돌림을 뜻하는 불링 (Bullying)이 합쳐진 신조어로, 온라인이라는   안에서 벌어지는 집단 따돌림 을 일컫는 말이지요.

2 사이버불링이 가장 쉽고 흔하게 일어나는 것은   를 통한 따돌림이지요.

↳ 시도 때도 없이   폭탄을 보내 심리적으로 압박하는 행위, 상대방이 굴욕감을 느낄만한   을 멋대로 온라인에 올리는 행위 등도 모두 해당됩니다.

↳ 더 심하게는 특정인의 이름이나 아이디를 도용하여 그가 하지 않은 행동이나 말을 마치 실제로 한 것처럼   하기도 하고요.

3 특히 사이버불링은 가상 공간의   , 엄청나게 빠른 확산 속도,   파악과 처벌의 어려움 등으로 인해 매우 심각한 사회적 문제가 되고 있습니다.

STEP 2 짜임 이해하기

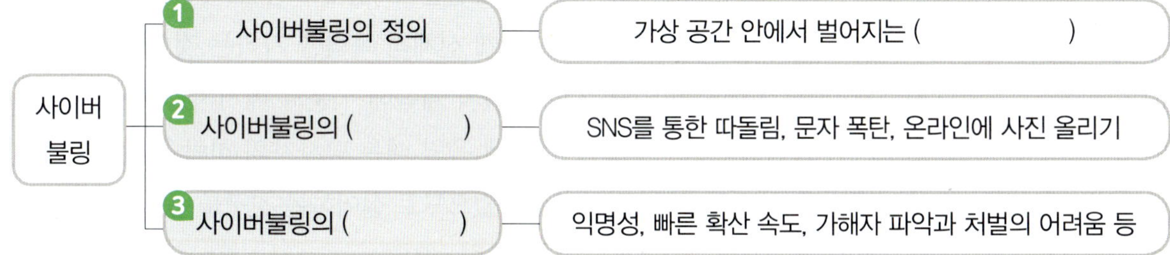

STEP 3 내용 요약하기

✏ 사이버불링이란 가상 공간에서 벌어지는 집단 따돌림이다. ______________

____

____

화제 파악

1 이 글의 중심 소재로 알맞은 것은 무엇인가요? (   )

① 학교 폭력 ② 사이버불링

③ 또래 문화의 전파 ④ 인성 교육의 필요성

⑤ 교우 관계의 중요성

내용 이해

2 이 글을 읽고 알 수 <u>없는</u> 것은 무엇인가요? (   )

① 온라인상에서 사이버불링의 확산 속도는 매우 빠르다.

② 사이버불링의 피해로 우울증에 빠진 청소년이 늘고 있다.

③ SNS를 이용해 다른 학생을 괴롭히는 사례가 증가하고 있다.

④ 사이버불링은 가해자 파악과 처벌이 어렵다는 문제점이 있다.

⑤ 가상 공간에서 벌어지는 집단 따돌림 현상을 사이버불링이라고 한다.

비판과 평가

3 이 글을 읽고 느낀 점으로 가장 알맞은 것은 무엇인가요? (   )

① 친구가 사이버불링을 당하면 스스로 해결할 수 있게 모른 척해야 해.

② 사이버불링보다 더 나쁜 것은 친구에게 신체적 폭력을 가하는 것이야.

③ 친구가 내 문자 메시지에 답을 할 때까지 계속해서 문자 메시지를 보내야 해.

④ 친구가 부끄러워하는 사진을 온라인에 올릴 때는 당사자의 허락을 받아야 해.

⑤ 가상 공간에서는 내가 누구인지 알 수 없으므로 싫어하는 친구를 흉봐도 괜찮아.

상황에 적용

4 **보기** 에서 '사이버불링'에 해당하는 행동을 모두 골라 기호를 쓰세요. (   )

> **보기**
>
> ㉠ 채팅방에서 나간 친구를 계속해서 반복적으로 초대하는 것
> ㉡ 친구가 우스꽝스럽게 나온 사진을 마음대로 학급 블로그에 올리는 것
> ㉢ 친구가 약속 장소에 나타나지 않을 때 무슨 일인지 전화를 걸어 보는 것

1~3 다음 낱말의 알맞은 뜻을 찾아 선으로 이어 보세요.

1 치부 •

• ㉠ 남의 물건이나 명의를 몰래 씀.

2 도용 •

• ㉡ 사물이나 현상의 모양이나 상태

3 양상 •

• ㉢ 마음속으로 그러하다고 보거나 여김.

4~6 다음 문장의 빈칸에 알맞은 낱말을 **보기**의 글자 카드로 만들어 써 보세요.

보기

| 모 | 소 | 외 | 진 | 함 | 화 |

4 ☐☐된 이웃에게 온정을 베풀자.

어떤 무리에서 기피하여 따돌리거나 멀리함.

5 인류의 ☐☐로 두발로 걷게 되면서 척추 질환이 생기기 시작하였다.

일이나 사물 따위가 점점 발달하여 감.

6 타인을 ☐☐하여 금전적 손실을 발생시키면 법적 처벌을 받을 수도 있다.

나쁜 꾀로 남을 어려운 처지에 빠지게 함.

어휘력에 도움이 되는 **대 표 한 자** 

對

업 • 부 • 對

뜻	소리
대할	대

對자는 丵(풀무성할 착)자와 寸(마디 촌)자가 결합한 모습으로, 丵자는 촛대를 표현해요. 불을 밝혀 누군가를 마주한다는 점에서 **대하다, 마주하다** 등의 의미로 사용해요.

대 면 (對 面)
대할 대 낯 면

서로 얼굴을 마주 보고 대함.
예 그들은 첫 **대면**에 어색함을 감추지 못했다.

대 화 (對 話)
대할 대 말씀 화

마주 대하여 이야기를 주고받음. 또는 그 이야기
예 진솔한 **대화**를 통해 상대방의 마음을 이해하게 되었다.

대 비 (對 備)
대할 대 갖출 비

앞으로 일어날지도 모르는 어떠한 일에 대응하기 위하여 미리 준비함. 또는 그런 준비
예 여름철 집중 호우에 대한 철저한 **대비**가 필요하다.

나를 인증하는 생체 인식 기술

일일 학습을 마치고, 워크북으로 생각을 정리해 보세요.　워크북 • 30쪽

공부한 날

월　　일

관련 교과 **초등과학 6-2**
우리 몸의 구조와 기능

❶ 많은 사람들이 휴대 전화의 잠금 장치를 해제°할 때 지문이나 얼굴 인식 기능을 이용한다. 보다 정밀하고° 확실한 정보 보안을 위해서 홍채 인식이나 정맥 인식을 활용할 수도 있다. 이와 같이 개인마다 지니고 있는 고유한 생체 정보를 추출하여 정보화하는 인증 방식을 생체 인식 기술이라고 한다.

❷ 생체 인식 기술은 일반적으로 획득, 특징 추출, 비교, 유사도 판정의 순으로 이루어진다. 우선 생체 정보를 정확하게 파악하는 단계를 '획득'이라고 한다. 이때 주변 환경 변화나 검출 방법에 따라 민감하게 달라지는 생체 정보는 생체 인식 기술로 활용할 수 없다. 획득 단계에서는 디지털화된 정보 중 변별력° 있는 정보만 선별되는데 이것이 '특징 추출'이다. 기존의 데이터와 새로운 입력 값을 비교하는 단계가 '비교'이고, 마지막으로 이렇게 비교된 정보의 동일성을 계산하여 두 값의 관계를 밝혀내는 단계가 '유사도 판정'이다.

❸ 생체 인식 기술의 종류로는 대표적으로 지문 인식과 정맥 인식을 들 수 있다. 지문은 개인마다 고유°하고 추출이 간단해서 생체 정보로 활용하기 유용하지만 지문이 닳아지거나 손끝이 오염된 경우에는 정확한 인식이 어렵다는 단점도 있다. 정맥 인식은 손등이나 손목의 혈관에 적외선을 투사°하여 신분을 확인하는 방식으로, 혈관의 특정 위치를 좌표로 인식하고 혈관의 모양까지 비교하기 때문에 높은 보안성을 갖는다. 하지만 관련 장비를 구축°하는 데 비용이 많이 들고 측정 방법에 따라 잘못 인식될 수 있다는 단점이 있다. 이밖에 생체 인식 기술에는 홍채 인식, 음성 인식, 얼굴 인식 등이 있다.

▮ 낱말 풀이 ▮

- **해제** 묶인 것이나 행동에 제약을 가하는 법령 따위를 풀어 자유롭게 함.
- **정밀하다** 아주 정교하고 치밀하여 빈틈이 없고 자세하다.
- **변별력** 사물의 옳고 그름이나 좋고 나쁨을 가리는 능력
- **고유** 본래부터 가지고 있는 특유한 것
- **투사** 빛이 물건을 꿰뚫고 들어감.
- **구축** 체제, 체계 따위의 기초를 닦아 세움.

STEP 1 핵심 내용 정리하기

1 이와 같이 개인마다 지니고 있는 고유한 생체 정보를 추출하여 정보화하는 인증 방식을 [   ]이라고 한다.

2 생체 인식 기술은 일반적으로 [   ], 특징 추출, 비교, [   ]의 순으로 이루어진다.

3 생체 인식 기술의 [   ]로는 대표적으로 지문 인식과 정맥 인식을 들 수 있다.

↳ [   ]은 개인마다 고유하고 추출이 간단해서 생체 정보로 활용하기 유용하지만 지문이 닳아지거나 손끝이 오염된 경우에는 정확한 인식이 어렵다는 단점도 있다.

↳ [   ]은 손등이나 손목의 혈관에 적외선을 투사하여 신분을 확인하는 방식으로, 혈관의 특정 위치를 좌표로 인식하고 혈관의 모양까지 비교하기 때문에 높은 [   ]을 갖는다. [   ] 관련 장비를 구축하는 데 [   ]이 많이 들고 측정 방법에 따라 잘못 인식될 수 있다는 단점이 있다.

STEP 2 짜임 이해하기

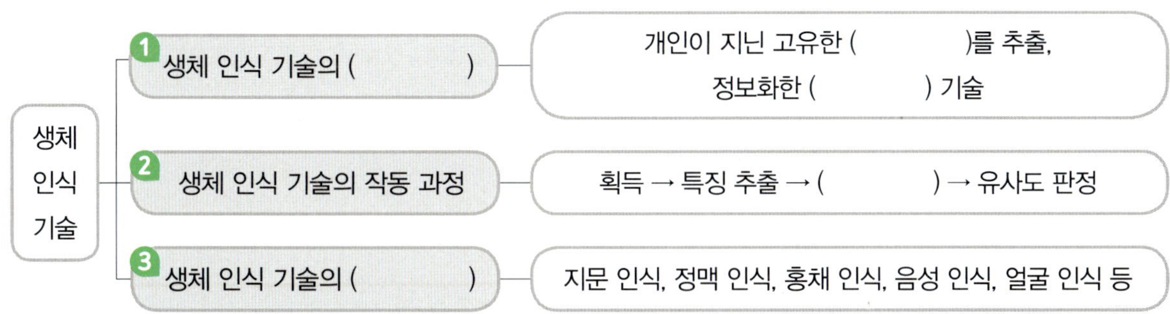

STEP 3 내용 요약하기

✎ 생체 인식 기술은 개인마다 지니고 있는 고유한 생체 정보를 추출하여 정보화하는 인증 방식이며, _______________

화제 파악 1 이 글에서 말하지 <u>않은</u> 내용은 무엇인가요? (   )

① 생체 인식 기술의 뜻　　　　　② 생체 인식 기술의 종류

③ 생체 인식 기술의 작동 과정　　④ 생체 인식 기술의 발전 과정

⑤ 생체 인식 기술의 종류별 장점

내용 이해 2 이 글의 내용으로 알맞지 <u>않은</u> 것은 무엇인가요? (   )

① 지문 인식과 얼굴 인식은 이미 상용화된 생체 인식 기술이다.

② 생체 인식 기술에 사용할 수 있는 정보는 개인의 고유한 것이어야 한다.

③ 환경 변화에 따른 민감도가 큰 생체 정보가 생체 인식 기술에 적합하다.

④ 생체 인식 기술은 획득 → 특징 추출 → 비교 → 유사도 판정의 과정을 거친다.

⑤ 정맥 인식 기술은 보안성이 매우 뛰어나지만 관련 장비를 구축하는 데 비용이 많이 든다.

내용 추론 3 **보기**의 빈칸에 들어갈 말로 알맞은 것은 무엇인가요? (   )

> **보기**
>
> 　생체 인식 기술은 개인이 고유하게 가지고 있어 다른 사람과 (　　㉠　　)되는 특징을 추출하여 정보화하는 기술로, (　　㉡　　)의 수단으로 사용된다.

	㉠	㉡
①	구별	보안
②	구별	통제
③	대조	보호
④	세분	수집
⑤	세분	차별

상황에 적용 4 생체 인식 기술을 사용할 때의 문제점이 <u>아닌</u> 것은 무엇인가요? (   )

① 개인의 생체 정보가 유출될 수 있다.

② 타인과 생체 정보가 유사할 경우 인증상의 오류가 발생할 수 있다.

③ 기계적 결함이나 시스템의 오류로 인증이 지연되거나 안 될 수도 있다.

④ 신체적 장애 등의 이유로 생체 정보 추출이 불가능한 사람이 소외될 수 있다.

⑤ 다른 사람의 생체 정보를 도용하여 범죄에 적용하려는 시도가 발생할 수 있다.

어휘력 다지기

1~3 다음 뜻에 알맞은 낱말을 주어진 글자의 첫소리를 참고하여 써 보세요.

1 빛이 물건을 꿰뚫고 들어감.　　　　ㅌ　ㅅ ____________________

2 본래부터 가지고 있는 특유한 것　　　ㄱ　ㅇ ____________________

3 아주 정교하고 치밀하여 빈틈이 없고 자세하다.

　　　　　　　　　　　　　　ㅈ　ㅁ 하다 ____________________

4~6 다음 문장의 빈칸에 알맞은 낱말을 **보기** 에서 찾아 써 보세요.

> **보기**
> • 구축: 체제, 체계 따위의 기초를 닦아 세움.
> • 변별력: 사물의 옳고 그름이나 좋고 나쁨을 가리는 능력
> • 해제: 묶인 것이나 행동에 제약을 가하는 법령 따위를 풀어 자유롭게 함.

4 해외 입출국시 자가 격리 의무가 [　　　] 되었다.

5 이번 시험은 쉬워서 [　　　] 이/가 없다는 지적이 많았다.

6 전 세계를 무대로 한 판매망 [　　　] 을/를 위해 오늘도 열심히 노력하고 있다.

어휘력에 도움이 되는 **대표 한자**

뜻	소리	比자는 두 사람이 나란히 우측을 바라보고 있는 모습을 본뜬 글자로 원래는 친하다, 친숙하다의 의미를 나타냈으나, 지금은 견주다, 비교하다의 뜻으로 쓰이고 있어요.
견줄	비	

비 교 (比　較)　　견줄 비　견줄 교	둘 이상의 사물을 견주어 서로 간의 유사점, 차이점, 일반 법칙 따위를 고찰하는 일 예 타인과의 지나친 **비교**는 자존감을 떨어뜨린다.
비 율 (比　率)　　견줄 비　비율 율	다른 수나 양에 대한 어떤 수나 양의 비 예 최근 들어 비만 청소년의 **비율**이 급격하게 증가했다.
비 례 (比　例)　　견줄 비　법식 례	한쪽의 양이나 수가 증가하는 만큼 그와 관련 있는 다른 쪽의 양이나 수도 증가함. 예 미세먼지 농도와 폐 질환 발병률이 **비례**한다는 보고가 있다.

우리 집 바닥이 아랫집 천장이라고?

일일 학습을 마치고, 워크북으로 생각을 정리해 보세요. 워크북 • 32쪽

❶ "우리 집 바닥은 아랫집의 천장이오니 층간 소음을 유발*하지 않도록 주의해 주시기 바랍니다." 아파트에서 이러한 안내 방송이 빈번하게 나올 만큼 층간 소음과 관련된 이웃 간의 갈등도 심화*되고 있다. 이렇게 층간 소음이 발생되는 원인 중 하나인 아파트의 바닥 구조를 알아보자.

❷ 아파트의 바닥 구조는 벽식 구조, 기둥식 구조, 무량판 구조로 나뉜다. 벽식 구조는 1980년대 대규모 신도시 개발 과정부터 사용되어 2009년 이후에 건축된 아파트의 90% 이상을 차지하는 구조이다. 윗집의 바닥이자 아랫집의 천장이 되는 경계 부분의 지면과 평행한 판을 슬라브라고 부르는데, 벽식 구조는 사각형 모양의 테두리가 되는 보의 위에 슬라브를 올리고 슬라브와 보를 벽이 수직으로 떠받치고 있다. 따라서 벽 자체가 슬라브와 보를 지탱하는 기둥 역할을 한다. 벽식 구조는 건설 기간을 단축하고 비용을 절약할 수 있으며, 내진* 성능이 비교적 우수하고 채광 면적이 넓다. 하지만 이러한 구조에서는 상부의 충격과 소음이 벽을 통해 바로 전달되므로 층간 소음에 취약*하다는 단점이 있다.

❸ 기둥식 구조는 슬라브와 보를 수직의 기둥이 떠받치는 구조이다. 상부의 진동과 소음이 보와 기둥을 타고 분산되므로, 벽식 구조에 비해 층간 소음이 적다. 하지만 하중*을 버티기 위해 기둥을 여러 개 세우므로 공간 활용이 비효율적이고 층고*가 높아 건설비가 많이 든다.

❹ 마지막으로 무량판 구조는 기둥식 구조에서 보를 뺀 형태이다. 벽식 구조와 기둥식 구조의 장점만을 접목*시킨 구조로 새롭게 각광*을 받고 있긴 하나, 하중 부담을 많이 받기 때문에 부실시공을 할 경우 사고의 위험이 크다. 이는 주로 상업 시설에 많이 사용되는 구조이다.

┃ 낱말 풀이 ┃

• **유발** 어떤 것이 다른 일을 일어나게 함.

• **심화** 정도나 경지가 점점 깊어짐. 또는 깊어지게 함.

• **내진** 지진을 견디어 냄.

• **취약** 무르고 약함.

• **하중** 물체에 작용하는 외부의 힘 또는 무게

• **층고** 건물의 층과 층 사이의 높이

• **접목** 둘 이상의 다른 현상 따위를 알맞게 조화하게 함을 비유적으로 이르는 말

• **각광** 사회적 관심이나 흥미

내용 들여다보기

STEP 1 핵심 내용 정리하기

❶ [   ]이 발생되는 원인 중 하나인 아파트의 [   ]를 알아보자.

❷ [   ]는 사각형 모양의 테두리가 되는 보의 위에 슬라브를 올리고 슬라브와 보를 벽이 수직으로 떠받치고 있다.

↳ 건설 기간을 단축하고 비용을 절약할 수 있으며, ~ 채광 면적이 넓다.

↳ [   ] 이러한 구조에서는 상부의 충격과 소음이 벽을 통해 바로 전달되므로 [   ]에 취약하다는 단점이 있다.

❸ [   ]는 슬라브와 보를 수직의 [   ]이 떠받치는 구조이다.

↳ 층간 소음이 적다. ~ 공간 활용이 비효율적이고 [   ]가 많이 든다.

❹ 마지막으로 [   ]는 기둥식 구조에서 보를 뺀 형태이다.

↳ 하중 부담을 많이 받기 때문에 부실시공을 할 경우 사고의 위험이 크다.

STEP 2 짜임 이해하기

STEP 3 내용 요약하기

✏ 아파트의 바닥 구조는 벽식 구조, 기둥식 구조, 무량판 구조로 나뉘는데, 층간 소음의 정도를 따져 보면

화제 파악

1 이 글의 중심 소재는 무엇인가요? (　　　　)

① 층간 소음 갈등　　　　② 아파트의 바닥 구조
③ 우리나라의 주거 형태　　④ 건축 구조에 따른 비용
⑤ 부실시공을 초래하는 원인

내용 이해

2 이 글의 내용으로 알맞은 것은 ○, 알맞지 <u>않은</u> 것은 ×표 하세요.

[1] 아파트의 바닥 구조에 따라 층간 소음의 정도가 달라질 수 있다.　(　　　)

[2] 벽식 구조는 슬라브와 보를 벽으로 지탱하기 때문에 건축비가 많이 든다.
(　　　)

[3] 기둥식 구조는 소음과 진동 등이 보와 기둥으로 분산되어 층간 소음이 덜하다.
(　　　)

내용 추론

3 각각의 구조와 이에 해당하는 그림을 올바르게 연결해 보세요.

[1] 벽식 구조 •

[2] 기둥식 구조 •

[3] 무량판 구조 •

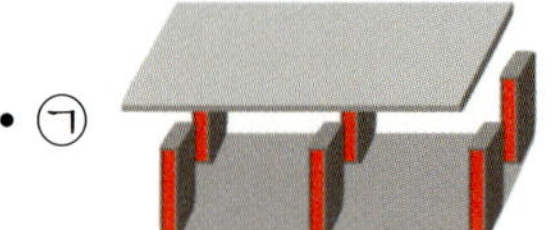
• ㉠

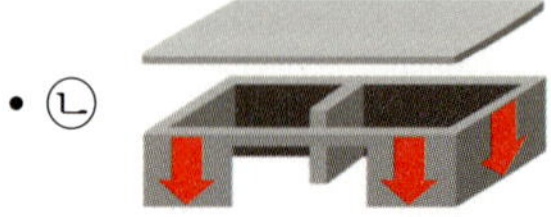
• ㉡

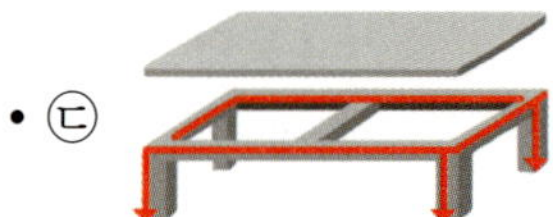
• ㉢

상황에 적용

4 보기 의 건물은 어떤 구조로 설계하는 것이 좋을지 골라 ○표 해 보세요.

──── 보기 ────

• 공동 주택입니다.
• 주로 어린아이를 키우는 세대가 많이 거주합니다.
• 주거 복지의 일환으로 국가에서 건축비의 30%를 지원합니다.

→ 이 건물은 (벽식 / 기둥식 / 무량판) 구조로 설계하는 것이 좋습니다.

1~3 다음 낱말의 알맞은 뜻을 찾아 선으로 이어 보세요.

1 각광 • • ㉠ 지진을 견디어 냄.

2 내진 • • ㉡ 사회적 관심이나 흥미

3 층고 • • ㉢ 건물의 층과 층 사이의 높이

4~7 다음 주어진 뜻과 글자의 첫소리를 참고하여 문장을 완성해 보세요.

4 ㅇ ㅂ : 어떤 것이 다른 일을 일어나게 함.

→ 집 먼지 진드기는 알레르기와 비염을 ☐☐하므로 주의해야 한다.

5 ㅅ ㅎ : 정도나 경지가 점점 깊어짐. 또는 깊어지게 함.

→ 개인주의가 ☐☐됨에 따라 사람 사이에 유대 관계가 약해지고 있다.

6 ㅊ ㅇ : 무르고 약함.

→ 열대 식물은 추위에 ☐☐하기 때문에 온도 관리를 잘 해야 한다.

7 ㅈ ㅁ : 둘 이상의 다른 현상 따위를 알맞게 조화하게 함을 비유적으로 이르는 말

→ 우리의 판소리와 힙합을 ☐☐한 음악이 화제가 되고 있다.

어휘력에 도움이 되는 **대 표 한 자**

弱

뜻	소리	弱자는 두 개의 弓(활 궁)자에 떨림을 나타내는 획을 그어 만든 글자예요. 활이 떨린다
약할	약	는 것은 약하다는 의미를 가지므로, **약하다**, **쇠해지다**라는 뜻으로 쓰여요.

나 약 (懦 弱) 나약할 나 약할 약	의지가 굳세지 못함. 예 그런 **나약**한 정신력으로는 아무것도 할 수가 없다.
허 약 (虛 弱) 빌 허 약할 약	힘이나 기운이 없고 약함. 예 학생들의 체력 조건은 좋아진 반면, **허약**한 학생들이 늘어나고 있다.
약 자 (弱 者) 약할 약 놈 자	힘이나 세력이 약한 사람이나 생물. 또는 그런 집단 예 그는 강자에게 약하고 **약자**에게 강한 사람이었다.

통일이 되면 통역이 필요할까?

일일 학습을 마치고, 위크북으로 생각을 정리해 보세요.　위크북 ● 34쪽

공부한 날

월　　일

❶ 한반도가 남과 북으로 분단된 지도 70여 년의 세월이 지났다. 남과 북은 서로 다른 이념 아래 단절된 채 지내 왔기 때문에 남북한의 언어는 점차 이질화되었다. 남북한 언어의 특징을 비교하며 이질화 극복 방안에 대해 생각해 보자.

❷ 남한어의 가장 큰 특징은 다양한 외래어를 수용하는 개방적 태도를 지녔다는 것이다. 국가 간의 교류가 활발해짐에 따라 국제적인 의사소통을 위해서는 외래어를 그대로 사용하는 것이 효과적이기 때문이다. 실제 남한의 어휘 가운데 외래어가 차지하는 비중은 매우 높다. 또한 한자어로 이루어진 어휘도 매우 많다. 이는 한자 문화권에서 사용하던 단어를 그대로 사용하고 있거나, 한자어가 전문적이고 학술적인 뜻을 나타낼 때 더 쉽다고 판단하였기 때문이기도 하다.

❸ 반면에 북한어는 국가 주도적으로 외래어를 순우리말로 순화했다는 특징이 있다. 또한 국민에 대한 통제력을 강화하기 위해 정책적으로 이념과 관련된 말을 많이 만들어 냈다. 이러한 과정 속에서 북한에서는 외래어를 주체적으로 이해할 수 있었고, 외래어를 대체할 수 있는 새로운 우리말이 많이 생성되기도 하였다. 순우리말의 조어 과정에서 사투리를 적극 활용하기도 하였는데, 이는 남북한 언어의 이질화를 촉진시키는 요인이 되기도 했다.

❹ 남북한 언어의 이질화를 극복하기 위해서는 한쪽의 언어를 일방적으로 흡수하려는 획일성의 원칙보다는 다양성을 유지하고 동질성을 회복하고자 하는 노력이 필요하다. 특히 남북한의 소통과 교류가 활성화되어야 한다. 예를 들어 남한과 북한이 방송이나 신문과 같은 매체를 공유한다면 이질화되어 있는 언어를 파악하고 서로를 이해하는 데 큰 도움이 될 것이다.

┃ 낱말 풀이 ┃

- **단절** 유대나 연관 관계를 끊음.
- **이질화** 바탕이 달라짐. 또는 바탕이 달라지게 함.
- **수용** 어떠한 것을 받아들임.
- **순화** 불순한 것을 제거하여 순수하게 함.
- **주체적** 어떤 일을 실천하는 데 자유롭고 자주적인 성질이 있는. 또는 그런 것
- **조어** 새로 말을 만듦. 또는 그렇게 만든 말
- **촉진** 다그쳐 빨리 나아가게 함.
- **동질성** 사람이나 사물의 바탕이 같은 성질이나 특성

내용 들여다보기

STEP 1 · 핵심 내용 정리하기

❶ 남과 북은 서로 다른 이념 아래 [   ]된 채 지내 왔기 때문에 남북한의 언어는 점차 [   ]되었다.

❷ 남한어의 가장 큰 특징은 다양한 [   ]를 수용하는 개방적 태도를 지녔다는 것이다. 또한 [   ]로 이루어진 어휘도 매우 많다.

❸ [   ] 북한어는 국가 주도적으로 외래어를 [   ]로 순화했다는 특징이 있다. 또한 국민에 대한 [   ]을 강화하기 위해 정책적으로 이념과 관련된 말을 많이 만들어 냈다.

❹ 남북한 언어의 이질화를 극복하기 위해서는 한쪽의 언어를 일방적으로 흡수하려는 획일성의 원칙보다는 [   ]을 유지하고 [   ]을 회복하고자 하는 노력이 필요하다. 특히 남북한의 [   ]과 [   ]가 활성화되어야 한다.

STEP 2 · 짜임 이해하기

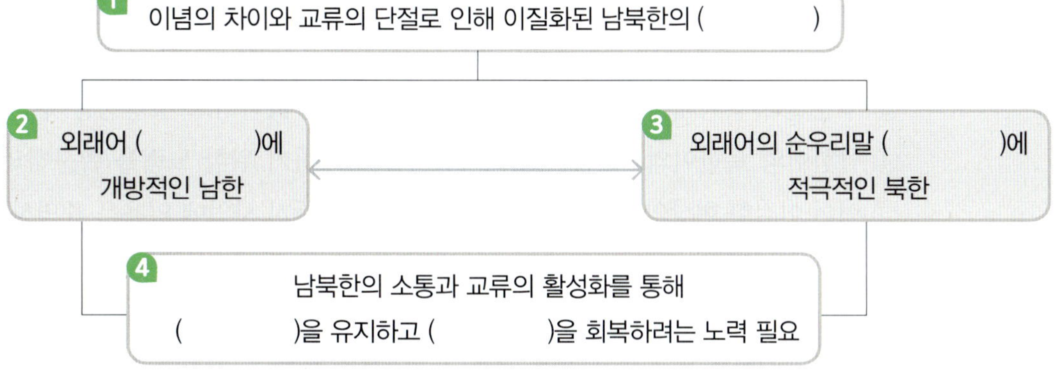

STEP 3 · 내용 요약하기

✏️ 남과 북의 언어는 이념의 차이와 오랜 교류의 단절, 언어 정책의 차이 등으로 인해 이질화되었지만, ______________

문제로 확인하기

화제 파악 **1** 이 글을 읽고 대답할 수 <u>없는</u> 것은 무엇인가요? (   )

① 남한어의 특징은 무엇인가요?
② 북한어의 특징은 무엇인가요?
③ 남한과 북한의 언어는 왜 달라졌나요?
④ 남한과 북한의 언어는 어떻게 다른가요?
⑤ 남한어와 북한어 중에 어느 것이 더 우수한가요?

내용 이해 **2** 이 글의 내용으로 알맞지 <u>않은</u> 것은 무엇인가요? (   )

① 남한어는 외래어와 한자어의 비중이 높다.
② 북한어는 순우리말 중심이며 사투리로 된 것도 많다.
③ 남북한 언어의 이질화를 극복하기 위해서는 남북한 교류가 활발해져야 한다.
④ 남한과 북한의 언어는 교류가 단절된 상태로 오랜 시간을 지내며 달라졌다.
⑤ 남한의 언어 정책은 순우리말의 보존이고 북한의 언어 정책은 우리말의 세계화이다.

내용 추론 **3** 이 글을 쓴 목적으로 가장 알맞은 것은 무엇인가요? (   )

① 남한에서 우리말 파괴가 심각해지고 있음을 비판하려고
② 남과 북이 공동으로 새로운 말 다듬기 사업을 추진했다는 것을 알리려고
③ 무분별하게 외래어를 수용하는 남한어의 실태를 파악하고 경각심을 주려고
④ 남한어와 북한어의 차이를 알고 이질화를 극복하기 위한 노력을 촉구하려고
⑤ 언어 이질화 현상의 원인이 북한의 무리한 말 다듬기 사업에 있음을 증명하려고

상황에 적용 **4** <u>보기</u>의 어휘들을 통해 알 수 있는 북한어의 특징을 빈칸에 써 보세요.

보기

남한	북한	남한	북한
골키퍼	문지기	로터리	도는 네거리
도넛	가락지빵	아이스크림	얼음보숭이

→ ㉠ (   )을/를 ㉡ (   )(으)로 순화하여 새말을 만들었다.

1~3   다음 밑줄 친 낱말의 뜻을 [보기]에서 찾아 써 보세요.

> **[보기]**
> ㉠ 어떠한 것을 받아들임.
> ㉡ 다그쳐 빨리 나아가게 함.
> ㉢ 유대나 연관 관계를 끊음.

1   적절한 신체 활동은 성장 호르몬의 분비를 <u>촉진</u>시킨다.   (   )

2   외국 문화를 무조건적으로 <u>수용</u>하는 것을 경계해야 한다.   (   )

3   도시 생활을 하다 보면 문명과 <u>단절</u>된 자연 속의 삶을 동경하게 된다.   (   )

4~6   다음 뜻에 알맞은 낱말을 주어진 글자의 첫소리를 참고하여 써 보세요.

4   새로 말을 만듦. 또는 그렇게 만든 말   ㅈ ㅇ ______________

5   바탕이 달라짐. 또는 바탕이 달라지게 함.   ㅇ ㅈ ㅎ ______________

6   어떤 일을 실천하는 데 자유롭고 자주적인 성질이 있는. 또는 그런 것
   ㅈ ㅊ ㅈ ______________

어휘력에 도움이 되는  **대표한자**

絕	糸 絕 絕	

뜻	소리	絕자는 糸(실 사)자와 刀(칼 도), 卩(병부 절)자가 결합한 한자예요. 칼로 실을 잘랐다는 의미에서 **끊다, 단절하다**의 뜻을 갖고 있어요.
끊을	절	
거 절 (拒 絕) 막을 거 끊을 절		상대편의 요구, 제안, 선물, 부탁 따위를 받아들이지 않고 물리침. 예 그는 **거절**을 하지 못하는 우유부단한 성격이다.
근 절 (根 絕) 뿌리 근 끊을 절		다시 살아날 수 없도록 아주 뿌리째 없애 버림. 예 정부는 부동산 투기 **근절**을 위해 노력 중이다.
절 정 (絕 頂) 끊을 절 정수리 정		사물의 진행이나 발전이 최고의 경지에 달한 상태 예 그녀는 인생 최고의 전성기를 맞아 <u>절정</u>의 인기를 누리고 있다.

토론에서 사회자는 어떤 역할을 할까?

토론에는 토론에 참여하는 토론자뿐만 아니라 토론을 이끌어 가는 사회자가 필요해요. 토론에서 사회자는 여러 역할을 하는데요. 우선 토론의 주제를 알려 줘요. 그리고 토론을 하는 과정에서 토론자에게 질문을 하거나 토론 내용을 요약하기도 하죠. 마지막으로 토론의 결과를 정리하고 토론을 마무리해요. 사회자는 찬성편과 반대편 중 어느 한쪽의 편에 서지 않고 토론을 공정하게 진행해야 해요.

눈도 보안에 활용할 수 있을까?

우리 눈에 있는 홍채도 보안 기술로 활용할 수 있어요. 홍채는 안구의 각막과 수정체 사이에 있는 둥근 모양의 얇은 막을 말해요. 홍채는 생후 18개월에 완성되는데, 홍채의 무늬를 이루는 요소는 약 200가지이고, 왼쪽과 오른쪽 눈의 홍채 무늬도 달라요. 그래서 지문이나 얼굴보다 개인 간의 차이를 잘 드러낼 수 있죠. 그리고 홍채는 완성된 후 평생 변하지 않고 각막과 눈꺼풀에 의해 보호되기 때문에 손상이 적어 보안 기술에 적용했을 때 정확도가 높아요.

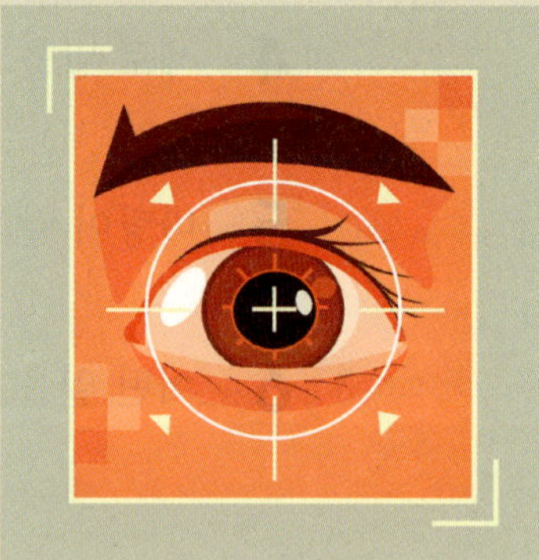

지진이 나면 어떻게 대피해야 할까?

우리나라에서도 지진이 발생하는 횟수가 늘고 있어요. 지진이 발생하면 우리는 어떻게 행동해야 할까요? 우선 두 손으로 머리를 감싼 채 가까이 있는 안전한 곳으로 피해야 해요. 그리고 책상이나 식탁 밑으로 들어가거나 넘어질 물건이 없는 공터로 가야 해요. 건물 안에 있을 때는 승강기가 아니라 계단을 이용하여 밖으로 대피해요. 또한 라디오나 스마트폰 등을 통해 실시간 정보를 파악해야 해요.

5주

마음을 여는 설득의 비밀

1 우리는 일상생활에서 수많은 설득을 접한다. 부탁이나 제안은 기본적으로 설득을 전제˙로 하고, 토론과 토의는 상대방을 설득하여 내 주장의 당위성을 입증하려 한다. 또한 선거철 후보자의 유세˙도 유권자를 설득하여 본인의 득표수를 올리는 것이 최종 목적이다. 이와 같이 우리의 삶과 설득은 긴밀하게 연관되어 있다. 그렇다면 전략적인 설득의 방법에는 어떤 것이 있을까?

2 아리스토텔레스는 『수사학』에서 에토스, 파토스, 로고스를 설득의 요건으로 제시했다. 에토스는 설득하는 사람의 자질˙과 관련이 있다. 설득하는 사람의 전문성과 인품, 열정 등이 청중의 마음을 움직이는 데 영향을 미친다는 것이다. 그리고 청중이 말하는 사람에게 호감을 느끼게 만드는 것도 설득을 유리하게 할 수 있는 방법 중 하나이다. 이는 일반적으로 호감을 느끼는 대상에 대해서 좀 더 관대하게 평가하는 심리가 작용하기 때문이다. 또한 말하는 이의 진실한 태도와 정성을 다한 표현도 듣는 사람에게 신뢰를 주는 요인이므로 설득하는 사람의 자질은 매우 중요하다.

3 파토스는 청중의 감정에 관한 것이다. 뇌 과학자들은 대부분의 사람들이 중요한 결정을 내릴 때 논리적이고 객관적인 면보다는 감정적인 면에 더 많이 의존˙한다고 주장한다. 따라서 청중의 감정에 호소˙하고 청중의 욕구를 충족시켜 주는 것은 설득에 매우 유리하다.

4 로고스는 내용의 논리성과 관련이 있다. 일반적으로 주장하는 글을 쓰거나 말하기를 할 때 주장에 대한 적절한 근거가 뒷받침되어야 하는 것처럼, 설득을 할 때에도 객관적이고 믿을만한 자료를 제시하여 듣는 사람의 공감˙을 얻는 것이 중요하다.

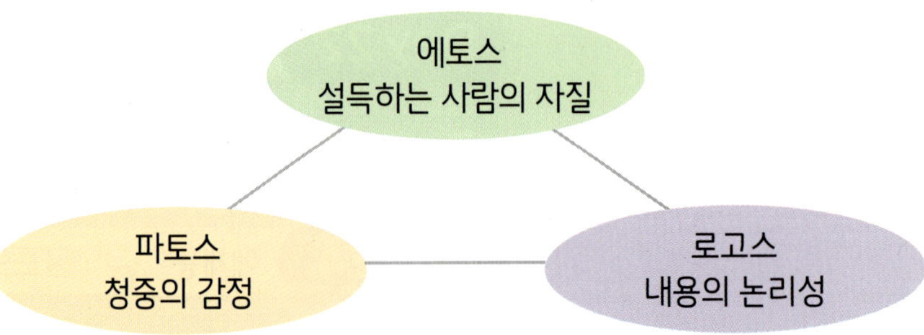

┃ 낱말 풀이 ┃

• **전제** 어떠한 사물이나 현상을 이루기 위하여 먼저 내세우는 것

• **유세** 자기 의견 또는 자기 소속 정당의 주장을 선전하며 돌아다님.

• **자질** 타고난 성품이나 소질

• **의존** 다른 것에 의지하여 존재함.

• **호소** 억울하거나 딱한 사정을 남에게 간곡히 알림.

• **공감** 남의 감정, 의견, 주장 따위에 대하여 자기도 그렇다고 느낌. 또는 그렇게 느끼는 기분

내용 들여다보기

STEP 1　핵심 내용 정리하기

❶ 우리의 삶과 [　　　]은 긴밀하게 연관되어 있다.

❷ 아리스토텔레스는 『수사학』에서 에토스, 파토스, 로고스를 설득의 요건으로 제시했다.
[　　　]는 설득하는 사람의 자질과 관련이 있다.
↳ 설득하는 사람의 [　　　]과 인품, [　　　] 등이 청중의 마음을 움직이는 데 영향을 미친다는 것이다.

❸ [　　　]는 청중의 감정에 관한 것이다.
↳ [　　　] 청중의 [　　　]에 호소하고 청중의 욕구를 충족시켜 주는 것은 설득에 매우 유리하다.

❹ [　　　]는 내용의 논리성과 관련이 있다.
↳ 설득을 할 때에도 객관적이고 믿을만한 [　　　]를 제시하여 듣는 사람의 [　　　]을 얻는 것이 중요하다.

STEP 2　짜임 이해하기

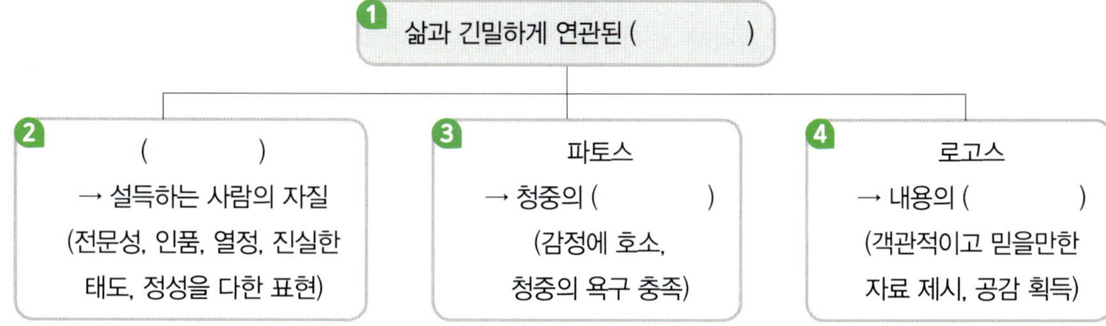

STEP 3　내용 요약하기

✎ 전략적인 설득의 방법에는

 화제 파악

1 이 글의 중심 소재로 알맞은 것은 무엇인가요? (　　　)

① 설득의 의의　　　　② 설득의 조건

③ 설득의 장단점　　　④ 설득의 효율성

⑤ 설득과 강요의 차이

내용 이해

2 이 글의 내용으로 알맞지 <u>않은</u> 것은 무엇인가요? (　　　)

① 아리스토텔레스는 설득의 요건으로 세 가지를 제시했다.

② 설득을 위해서 공감을 얻을 수 있는 객관적인 근거가 뒷받침되어야 한다.

③ 설득하는 사람이 듣는 사람에게 신뢰감을 강하게 줄수록 설득이 유리해진다.

④ 선거 유세의 궁극적인 목적은 유권자를 설득하여 지지로 이어지게 하는 것이다.

⑤ 일반적으로 사람들은 감정적인 호소보다는 논리적인 근거를 통해 의사 결정을
　 한다.

상황에 적용

3 설득의 세 가지 요건에 대한 예로 알맞지 <u>않은</u> 것을 보기 에서 골라 기호를 써 보세요.

(　　　)

> **보기**
>
> ㉠ 에토스: 새로 개발된 약품의 효과를 입증하기 위해 연구 개발 팀장을 맡
> 　 은 의과 대학 교수님을 연사로 모시는 것
> ㉡ 파토스: 미세 플라스틱의 위험성을 알리고 일회용품 사용량 줄이기에
> 　 동참할 것을 촉구하기 위해 미세 플라스틱으로 인해 개체 수가 감소한
> 　 해양 생물의 통계 자료를 제시하는 것
> ㉢ 로고스: 기본 수당 지급 정책 수립을 위한 주민 공청회에서 관련 내용에
> 　 대한 설문 조사 결과와 재원 마련 방침에 대한 세부 자료를 첨부하여 주
> 　 민들의 동의를 얻는 것

 상황에 적용

4 이 글을 추천해 주기에 알맞지 <u>않은</u> 사람은 누구인가요? (　　　)

① 부모님께 용돈을 올려달라고 건의하는 윤정이

② 콜센터에서 신규 인터넷 가입 영업 사원으로 일하는 혜정이

③ 길을 묻는 외국인에게 뭐라고 말해야 할지 몰라 당황한 승윤이

④ 환경보호 캠페인을 위해 퍼레이드 홍보물을 만들고 있는 서준이

⑤ 전교 어린이 회장 선거에 출마하여 후보자 연설문을 준비 중인 도연이

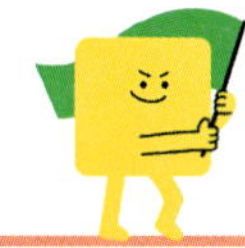

어휘력 다지기

1~3 다음 낱말의 알맞은 뜻을 찾아 선으로 이어 보세요.

1 의존 • • ㉠ 다른 것에 의지하여 존재함.

2 전제 • • ㉡ 억울하거나 딱한 사정을 남에게 간곡히 알림.

3 호소 • • ㉢ 어떠한 사물이나 현상을 이루기 위하여 먼저 내세우는 것

4~6 다음 주어진 뜻과 글자의 첫소리를 참고하여 문장을 완성해 보세요.

4 ㅇ ㅅ : 자기 의견 또는 자기 소속 정당의 주장을 선전하며 돌아다님.

→ 선거 운동이 막바지에 이르자 [   ] 차량의 확성기 소리가 더 커졌다.

5 ㅈ ㅈ : 타고난 성품이나 소질

→ 그는 기품 있고 신중한 [   ] 을/를 가지고 있어 매사에 실수하는 법이 없다.

6 ㄱ ㄱ : 남의 감정, 의견, 주장 따위에 대하여 자기도 그렇다고 느낌. 또는 그렇게 느끼는 기분

→ 타인과의 관계에서 [   ] 능력은 매우 중요한 덕목이다.

어휘력에 도움이 되는 **대표한자**

買

四 冒 買

뜻	소리	買자는 罔(그물 망)자와 貝(조개 패)자가 결합한 모습으로, 買자는 그물로 재물을 쓸어
살	매	담는다는 뜻을 가지고 있어요. 따라서 사다라는 의미로 쓰여요.

구 매 (購 買) 살 구 　 살 매	물건 따위를 사들임. ⑩ 현명한 소비 생활을 위해서는 충동**구매**를 조심해야 한다.
예 매 (預 買) 미리 예 　 살 매	정하여진 때가 되기 전에 미리 삼. ⑩ 비행기 표를 일찍 **예매**하여 가격 할인을 많이 받았다.
강 매 (強 買) 강할 강 　 살 매	강권에 못 이겨 남의 물건을 억지로 삼. ⑩ 여행지에서 **강매**한 기념품이 애물단지가 되었다.

민주주의의 꽃, 선거

일일 학습을 마치고, 워크북으로 생각을 정리해 보세요.　워크북 • 38쪽

공부한 날

월　　일

관련 교과 **초등사회 6-1**
우리나라의 정치 발전

1 복잡하고 다원화된 현대 사회에서 대부분의 국가들은 간접 민주주의를 채택하고 있다. 이는 모든 국민이 직접 정치에 참여할 수 없는 현실적인 제약을 극복하기 위한 방안으로, 소수의 대표자를 뽑고 자신의 의견을 대신해 말할 권리를 위임하는 형태이다. 그러므로 국민의 정치 참여라는 관점에서 선거는 민주주의를 실현한다는 매우 중요한 의미를 갖는다.

2 선거는 일정한 절차를 거쳐 진행된다. 우선 선거인 명부를 작성하여 투표할 수 있는 사람들의 명단을 만들고, 출마를 원하는 후보자의 등록을 받는다. 후보자는 법에 정해진 방법과 기간을 준수하여 자신이 세운 공약을 토대로 본인의 지지를 호소하는 선거 운동을 한다. 그리고 정해진 날짜에 유권자들이 투표를 하면, 개표를 통해 당선자가 결정된다.

3 우리나라 헌법에서는 선거의 공정성을 높이고 정당성을 확보하기 위하여 보통 선거, 평등 선거, 직접 선거, 비밀 선거를 선거의 4대 원칙으로 규정하고 있다. 보통 선거는 일정 연령에 도달한 모든 국민에게 차별 없이 선거권을 부여하는 것이다. 현재 우리나라의 선거권 연령은 만 18세로 정해져 있다. 평등 선거는 모든 유권자에게 동등하게 한 표씩의 권리를 부여하는 것인데, 투표한 사람의 사회적 지위나 재산 여부 등과 무관하게 모든 표의 가치는 동일하다. 직접 선거는 선거권을 가진 사람이라면 반드시 본인이 직접 투표를 해야만 하는 것으로, 이를 통해 부정 선거를 방지한다. 마지막으로 비밀 선거는 유권자가 자신이 투표한 후보를 비밀로 함으로써 외압 없이 개인의 소신에 따른 투표권을 행사할 수 있도록 보장해 준다.

┃ 낱말 풀이 ┃

• **다원화** 사물을 형성하는 근원이 많아짐.

• **채택** 작품, 의견, 제도 따위를 골라서 다루거나 뽑아 씀.

• **위임** 어떤 일을 책임 지워 맡김. 또는 그 책임

• **출마** 선거에 입후보함.

• **외압** 나라나 기관, 단체 따위의 바깥에 있는 세력이 가하는 압력

• **소신** 굳게 믿고 있는 바. 또는 생각하는 바

• **보장** 어떤 일이 어려움 없이 이루어지도록 조건을 마련하여 보증하거나 보호함.

내용 들여다보기

STEP 1 핵심 내용 **정리하기**

1 국민의 [   ]라는 관점에서 선거는 [   ]를 실현한다는 매우 중요한 의미를 갖는다.

2 선거는 일정한 [   ]를 거쳐 진행된다.

↳ 우선 선거인 명부를 작성하여 ~ 출마를 원하는 후보자의 등록을 받는다.

↳ 후보자는 ~ 본인의 지지를 호소하는 선거 운동을 한다.

↳ 정해진 날짜에 유권자들이 [   ]를 하면, 개표를 통해 당선자가 결정된다.

3 우리나라 [   ]에서는 선거의 공정성을 높이고 정당성을 확보하기 위하여 보통 선거, 평등 선거, 직접 선거, 비밀 선거를 선거의 [   ]으로 규정하고 있다.

↳ [   ] 선거는 일정 [   ]에 도달한 모든 국민에게 ~ 선거권을 부여하는 것이다.

↳ [   ] 선거는 모든 유권자에게 동등하게 한 표씩의 권리를 ~ 가치는 동일하다.

↳ [   ] 선거는 선거권을 가진 사람이라면 반드시 본인이 직접 ~ 부정 선거를 방지한다.

↳ 비밀 선거는 유권자가 자신이 투표한 후보를 비밀로 ~ 보장해 준다.

STEP 2 짜임 **이해하기**

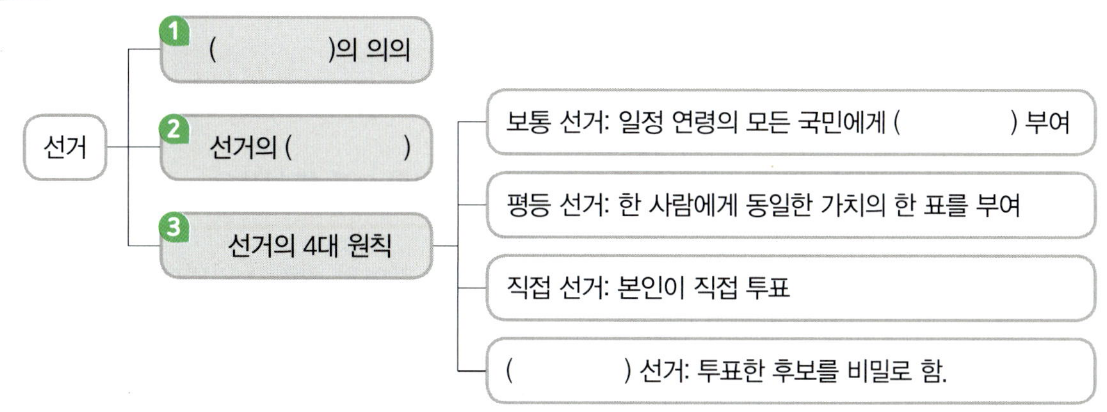

STEP 3 내용 **요약하기**

✎ 선거는 국민의 정치 참여를 위해 민주주의 사회에서 매우 중요하다. 이는 일정한 절차를 통해 진행되며,

주제 파악

1 이 글의 주제는 무엇인가요? (　　　)

① 선거의 역사　　　　　　　　② 선거의 종류

③ 선거의 필요성　　　　　　　④ 선거의 장단점

⑤ 선거의 의의와 원칙

내용 이해

2 선거의 절차를 순서대로 나열한 것은 무엇인가요? (　　　)

① 선거 운동 → 선거인 명부 작성 → 후보자 등록 → 투표 → 개표

② 후보자 등록 → 선거 운동 → 선거인 명부 작성 → 투표 → 개표

③ 후보자 등록 → 선거 운동 → 투표 → 선거인 명부 작성 → 개표

④ 선거인 명부 작성 → 선거 운동 → 후보자 등록 → 투표 → 개표

⑤ 선거인 명부 작성 → 후보자 등록 → 선거 운동 → 투표 → 개표

비판과 평가

3 이 글을 읽고 할 수 있는 생각으로 알맞은 것은 무엇인가요? (　　　)

① 모든 결정을 할 때 가장 좋은 방법은 선거를 통해 결정하는 거야.

② 선거를 통해 선출된 사람은 국민을 지배할 수 있는 권력을 가지게 돼.

③ 투표에 참여하지 않는 것은 정치 참여의 기회를 스스로 포기하는 것과 같아.

④ 우리나라 국민이라면 남녀노소를 불문하고 모두가 투표할 수 있는 권리를 가
　지게 돼.

⑤ 후보자는 당선되기 위해서라면 수단과 방법을 가리지 않고 적극적인 선거 운
　동을 해야 해.

상황에 적용

4 보기 를 읽고 선거의 4대 원칙 중에 알맞은 것을 골라 ○표 해 보세요.

> **보기**
>
> 　고대 아테네에서는 귀족 남자에게만 정치 참여의 권리가 있었다. 시간이 흘러 여성의 참정권 운동이 각국에서 펼쳐지고, 정치 참여가 소수의 특정 집단에게 국한된 것이 아닌 국민 모두의 권리이자 책임임을 인식하는 주권 의식도 높아졌다. 마침내 현대 사회의 민주주의 국가에서는 성별과 사회적 지위를 막론하고 특정 나이대의 모든 국민에게 동등한 정치 참여의 권리가 주어지게 되었고, 이는 곧 투표권의 확대로 나타나게 되었다.

→ 보기 는 선거의 4대 원칙 중, (보통 / 평등 / 직접 / 비밀) 선거에 대한 내용이
　에요.

1~3 다음 낱말의 알맞은 뜻을 찾아 선으로 이어 보세요.

1 소신 •
   • ㉠ 선거에 입후보함.

2 외압 •
   • ㉡ 굳게 믿고 있는 바. 또는 생각하는 바

3 출마 •
   • ㉢ 나라나 기관, 단체 따위의 바깥에 있는 세력이 가하는 압력

4~7 다음 문장의 빈칸에 알맞은 낱말을 보기 에서 찾아 써 보세요.

보기

• 다원화: 사물을 형성하는 근원이 많아짐.
• 위임: 어떤 일을 책임 지워 맡김. 또는 그 책임
• 채택: 작품, 의견, 제도 따위를 골라서 다루거나 뽑아 씀.
• 보장: 어떤 일이 어려움 없이 이루어지도록 조건을 마련하여 보증하거나 보호함.

4 미디어의 발달로 정보를 접할 수 있는 경로가 [   ]되었다.

5 이번 축제의 기획과 진행을 총학생회에 [   ]하기로 결정하였다.

6 우리나라는 대통령제를 [   ]하여 견제와 균형의 정치를 추구하고 있다.

7 코로나로 위기를 겪고 있는 소상공인들에게 일정 소득을 [   ]해 주는 제도의 마련이 시급하다.

어휘력에 도움이 되는 **대 표 한 자**

| 任 | 亻 仁 任 |

뜻	소리
맡길	임

任자는 亻(사람인변 인)자와 壬(북방 임)자가 결합한 한자예요. 사람이 등에 무언가를 짊어진 모습을 닮았다고 하여, 직책을 **맡고 있다** 또는 **부담, 짐** 등의 의미를 나타내요.

임 무 (任 務)
맡길 임 힘쓸 무
맡은 일. 또는 맡겨진 일
예 그는 맡은 **임무**에 최선을 다하는 성실한 사람이다.

임 명 (任 命)
맡길 임 목숨 명
일정한 지위나 임무를 남에게 맡김.
예 김 선생을 5학년 담임으로 **임명**하였다.

책 임 (責 任)
꾸짖을 책 맡길 임
맡아서 해야 할 임무나 의무
예 이번 일은 모두에게 **책임**이 있다.

자연과 더불어 사는 친환경 농업

일일 학습을 마치고, 워크북으로 생각을 정리해 보세요.  워크북 • 40쪽

1 경제가 발전함에 따라 건강한 먹거리에 대한 사람들의 관심이 늘어났다. 과거에 화학 비료나 농약을 많이 사용하는 농법은 인체에 유해하고 환경 오염을 가속화•하는 직접적인 요인이 된다는 것을 인지•한 사람들이 친환경 농업을 통해 인간과 자연의 공생•을 추구하기 시작한 것이다.

2 친환경 농업이란, 농사를 지을 때 화학 비료나 농약, 인공 성장 촉진제 등을 사용하지 않고 동물이나 미생물, 천적•이나 친환경 유기물 등을 이용하는 것이다. 친환경 농업은 시간과 비용이 많이 들고 생산성과 상품성이 다소 떨어지지만, 인간과 자연에 해를 끼치지 않는다.

3 친환경 농업은 동물을 이용하는 방법, 천연• 물질로 된 퇴비나 비료를 사용하는 방법, 곤충이나 천적을 이용하는 방법으로 나눌 수 있다. 동물을 이용하는 방법에는 오리 농법, 우렁이 농법, 참게 농법 등이 있다. 오리 농법은 잡초의 뿌리까지 먹어 치운 오리의 배설물을 친환경 비료로 사용하는 방식이고, 우렁이 농법은 잡초를 즐겨 먹는 우렁이를 논에 풀어놓고 기르는 방식이다. 참게 농법은 논에 풀어놓은 참게가 잡초를 제거하고 흙 속을 파고들어 공기가 잘 통하게 해 주는 것을 이용하는 방식이다.

4 다음으로 풀이나 짚을 썩혀 친환경 퇴비를 만드는 방법이 있다. 이렇게 만든 퇴비에는 농작물의 생장•에 필요한 질소나 칼륨, 인과 같은 성분이 포함되어 있다. 또한 가축의 분뇨에 톱밥을 섞거나 음식물 쓰레기를 발효시켜 퇴비를 만들기도 한다. 마지막으로 곤충이나 천적을 이용한 친환경 농업은 무당벌레나 싸리진디벌을 풀어 진딧물을 제거하는 것이다.

┃ 낱말 풀이 ┃

- **가속화** 속도를 더하게 됨. 또는 그렇게 함.
- **인지** 어떤 사실을 인정하여 앎.
- **공생** 서로 도우며 함께 삶.
- **천적** 잡아먹는 동물을 잡아먹히는 동물에 상대하여 이르는 말
- **천연** 사람의 힘을 가하지 아니한 상태
- **생장** 나서 자람. 또는 그런 과정

내용 들여다보기

STEP 1 핵심 내용 정리하기

❶ 과거에 화학 비료나 농약을 많이 사용하는 농법은 인체에 유해하고 환경 오염을 가속화하는 직접적인 요인이 된다는 것을 인지한 사람들이 [   ]을 통해 인간과 자연의 공생을 추구하기 시작한 것이다.

❷ 친환경 농업이란, 농사를 지을 때 [   ]나 농약, 인공 성장 촉진제 등을 사용하지 않고 동물이나 미생물, [   ]이나 친환경 유기물 등을 이용하는 것이다.

↳ 친환경 농업은 시간과 비용이 많이 들고 생산성과 상품성이 다소 떨어지지만, [   ]과 [   ]에 해를 끼치지 않는다.

❸ [   ]을 이용하는 방법에는 오리 농법, 우렁이 농법, 참게 농법 등이 있다.

❹ 다음으로 풀이나 짚을 썩혀 친환경 [   ]를 만드는 방법이 있다.

[   ] 곤충이나 [   ]을 이용한 친환경 농업은 ~ 진딧물을 제거하는 것이다.

STEP 2 짜임 이해하기

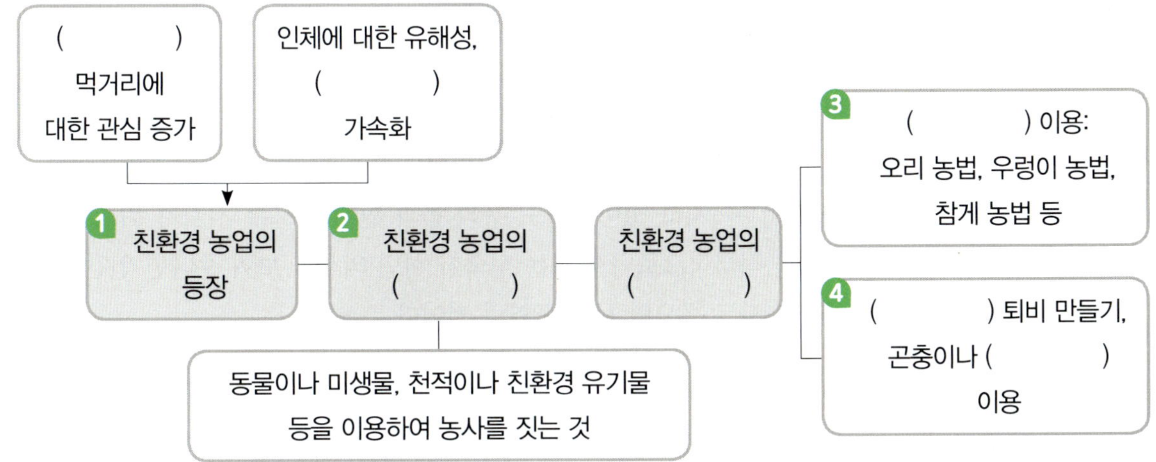

STEP 3 내용 요약하기

✎ 동물이나 미생물, 친환경 유기물과 천적 등을 이용하여 ________________

문제로 확인하기

주제 파악 1 이 글의 주제는 무엇인가요? (　　　　)

① 친환경 농업의 유래　　　　② 친환경 농업의 미래

③ 친환경 농업의 부작용　　　　④ 친환경 농업의 발달 과정

⑤ 친환경 농업의 의미와 종류

내용 이해 2 이 글의 내용으로 알맞지 <u>않은</u> 것은 무엇인가요? (　　　　)

① 화학 비료는 환경을 오염시킬 수 있다.

② 친환경 농법을 사용하면 생산량이 증가한다.

③ 친환경 농법을 사용하려면 시간과 비용이 많이 든다.

④ 경제가 성장하면서 건강한 먹거리에 대한 관심이 증가하였다.

⑤ 친환경 농법은 화학 물질로 만들어진 비료를 사용하지 않는다.

구조 이해 3 보기가 들어가기에 알맞은 문단을 써 보세요. (　　　　)

> **보기**
>
> 　친환경 농업을 통해 생산된 농작물은 다소 투박하고 군데군데 벌레가 먹은 흔적이 남아있을 수도 있겠지만, 자연을 살리고 우리를 살리는 건강한 먹거리라는 인식을 강화할 필요가 있다. 친환경 농법에 대한 연구와 개발이 좀 더 활발하게 이루어지고 소비자들도 우리 몸과 환경을 모두 지키기 위해 친환경 농작물을 적극적으로 구매하는 성숙한 시민 의식을 보여 준다면 인간과 자연이 더불어 사는 공생의 시대가 열릴 것이다.

상황에 적용 4 다음 중 친환경 농업의 홍보를 위한 문구로 알맞은 것은 무엇인가요? (　　　　)

① 최고의 기술력이 곧 최고의 품질!

② 더 빠르게! 더 많이! 생산하여 농가를 살리자!

③ 노동력을 확 줄여 주는 최첨단 자동 시스템의 도입!

④ 소량 생산으로 최고 매출 달성! 농가의 황금알을 낳는 거위!

⑤ 우리 몸도 튼튼! 우리 땅도 튼튼! 건강하고 안전한 먹거리 만들기!

1~3 다음 뜻에 알맞은 낱말을 보기 에서 찾아 써 보세요.

> **보기**
>
> 공생　　　생장　　　천적

1 서로 도우며 함께 삶.　　　→ ___________

2 나서 자람. 또는 그런 과정　　　→ ___________

3 잡아먹는 동물을 잡아먹히는 동물에 상대하여 이르는 말　　　→ ___________

4~6 다음 문장의 빈칸에 알맞은 낱말을 보기 에서 찾아 써 보세요.

> **보기**
>
> • 인지: 어떤 사실을 인정하여 앎.
> • 천연: 사람의 힘을 가하지 아니한 상태
> • 가속화: 속도를 더하게 됨. 또는 그렇게 함.

4 시장의 물가 상승이 [　　　]되자 소비 심리가 위축되고 있다.

5 많은 사람들에게 둘러싸인 것을 [　　　]하자, 그는 부끄러움이 몰려들었다.

6 건강한 피부 관리를 위하여 [　　　] 화장품을 직접 만들어 사용하기로 마음먹었다.

어휘력에 도움이 되는 **대표한자**

知	ㅗ	矢	知

뜻	소리	知자는 矢(화살 시)자와 口(입 구)자가 결합한 글자로, 화살이 빠르게 날아가는 것처럼
알	지	아는 것이 많으면 말이 빨리 나간다는 의미로 **알다**, **나타내다**의 뜻으로 쓰여요.

지 식 (知 識)
알 지　알 식
어떤 대상에 대하여 배우거나 실천을 통하여 알게 된 명확한 인식이나 이해
예 우리는 책을 읽으며 **지식**을 쌓을 수 있다.

지 능 (知 能)
알 지　능할 능
계산이나 문장 작성 따위의 지적 작업에서, 성취 정도에 따라 정하여지는 적응 능력
예 침팬지는 도구를 사용하는 **지능**을 가지고 있다.

고 지 (告 知)
아뢸 고　알 지
게시나 글을 통하여 알림.
예 불법 주차 차량에 단속 스티커를 부착한다는 것을 **고지**하였다.

골프의 이해

일일 학습을 마치고, 워크북으로 생각을 정리해 보세요.　워크북 • 42쪽

1 골프의 기원°과 관련해서 여러 가지 설이 전해진다. 첫째는 스코틀랜드에서 목동들이 지팡이로 돌멩이를 날리던 놀이가 구기°인 골프로 발전했다는 것이다. 둘째는 골프가 네덜란드에서 즐겨 하던 스포츠인 콜프(kolf)나 아이스하키와 유사°한 콜벤이라는 경기에서 유래°되었다는 것이다. 마지막으로는 로마 제국의 군사들이 하던 경기가 스코틀랜드에 남아 지금의 골프로 자리 잡게 되었다는 것이다.

2 오늘날과 같은 형태의 골프 경기는 15세기 중엽 스코틀랜드에서 시작되었다. 처음에는 스코틀랜드 의회에서 골프에 대한 지나친 인기를 우려°하여 골프 금지령을 내렸지만, 16세기 이후 전 국민의 사랑을 받는 스포츠가 되었다. 이후 영국에서는 상금을 건 골프 경기도 열렸다. 미국은 스코틀랜드 이민자들에 의해 골프가 알려졌는데, 유럽에 비해 뒤늦게 전파°되었음에도 불구하고 현대 골프의 급속한 발전과 대중화를 이루어 냈다.

3 골프는 클럽이라는 채로 골프공을 쳐서 구멍에 넣는 게임으로, 공을 넣기까지 친 횟수가 가장 적은 사람이 이긴다. 골프는 총 18개의 홀을 전반 9개, 후반 9개로 나누어 돌며 경기를 치른다. 각 홀은 거리와 난이도°에 따라 '파(par)'가 정해지는데, 파는 '기준이 되는 타수'라는 뜻이다. 이때 거리가 멀어질수록 파가 높아진다. 예를 들어 파 4홀에서는 공을 총 4번 쳐서 홀에 넣는 것이 규칙이다. 한 홀에서 타수를 기준으로 하여 (−1)타를 버디, (−2)타를 이글, (−3)타를 알바트로스라고 한다. 반대로 (+1)타를 보기, (+2)타를 더블 보기, (+3)타를 트리플 보기라고 한다. 그리고 한 홀에서 공을 한 번에 홀에 넣는 것을 '홀인원'이라고 한다.

┃ 낱말 풀이 ┃

- **기원** 사물이 처음으로 생김. 또는 그런 근원
- **구기** 공을 사용하는 운동 경기
- **유사** 서로 비슷함.
- **유래** 사물이나 일이 생겨남. 또는 그 사물이나 일이 생겨난 바
- **우려** 근심하거나 걱정함. 또는 그 근심과 걱정
- **전파** 전하여 널리 퍼뜨림.
- **난이도** 어려움과 쉬움의 정도

내용 들여다보기

STEP 1 핵심 내용 정리하기

1 골프의 [   ]과 관련해서 여러 가지 설이 전해진다.

2 오늘날과 같은 형태의 골프 경기는 15세기 중엽 [   ]에서 시작되었다.

↳ 이후 영국에서는 [   ]을 건 골프 경기도 열렸다.

↳ [   ]은 스코틀랜드 이민자들에 의해 골프가 알려졌는데, ~ 현대 골프의 급속한

발전과 [   ]를 이루어 냈다.

3 골프는 [   ]이라는 채로 골프공을 쳐서 구멍에 넣는 게임으로, 공을 넣기까지 친 횟

수가 가장 [   ] 사람이 이긴다.

↳ 골프는 총 [   ]개의 홀을 전반 9개, 후반 9개로 나누어 돌며 경기를 치른다.

↳ 각 홀은 거리와 난이도에 따라 '파(par)'가 정해지는데, 파는 '기준이 되는 [   ]'라

는 뜻이다.

STEP 2 짜임 이해하기

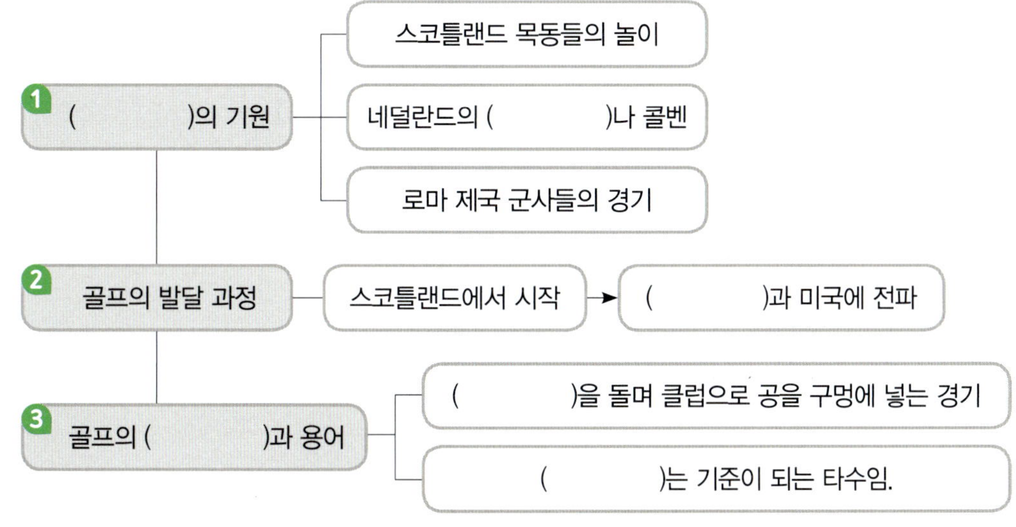

STEP 3 내용 요약하기

✎ 스코틀랜드에서 시작된 골프는

내용 이해 **1** 이 글을 읽고 알 수 <u>없는</u> 것은 무엇인가요? (   )

① 골프는 어디서 유래했을까?

② 골프에서 승리는 어떻게 결정될까?

③ 골프가 대중화가 된 까닭은 무엇일까?

④ 골프를 미국에 도입한 것은 누구일까?

⑤ 골프는 총 몇 개의 홀을 돌며 진행될까?

내용 이해 **2** 이 글의 내용으로 알맞지 <u>않은</u> 것은 무엇인가요? (   )

① 파 5홀은 파 3홀에 비해 거리가 멀다.

② 현대식 골프가 최초로 도입된 나라는 미국이다.

③ 골프의 기원과 관련해서는 여러 가지의 설이 존재한다.

④ 상금을 걸었던 골프 경기가 처음 등장한 것은 영국이다.

⑤ 15세기 중엽의 스코틀랜드에서는 골프 금지령이 있었다.

내용 추론 **3** 이 글에 이어질 내용으로 알맞은 것은 무엇인가요? (   )

① 골프라는 명칭의 유래

② 골프가 영국에 도입된 시기

③ 골프의 세부 경기 규칙과 클럽의 종류

④ 미국에서 발달한 골프 장비 생산 기술

⑤ 골프를 스코틀랜드에서 처음 하게 된 까닭

상황에 적용 **4** **보기** 는 타수를 기준으로 무엇이라고 부르는지 글에서 찾아 써 보세요.

> **보기**
>
> 골프 신동으로 불리는 현진이는 까다롭기로 유명한 파 4홀에서 공을 2번만 쳐서 구멍에 넣었다. 이를 타수를 기준으로 (   )(이)라고 한다.

어휘력 다지기

1~3 다음 낱말의 알맞은 뜻을 찾아 선으로 이어 보세요.

1 기원 •

• ㉠ 서로 비슷함.

2 우려 •

• ㉡ 사물이 처음으로 생김. 또는 그런 근원

3 유사 •

• ㉢ 근심하거나 걱정함. 또는 그 근심과 걱정

4~6 다음 주어진 뜻과 글자의 첫소리를 참고하여 문장을 완성해 보세요.

4 ㄱ ㄱ : 공을 사용하는 운동 경기

→ 상철이는 [   ] 종목이라면 뭐든 잘하는 만능 스포츠맨이다.

5 ㄴ ㅇ ㄷ : 어려움과 쉬움의 정도

→ 이번 시험은 [   ] 조절에 실패하여 변별력을 잃었다는 평가를 받는다.

6 ㅇ ㄹ : 사물이나 일이 생겨남. 또는 그 사물이나 일이 생겨난 바

→ 사람들이 즐겨 마시는 커피는 에티오피아에서 [   ] 되었다는 것이 정설로 인정받는다.

어휘력에 도움이 되는 **대표한자**

球

玉　玌　球

뜻	소리
공	구

球자는 玉(구슬 옥)자와 求(구할 구)자가 결합한 것으로 求(구할 구)자는 발음 역할만 하여, **공, 둥글다**라는 뜻을 가지고 있어요.

구 단 (球 團)
공구　둥글 단
야구, 축구, 농구 따위를 사업으로 하는 단체
예 우리나라에는 10개의 프로 야구 **구단**이 있다.

지 구 (地 球)
땅 지　공구
태양에서 셋째로 가까운 행성. 인류가 사는 천체로, 달을 위성으로 가진다.
예 환경 오염으로 인해 **지구** 온난화가 가속화되고 있다.

투 구 (投 球)
던질 투　공구
야구나 볼링 따위에서 공을 던짐. 또는 그 공
예 그 선수는 **투구**하는 자세가 아주 좋다.

알고리즘의 폐해

일일 학습을 마치고, 워크북으로 생각을 정리해 보세요. 워크북 • 44쪽

❶ 알고리즘이란, 어떠한 문제를 해결하기 위하여 제공된 자료를 통해 출력 값을 도출해 내는 규칙의 집합이다. 우리는 일상생활에서 알고리즘을 자주 접한다.

❷ 유튜브를 예를 들어 보자. 유튜브는 정보 검색, 오락의 기능 등을 가진 대중적인 앱(app)이다. 특히 유튜브의 추천 영상 기능은 알고리즘 체계를 기반으로 한다. 정확한 선별 기준이나 과정을 공개하고 있지는 않지만 대게 사용자가 과거에 보았던 영상과 유사하거나 연관성이 깊은 것을 추천하는 콘텐츠 기반 필터링 방식과 사용자의 나이, 성별, 검색어 등을 기반으로 흥미를 가질 만한 영상을 추천하는 협업 필터링 방식을 통해 추천 영상이 결정된다. 하지만 추천 영상의 적절성에 대해서는 비판적으로 생각해 볼 필요가 있다. "알고리즘이 나를 이곳으로 끌고 왔다."라는 말은 알고리즘을 기반으로 추천된 영상이 자신의 취향과 필요성에 전혀 부합하지 않을 때 하는 말이다. 이는 알고리즘 체계를 맹신할 수 없음을 시사하는 것이다.

❸ 알고리즘의 문제점에 대해 구체적으로 살펴보자. 우선 사용자에게 이미 필터링이 된 제한된 콘텐츠만을 제공하는 필터 버블 현상이 있다. 이는 주체적으로 정보를 검색하고 선별할 수 있는 자유를 사전에 차단하여, 다양한 정보를 습득할 사용자의 권리를 제한하는 것이다. 그리고 사용자가 유사한 콘텐츠에 반복적으로 노출됨으로써 자신의 생각과 부합하는 정보만을 받아들이고, 자신의 생각과 다른 정보는 무시하게 하는 확증 편향에 빠질 위험이 높아진다. 또한 알고리즘을 악용하여 범죄의 수단으로 삼을 수도 있다.

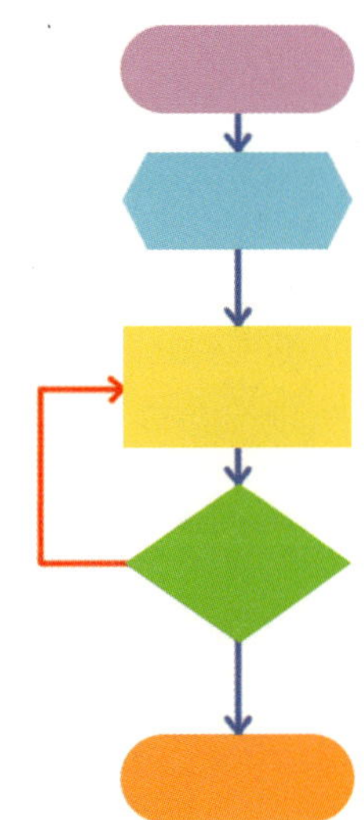

낱말 풀이

• **도출** 판단이나 결론 따위를 이끌어 냄.

• **비판적** 현상이나 사물의 옳고 그름을 판단하여 밝히거나 잘못된 점을 지적하는. 또는 그런 것

• **부합** 서로 맞대어 붙임.

• **맹신** 옳고 그름을 가리지 않고 덮어놓고 믿는 일

• **시사** 어떤 것을 미리 간접적으로 표현해 줌.

• **주체적** 어떤 일을 실천하는 데 자유롭고 자주적인 성질이 있는. 또는 그런 것

STEP 1 핵심 내용 정리하기

1 [   ]이란, 어떠한 문제를 해결하기 위하여 제공된 자료를 통해 출력 값을 도출해 내는 규칙의 집합이다.

2 유튜브의 [   ] 기능은 [   ] 체계를 기반으로 한다.

↳ 사용자가 과거에 보았던 영상과 유사하거나 연관성이 깊은 것을 추천하는 [   ] 필터링 방식과 사용자의 나이, 성별, 검색어 등을 기반으로 흥미를 가질 만한 영상을 추천하는 [   ] 필터링 방식을 통해 추천 영상이 결정된다.

↳ 하지만 추천 영상의 [   ]에 대해서는 비판적으로 생각해 볼 필요가 있다.

3 알고리즘의 [   ]에 대해 구체적으로 살펴보자.

↳ 우선 사용자에게 이미 필터링이 된 제한된 콘텐츠만을 제공하는 [   ] 현상이 있다.

↳ [   ] 사용자가 유사한 콘텐츠에 반복적으로 노출됨으로써 ~ 자신의 생각과 다른 정보는 무시하게 하는 [   ]에 빠질 위험이 높아진다.

↳ [   ] 알고리즘을 악용하여 [   ]의 수단으로 삼을 수도 있다.

STEP 2 짜임 이해하기

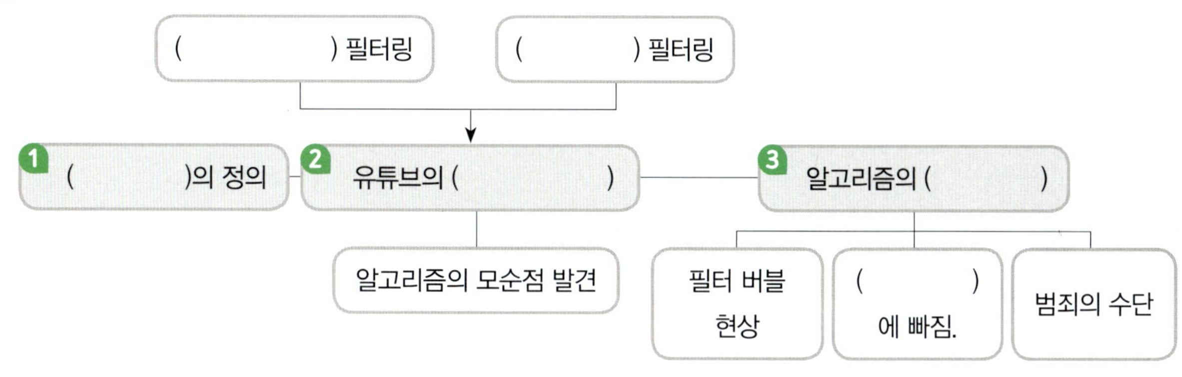

STEP 3 내용 요약하기

유튜브의 추천 영상 기능이 적절하지 않을 때가 있듯이 알고리즘 체계를 맹신할 수 없으며, ____________

주제 파악 **1** 이 글의 주제는 무엇인가요? (　　　　)

① 유튜브 활용법　　　　　　　② 알고리즘의 효용성
③ 알고리즘 체계의 문제점　　　④ 정보를 현명하게 검색하는 방법
⑤ 현대 사회와 알고리즘의 상관관계

내용 이해 **2** 이 글의 내용으로 알맞지 <u>않은</u> 것은 무엇인가요? (　　　　)

① 우리는 알고리즘과 밀접한 삶을 살고 있다.
② 확증 편향이 지나치면 갈등이 생길 수 있다.
③ 필터 버블 현상은 개인의 알 권리를 제한한다.
④ 유튜브의 추천 영상 기능은 제공된 자료를 통한 규칙성 도출 과정을 통해 만들어진다.
⑤ 알고리즘을 기반으로 한 추천 영상은 사용자의 정보를 분석하여 제공하므로 믿을 수 있다.

비판과 평가 **3** 이 글을 읽은 뒤 한 말로 가장 알맞은 것은 누구인가요? (　　　　)

① 재진: 추천 영상이 마음에 들지 않으면 즉각 신고 버튼을 눌러야겠어.
② 성준: 유튜브 시청 시간을 제한함으로써 인터넷 의존도를 줄여야겠어.
③ 주연: 연령에 맞는 정보만 검색될 수 있도록 검색 조건을 설정해야겠어.
④ 연화: 유튜브의 추천 영상을 적극 활용하여 폭넓은 정보를 습득해야겠어.
⑤ 은별: 알고리즘에 의한 추천 정보보다는 능동적으로 정보를 수집해야겠어.

상황에 적용 **4** 보기 는 어떤 현상인지 글에서 찾아 써 보세요. (　　　　　　　)

> **보기**
>
> 　중학교 입학을 앞두고 있는 딸을 위해 교육 정보를 검색하던 주부 A씨는 유튜브를 통해 좋은 학원을 고르는 방법, 족집게 과외 선생님을 알아보는 안목, 효과적인 공부 방법 등과 연관된 다수의 영상을 반복적으로 시청하였다. 학부모 모임에서 만난 B씨가 '공부는 결국 본인의 의지로 하는 것이니 부모의 지나친 간섭은 오히려 자녀에게 독이 될 수 있다'고 말하자 A씨는 자기도 모르게 B씨를 향한 강한 반감이 들기 시작했다. 결국 A씨는 B씨의 말을 무시하기로 했다.

1~3　다음 뜻에 알맞은 낱말을 주어진 글자의 첫소리를 참고하여 써 보세요.

1　서로 맞대어 붙임.　　　　　ㅂ　ㅎ　______________

2　판단이나 결론 따위를 이끌어 냄.　　ㄷ　ㅊ　______________

3　옳고 그름을 가리지 않고 덮어놓고 믿는 일　　ㅁ　ㅅ　______________

4~6　다음 문장의 빈칸에 알맞은 낱말을 〔보기〕에서 찾아 써 보세요.

〔보기〕

- 시사: 어떤 것을 미리 간접적으로 표현해 줌.
- 주체적: 어떤 일을 실천하는 데 자유롭고 자주적인 성질이 있는. 또는 그런 것
- 비판적: 현상이나 사물의 옳고 그름을 판단하여 밝히거나 잘못된 점을 지적하는. 또는 그런 것

4　언론 보도를 〔　　　　〕(으)로 수용하는 자세가 필요하다.

5　혼밥 문화의 확산은 개인주의가 심화되는 사회 분위기를 〔　　　　〕해 준다.

6　유행을 따르기보다는 〔　　　　〕 해석을 통해 개성 있는 스타일을 만들어 보자.

어휘력에 도움이 되는 **대표한자**

信

イ　仁　信

뜻	소리	信자는 人(사람 인)자와 言(말씀 언)자가 결합한 한자로, 사람의 말은 믿을 수 있어야 하고 거짓이 없어야 한다는 의미를 가지고 있어요. 그래서 **믿다, 신임하다**의 뜻으로 쓰여요.
믿을	신	

신 뢰 (信 賴) 믿을 신　힘 입을 뢰	굳게 믿고 의지함. 예 그녀는 학생에게 **신뢰**를 받는 선생님이다.
신 용 (信 用) 믿을 신　쓸 용	사람이나 사물이 틀림없다고 믿어 의심하지 아니함. 또는 그런 믿음성의 정도 예 거짓말을 자주 하면 주변 사람들에게 **신용**을 잃게 된다.
미 신 (迷 信) 미혹할 미　믿을 신	비과학적이고 비합리적으로 여겨지는 믿음. 또는 그런 믿음을 가지는 것 예 그들은 샤머니즘을 **미신**으로 치부하여 믿지 않는다.

나도 정치에 참여할 수 있을까?

　국민이 직접 나랏일에 참여하면 국민의 뜻을 가장 잘 반영할 수 있겠죠. 하지만 모든 국민이 직접 정치에 참여하는 건 불가능해요. 모든 국민이 한자리에 모여 이야기를 나눌 수는 없으니까요. 그래서 우리나라는 선거를 통해 국민이 정치에 참여할 수 있게 해요. 선거로 자신의 뜻을 대신해 줄 대표를 뽑는 거죠. 대통령이나 국회 의원이 이렇게 뽑힌 대표자들이에요. 우리는 선거라는 방법으로 정치에 간접적으로 참여하는 거예요.

철로 만든 농기구가 농사를 발전시켰다고?

　철로 만든 철제 농기구를 사용하기 전에는 돌이나 나무로 만든 농기구를 사용했어요. 하지만 이런 농기구는 쉽게 깨지고 부러지는 문제가 있었죠. 이후 철이 보급되면서 농부들은 쇠낫이나 쇠도끼와 같은 철제 농기구를 만들어 썼어요. 철제 농기구는 굉장히 단단해서 농사일을 할 때 큰 도움이 되었어요. 많은 농부들이 철제 농기구를 사용하면서 농사짓는 것이 편리해지자 농업 생산량이 늘어나고 농사가 더욱 발전하게 되었죠.

골프공의 표면은 왜 올록볼록할까?

　골프공을 살펴보면 표면이 올록볼록하다는 걸 알 수 있어요. 공의 표면이 매끄러워야 공이 더 멀리 날아갈 것 같은데 골프공의 표면은 왜 올록볼록하게 홈이 파여 있는 걸까요? 그건 바로 공기의 저항을 줄이기 위해서예요. 골프공 표면에 파인 홈은 골프공이 공기 중으로 날아갈 때 소용돌이를 만드는데, 이 소용돌이가 공 주변의 공기를 잘 섞이게 해 줘요. 그래서 공기의 저항을 적게 받아 공이 더 멀리 날아갈 수 있는 거죠.

6주

명당을 찾아서

일일 학습을 마치고, 워크북으로 생각을 정리해 보세요.   워크북 • 46쪽

1 중요한 장소를 정할 때 종종 '배산임수'라는 말을 꺼내곤 한다. 이는 전통적으로 좋다고 하는 취락* 입지에 대한 것으로, '뒤에는 산이 있고 앞에는 물이 흐른다'는 뜻이다. 우리나라의 기후를 고려했을 때 산을 등지고 있는 것은 겨울철의 찬바람을 막는데 유리했다. (㉠   ) 물을 마주 보는 위치는 농업용수를 확보하기 쉬우므로 농경 문화권인 우리나라의 주거 환경에서 최적*의 조건이었다. (㉡   ) 배산임수는 우리나라의 기후, 환경, 문화적 요소를 고려했던 조상들의 지혜가 반영된 실용적*인 성격을 띠고 있다.

2 이와 관련하여 풍수지리설에 대해 살펴보자. 풍수지리설이란, 땅의 형세나 방위* 등의 환경적인 요소가 인간의 길흉화복*에 영향을 끼친다고 믿는 것이다. 풍수지리설에서는 동서남북을 청룡, 백호, 주작, 현무로 나누어 산세와 건물의 구조가 땅의 기운을 방해하지 않아야 한다고 강조한다. 삼국 시대에 도입되어 고려와 조선에서 핵심 사상으로 자리 잡으며 민간 사상으로까지 널리 퍼졌다.

3 풍수지리설은 역사적으로 우리나라에 많은 영향을 주었다. 첫째, 고려와 조선을 건국하여 도읍을 새로 정할 때 중심 사상의 역할을 하며 새 왕조의 정당성을 부여하는 지지 기반*을 마련해 주었다. 둘째, 조상을 숭배*하는 것을 중시하는 유교적 가치관을 가진 우리나라의 특성 때문에 선조들은 묘지를 풍수의 길지로 선정하는 데 정성을 들였다. 셋째, 우리나라의 환경과 생활 방식을 고려한 취락의 입지 선정 조건인 배산임수가 풍수지리설에서도 명당*을 결정하는 핵심 요소로 작용하였다.

내용 들여다보기

STEP 1　**핵심 내용 정리하기**

❶ ［　　　　］는 우리나라의 ［　　　］, 환경, 문화적 요소를 고려했던 조상들의 지혜가 반영된 실용적인 성격을 띠고 있다.

❷ 풍수지리설이란, 땅의 형세나 방위 등의 환경적인 요소가 인간의 ［　　　　］에 영향을 끼친다고 믿는 것이다.

↳ ［　　　　］에 도입되어 고려와 조선에서 핵심 사상으로 자리 잡으며 민간 사상으로까지 널리 퍼졌다.

❸ ［　　　　］은 역사적으로 우리나라에 많은 영향을 주었다.

↳ 첫째, 고려와 조선을 건국하여 ［　　　］을 ~ 지지 기반을 마련해 주었다.

↳ 둘째, 조상을 숭배하는 것을 중시하는 ［　　　］ 가치관을 ~ ［　　　］를 풍수의 길지로 선정하는 데 정성을 들였다.

↳ 셋째, 우리나라의 환경과 생활 방식을 고려한 취락의 ［　　　］ 조건인 배산임수가 ~ 핵심 요소로 작용하였다.

STEP 2　**짜임 이해하기**

❶ （　　　）의 뜻과 의의　　❷ 풍수지리설의 뜻과 의의　　❸ 풍수지리설이 우리나라에 미친 영향

❶	❷	❸
뒤에는 산이 있고 앞에는 （　　　）이 흐르는 곳	땅의 형세나 방위 등의 （　　　）인 요소가 인간의 길흉화복에 영향을 끼침.	고려와 조선의 도읍 선정 ／ 풍수지리의 길지로 묘지 선정 ／ 배산임수와 （　　　）의 조건이 일치
기후, 환경, 문화를 고려한 최적의 취락 입지		

STEP 3　**내용 요약하기**

✏ 기후, 환경, 문화를 고려한 배산임수와

화제 파악 **1** 이 글을 읽고 답할 수 있는 질문은 무엇인가요? ( )

① 우리나라의 기후와 자연환경의 특징은 무엇일까?
② 새로운 왕조를 건국할 때 도읍의 위치를 누가 정할까?
③ 농경 문화권에서는 왜 취락을 이루며 모여서 살았을까?
④ 우리나라 사람들이 명당이라고 여기는 조건은 무엇일까?
⑤ 우리나라 사람들이 조상의 묘를 명당에 모실 때는 어떤 과정을 거칠까?

내용 이해 **2** 이 글의 내용을 올바르게 이해한 친구의 이름을 모두 써 보세요. ( )

> • **윤서**: 배산임수는 좋은 주거지를 결정하는 환경적인 조건이야.
> • **도은**: 풍수지리설에서는 물의 위치가 명당을 결정하는 절대적인 요인이야.
> • **승식**: 우리나라에서는 주거지의 입지를 선택할 때만 유일하게 풍수지리설을 적용해.
> • **현서**: 조선을 새로 건국할 때 풍수지리설의 명당의 조건에 따라 도읍을 정했다고 해.
> • **호찬**: 우리의 민간 사상인 배산임수와 삼국 시대 때 유입된 풍수지리설은 서로 반대되는 개념이야.

구조 이해 **3** ㉠과 ㉡에 들어갈 말을 바르게 짝지은 것은 무엇인가요? ( )

	㉠	㉡
①	또한	그러나
②	또한	따라서
③	물론	하지만
④	하지만	그러므로
⑤	따라서	그러므로

상황에 적용 **4** 이 글에서 말하는 명당에 알맞은 그림은 무엇인가요? ( )

①  ②  ③ 

1~3 다음 낱말의 알맞은 뜻을 찾아 선으로 이어 보세요.

1 기반 •

2 숭배 •

3 실용적 •

• ㉠ 우러러 공경함.

• ㉡ 실제로 쓰기에 알맞은. 또는 그런 것

• ㉢ 기초가 되는 바탕. 또는 사물의 토대

4~6 다음 주어진 뜻과 글자의 첫소리를 참고하여 문장을 완성해 보세요.

4 ㅊ ㄹ : 인간의 생활 근거지인 가옥의 집합체

→ 자연환경과 기후에 따라 [   ]의 구조와 형태가 다르게 나타난다.

5 ㅊ ㅈ : 가장 알맞음.

→ 여름 방학은 각종 야외 활동과 물놀이를 하기에 [   ]의 시기이다.

6 ㄱ ㅎ ㅎ ㅂ : 운이 좋고 나쁨과 재앙이나 화, 복되고 영화로운 삶을 아울러 이르는 말

→ 인간의 [   ]이/가 이미 정해져 있어 바꿀 수 없다고 믿는 것은 운명론적 관점이다.

어휘력에 도움이 되는 **대 표 한 자** 

| 堂 | ⺌ | 岢 | 堂 | |

뜻	소리	堂자는 土(흙 토)자와 尚(오히려 상)자가 합쳐진 한자예요. 흙을 높이 쌓아 올린 네모난 건물의 토대라는 의미를 가지고 있어, 집, 사랑채의 뜻으로 쓰여요.
집	당	

식 당 (食 堂) 먹을 식 · 집 당	건물 안에 식사를 할 수 있게 시설을 갖춘 장소 예 이 건물의 지하에는 직원 **식당**이 있다.
서 당 (書 堂) 글 서 · 집 당	예전에, 한문을 사사로이 가르치던 곳 예 할아버지께서는 **서당**에서 공부를 하셨다.
사 당 (祠 堂) 사당 사 · 집 당	조상의 신주를 모셔 놓은 집 예 **사당**에 위패를 모시고 조상님께 예를 갖추었다.

경제적 자유를 꿈꾸는 사람들

일일 학습을 마치고, 워크북으로 생각을 정리해 보세요. 워크북 · 48쪽

공부한 날

월   일

관련 교과 **초등사회 6-1**
우리나라의 경제 발전

❶ 최근 사회적으로 많이 회자*되는 말 중에 '경제적 자유'가 있다. 경제적 자유란, 일하지 않고도 일정한 수익을 만들어 내거나 금융 자산을 활용함으로써 일과 돈에 종속*되지 않고 자신의 의지대로 삶을 설계할 수 있는 자유를 의미한다. 성실하게 일하고 정직하게 돈을 버는 것을 당연하게 여기던 기성세대들에게 젊은 세대들의 이러한 가치관은 다소 생소*하고 부정적으로 느껴질 수 있다. 이러한 경제적 자유가 사회적 화두*가 된 배경에 대해서 살펴보자.

❷ 경제적 자유는 이전에 등장했던 '파이어족'이 추구하는 가치관과 유사하다. 파이어족이란, '경제적 자립(Financial Independence)'과 자발적 '조기 은퇴*(Retire Early)'의 앞 글자를 딴 'FIRE'에서 나온 말이다. 2008년 미국의 금융 위기 이후, 고소득 고학력 계층으로부터 퍼진 현상으로, 20대부터 소득의 70~80% 이상을 극단적으로 저축하여 30~40대 때 조기 퇴직 이후의 자금을 만드는 것을 말한다. 그들은 소비에 치중*하기보다는 자신이 하고 싶은 일을 하는 것을 더 가치 있게 여긴다.

❸ 우리나라의 젊은 세대들 사이에서 불고 있는 경제적 자유에 대한 열망은 남들보다 빨리 경제적 안정을 찾고 자유롭고 편안한 노후*를 보장받고자 하는 욕구가 반영된 것이다. 경제적 자유를 누리기 위해서는 [㉮   ] 이러한 사회적 경향*은 자신의 개성을 중시하고 타인의 시선을 의식하지 않는 젊은 세대들의 가치관과 문화가 반영된 것이다. 그리고 부모보다 가난한 세대라고 표현될 만큼 불안정한 경제 상황 속에서 험난한 인생을 견뎌야 하는 현 세대의 고충이 녹아 있기도 하다.

낱말 풀이

- **회자** 회와 구운 고기라는 뜻으로, 칭찬을 받으며 사람의 입에 자주 오르내림을 이르는 말
- **종속** 자주성이 없이 주가 되는 것에 딸려 붙음.
- **생소** 어떤 대상이 친숙하지 못하고 낯이 섦.
- **화두** 관심을 두어 중요하게 생각하거나 이야기할 만한 것
- **은퇴** 직임에서 물러나거나 사회 활동에서 손을 떼고 한가히 지냄.
- **치중** 어떠한 것에 특히 중점을 둠.
- **노후** 늙어진 뒤
- **경향** 현상이나 사상, 행동 따위가 어떤 방향으로 기울어짐.

내용 들여다보기

STEP 1 핵심 내용 정리하기

❶ [　　　　]란, 일하지 않고도 일정한 수익을 만들어 내거나 금융 자산을 활용함으로써 일과 돈에 종속되지 않고 자신의 의지대로 삶을 설계할 수 있는 자유를 의미한다.

❷ [　　　　]이란, '경제적 자립(Financial Independence)'과 자발적 '조기 은퇴(Retire Early)'의 앞 글자를 딴 'FIRE'에서 나온 말이다.

↳ 그들은 [　　　　]에 치중하기보다는 자신이 하고 싶은 일을 하는 것을 더 [　　　　] 있게 여긴다.

❸ 이러한 사회적 경향은 자신의 [　　　　]을 중시하고 타인의 시선을 의식하지 않는 젊은 세대들의 가치관과 문화가 반영된 것이다. 그리고 부모보다 가난한 세대라고 표현될 만큼 불안정한 경제 상황 속에서 ~ 현 세대의 [　　　　]이 녹아 있기도 하다.

STEP 2 짜임 이해하기

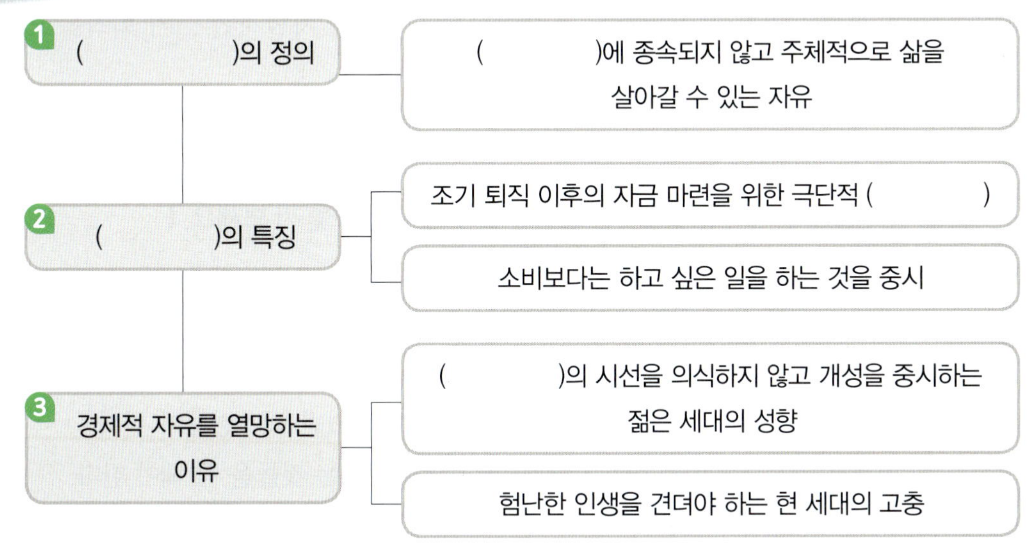

STEP 3 내용 요약하기

✏️ 경제적 자유는 ___________________________________

____

____

주제 파악 1 이 글의 주제는 무엇인가요? (   )

① 경제 악화로 위축되는 고용 시장
② 경제적 자유의 개념과 등장 배경
③ 파이어족의 정의와 사회적 영향력
④ 무분별한 소비 지향 문화에 대한 비판
⑤ 기성세대와 젊은 세대 사이의 가치관 대립

내용 이해 2 이 글의 내용으로 알맞지 <u>않은</u> 것은 무엇인가요? (   )

① 경제적 자유를 두고 기성세대와 젊은 세대의 의견이 대립한다.
② 경제적 자유를 원하는 사람들은 남들보다 일찍 재정적 안정을 누리고 싶어 한다.
③ 파이어족은 소득의 반 이상을 극단적으로 저축하여 재정적인 독립을 이루고자
　 한다.
④ 불확실한 경제 환경은 노동에서 해방되어 개인의 자유를 누리고 싶어 하는 열
　 망을 확대시켰다.
⑤ 미국의 금융 위기 이후 고소득 고학력자들 사이에서 자발적인 조기 퇴직을 희
　 망하는 움직임이 나타났다.

내용 추론 3 보기 에서 ㉮에 들어가기에 알맞은 문장을 모두 찾아 기호를 써 보세요. (   )

> **보기**
>
> ㉠ 직업에 대한 책임감을 가지고 성실하게 일해야 한다.
> ㉡ 생애 주기에 따른 구체적이고 탄탄한 인생 설계가 있어야 한다.
> ㉢ 남들보다 치열하게 20~30대를 보내며 경제적 기반을 마련해야 한다.
> ㉣ 현재를 즐긴다는 마음으로 지금 아니면 하지 못하는 것들을 꼭 해야 한다.

상황에 적용 4 이 글에서 '경제적 자유를 꿈꾸는 사람들'이 가리키는 것은 무엇인가요? (   )

① 노동을 통해 진정한 자아실현을 달성한 사람들
② 일확천금을 얻을 수 있는 기회를 노리를 사람들
③ 소비를 지양하고 무소유의 삶을 추구하는 사람들
④ 자신이 원하는 것을 무엇이든 살 수 있는 경제력을 원하는 사람들
⑤ 노동 시간을 자유롭게 쓸 수 있을 만큼의 경제적 자립을 열망하는 사람들

1~3 다음 밑줄 친 낱말의 뜻을 보기 에서 찾아 기호를 써 보세요.

> **보기**
>
> ㉠ 늙어진 뒤
> ㉡ 자주성이 없이 주가 되는 것에 딸려 붙음.
> ㉢ 관심을 두어 중요하게 생각하거나 이야기할 만한 것

1 노후를 편안히 보내다. (   )

2 청소년들 사이의 가장 큰 화두는 성적과 교우 관계이다. (   )

3 야당은 거대 여당에 정치적으로 종속되지 않도록 주의해야 한다. (   )

4~6 다음 뜻에 알맞은 낱말을 주어진 글자의 첫소리를 참고하여 써 보세요.

4 어떤 대상이 친숙하지 못하고 낯이 섦.　　ㅅ　ㅅ ____________

5 현상이나 사상, 행동 따위가 어떤 방향으로 기울어짐.　　ㄱ　ㅎ ____________

6 회와 구운 고기라는 뜻으로, 칭찬을 받으며 사람의 입에 자주 오르내림을 이르는 말

　　ㅎ　ㅈ ____________

어휘력에 도움이 되는 **대표한자** 

頭

口　豆　頭

뜻	소리
머리	두

頭자는 豆(콩 두)자와 頁(머리 혈)자가 합쳐진 것으로, 그릇 위에 사람의 머리를 올려놓은 것처럼 사람의 머리를 강조했어요. 그래서 머리, 꼭대기, 처음 등의 뜻을 나타내요.

선 두 (先 頭)
먼저 선　머리 두
대열이나 행렬, 활동 따위에서 맨 앞
⑩ 우리 팀이 득점 부문에서 **선두**에 올라섰다.

염 두 (念 頭)
생각할 염　머리 두
마음의 속
⑩ 계획이 실패할 것을 대비하여 차선책까지도 **염두**에 두고 있다.

몰 두 (沒 頭)
잠길 몰　머리 두
어떤 일에 온 정신을 다 기울여 열중함.
⑩ 영선이는 공부에 **몰두**하느라 누가 온 지도 몰랐다.

미세 플라스틱의 위협

일일 학습을 마치고, 워크북으로 생각을 정리해 보세요. 워크북 • 50쪽

❶ 입자의 크기가 5mm 이하의 플라스틱을 미세 플라스틱이라고 한다. 미세 플라스틱은 의도적으로 만들어진 1차 미세 플라스틱과, 플라스틱 용품을 폐기 처분하는 과정에서 마모˙되거나 풍화˙되면서 만들어진 2차 미세 플라스틱으로 나뉜다. 미세 플라스틱은 우리의 삶을 어떻게 위협할까?

❷ 과학자들과 환경 단체에서는 미세 플라스틱의 위해성˙으로 인한 해양 생태계의 파괴에 대해 강력하게 경고한다. 세계자연기금에서 발표한 자료에 따르면, 지중해, 동중국해, 북극 해빙 지역 등의 미세 플라스틱 농도는 해양 생물의 개체 수 감소와 멸종 등 심각한 생태적 위험을 발생시키는 농도를 넘었다. 미세 플라스틱을 섭취한 생물은 면역 반응과 생식 능력이 감소되고 장기가 손상된다. 이때 플라스틱의 입자가 작을수록 거대한 생물에서부터 플랑크톤과 같은 작은 생물에까지 영향을 끼치는 범위가 넓어진다. 미세 플라스틱은 몸의 밖으로 배출되지 못하고 몸의 내부에 누적˙되기 때문에, 자연계의 먹이 사슬에서 상위에 있는 포식자˙일수록 더 높은 농도로 축적된다. 그리고 결국 최상위 포식자인 인간에까지 영향을 끼친다.

❸ 미세 플라스틱이 인체에 미치는 영향은 물리적 독성과 화학적 독성으로 나눌 수 있다. 물리적 독성은 몸의 내부에 유입된 미세 플라스틱이 호흡기나 소화기에 흡수되어 조직 염증, 세포 증식, 괴사, 면역 억제 등을 유발하는 것이다. 화학적 독성은 미세 플라스틱의 구성 성분과 제조 시 첨가되는 화학 물질로 인한 독성을 말한다. 가장 흔히 쓰이는 페트(PET)는 잠재적˙ 발암 물질로 분류되고 있으며, 플라스틱을 만들 때 사용하는 비스페놀 A는 인체의 호르몬을 교란˙시켜 각종 질병 발생의 위험성을 높이는 1급 독성 물질로 분류되고 있다.

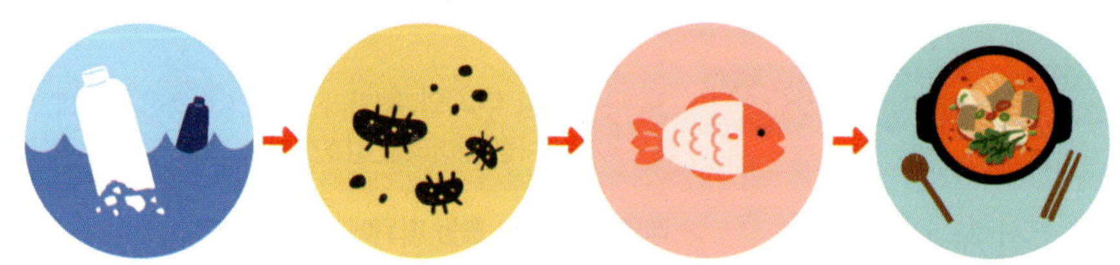

내용 들여다보기

STEP 1 핵심 내용 정리하기

❶ 입자의 크기가 5mm 이하의 플라스틱을 [   ]이라고 한다.

❷ 미세 플라스틱을 섭취한 생물은 [   ]과 [   ]이 감소되고 장기가 손상된다.

  ↳ 플라스틱의 [   ]가 작을수록 ~ 영향을 끼치는 범위가 넓어진다.

  ↳ 미세 플라스틱은 몸의 밖으로 배출되지 못하고 몸의 내부에 [   ]되기 때문에, ~ 최상위 포식자인 [   ]에까지 영향을 끼친다.

❸ 미세 플라스틱이 인체에 미치는 영향은 [   ]독성과 [   ]독성으로 나눌 수 있다.

  ↳ 물리적 [   ]은 ~ 조직 염증, 세포 증식, 괴사, 면역 억제 등을 유발하는 것이다.

  ↳ [   ]독성은 ~ 화학 물질로 인한 독성을 말한다.

STEP 2 짜임 이해하기

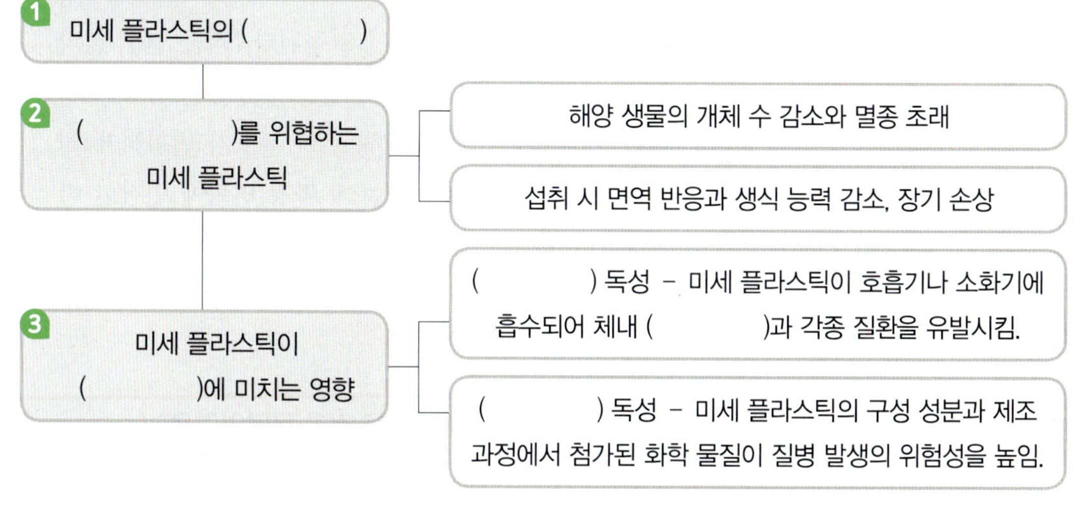

STEP 3 내용 요약하기

✎ 입자의 크기가 5mm 이하의 미세 플라스틱은 _______________________

____

____

주제 파악 **1** 이 글의 주제는 무엇인가요? (　　　　)

① 미세 플라스틱의 정의　　　　② 미세 플라스틱의 위험성
③ 미세 플라스틱의 제조 과정　　④ 미세 플라스틱의 순환 원리
⑤ 미세 플라스틱의 배출 규제

내용 이해 **2** 이 글의 내용으로 알맞지 <u>않은</u> 것은 무엇인가요? (　　　　)

① 크기가 5mm 이하인 플라스틱을 미세 플라스틱이라고 한다.
② 미세 플라스틱은 인체에 유입되어 각종 질병에 노출될 위험성을 높인다.
③ 미세 플라스틱은 바다 고래보다 플랑크톤의 몸 안에 축적되는 양이 많다.
④ 미세 플라스틱에 포함된 화학 물질 중에는 1급 독성 물질로 분류된 것들도 있다.
⑤ 미세 플라스틱은 크기가 작기 때문에 먹이 사슬의 하위에 속하는 해양 생물에게도 영향을 줄 수 있다.

내용 추론 **3** 이 글에서 〈보기〉의 글이 들어가기에 알맞은 문단을 써 보세요. (　　　　)

> **보기**
>
> 　바다거북은 부화되는 곳의 온도에 따라 성별이 결정된다. 최근 연구 결과에 따르면 멸종 위기를 맞은 바다거북의 주요 부화 장소에서 높은 농도의 미세 플라스틱이 발견되었다. 미세 플라스틱에 의해 부화 온도가 변화하게 되면 바다거북의 성별 결정에도 영향을 미치기 때문에 환경 변화에 민감한 바다거북의 생존에 관해 우려의 목소리가 높아지고 있다.

상황에 적용 **4** 이 글을 읽고 관련된 내용을 조사한 것으로 알맞지 <u>않은</u> 것은 무엇인가요? (　　　　)

① 미세 플라스틱이 인간의 체내에 유입되는 경로를 알아봐야겠어.
② 지역별로 미세 플라스틱의 검출 농도와 인구수의 연관성에 대해 알아봐야겠어.
③ 각국에서 미세 플라스틱 배출을 제한하기 위해 어떤 규제를 하고 있는지 알아봐야겠어.
④ 미세 플라스틱의 생성 원인을 차단하기 위해 플라스틱의 강도를 높이는 기술에 대해 알아봐야겠어.
⑤ 호흡기계, 소화기계, 순환계 관련 질환을 앓고 있는 사람들의 몸 안 미세 플라스틱 농도에 대해 알아봐야겠어.

1~3 다음 낱말의 알맞은 뜻을 찾아 선으로 이어 보세요.

1 풍화 •

2 위해성 •

3 잠재적 •

• ㉠ 위험하고 해로운 성질

• ㉡ 겉으로 드러나지 않고 숨은 상태로 존재하는. 또는 그런 것

• ㉢ 지표를 구성하는 암석이 햇빛, 공기, 물, 생물 따위의 작용으로 점차로 파괴되거나 분해되는 일

4~6 다음 주어진 뜻과 글자의 첫소리를 참고하여 문장을 완성해 보세요.

4 ㄴㅈ : 포개어 여러 번 쌓음. 또는 포개져 여러 번 쌓임.

→ 사소한 성공의 경험이 [   ]되면 자신감이 생긴다.

5 ㄱㄹ : 마음이나 상황 따위를 뒤흔들어서 어지럽고 혼란하게 함.

→ 그는 현란한 드리블로 상대편 선수의 집중력을 [   ]시켰다.

6 ㅁㅁ : 마찰 부분이 닳아서 없어짐.

→ 걸음걸이에 따라 신발 밑창이 [   ]되는 위치와 정도가 달라진다.

어휘력에 도움이 되는 **대표 한자**

뜻	소리	風자는 凡(무릇 범)자에 虫(벌레 충)자가 더해져 태풍이 지나간 다음 벌레가 많이 번식한다는 의미로 바람을 뜻하는 글자가 되었어요.
바람	풍	

風 凡 凮 風

풍 경 (風 景)
바람 풍 / 경치 경
산이나 들, 강, 바다 따위의 자연이나 지역의 모습
예 꽃이 핀 들판의 **풍경**이 아름답다.

풍 류 (風 流)
바람 풍 / 흐를 류
멋스럽고 풍치가 있는 일. 또는 그렇게 노는 일
예 선조들은 자연을 벗으로 삼아 **풍류**를 즐겼다.

풍 채 (風 采)
바람 풍 / 캘 채
드러나 보이는 사람의 겉모양
예 그는 큰 **풍채**와는 대조적으로 섬세한 성격을 가졌다.

예체능

세계적인 건축가 가우디

일일 학습을 마치고, 워크북으로 생각을 정리해 보세요.　**워크북 · 52쪽**

공부한 날

월　　일

관련 교과 **초등국어 6-1**
인물의 삶을 찾아서

❶ 스페인의 바르셀로나를 여행하다 보면, 곳곳에서 세계적인 건축가 가우디의 흔적을 만날 수 있다. "직선은 인간의 선이며 곡선은 신의 선이다."라는 그의 말처럼, 가우디의 작품은 곡선의 미가 돋보인다. 그의 작품들은 기존의 틀을 깨는 새로운 공간의 미학을 창조했고, 작품 속에 이야기를 녹여 내는 방식은 그만의 독창적이고 상징적˙인 예술성을 잘 나타낸다. 가우디의 건축물은 아름다움을 넘어서, 치밀한 공학 기술을 적용하여 기능적인 면에서도 실용성과 내구성˙을 겸비˙하고 있다. 이는 가우디가 천재 건축가로 칭송받는 이유이기도 하다.

❷ 가우디는 어린 시절 류마티즘을 앓았던 탓에 학교에 가는 대신 자연을 벗으로 삼아 지내는 날이 많았다. 이러한 경험은 훗날 자연과 건축물의 조화를 중시하는 그만의 작품 세계를 구축하는 데 영향을 주었다. 그는 바르셀로나 건축 학교에 다닐 때 기존의 정형화˙된 형식을 거부하는 면모로 인해 환영을 받지 못했다. 하지만 거대한 부를 축적한 사업가이자 귀족인 구엘을 만나면서 가우디의 건축 인생은 황금기를 맞는다.

❸ 구엘의 전폭적인 지지˙와 경제적인 후원이 뒷받침된 덕분에 가우디는 다양한 건축 양식을 실험할 수 있었다. 이러한 결과물이 집대성˙된 것이 바로 사그라다 파밀리아 성당이다. 가우디 건축의 백미˙라 불리는 사그라다 파밀리아 대성당은 그가 평생을 바쳐 혼신을 쏟아부은 건축물이며, 현재까지 공사가 진행 중이다.

❹ 1984년 구엘 공원과 구엘 저택, 카사 밀라가 유네스코 세계 유산으로 등재된 이후 사그리다 파밀라아와 카사 바트요 외에 그가 지은 다수의 건축물이 추가로 지정될 만큼 가우디의 업적과 명성은 후대에 이르러 더 높이 평가받고 있다.

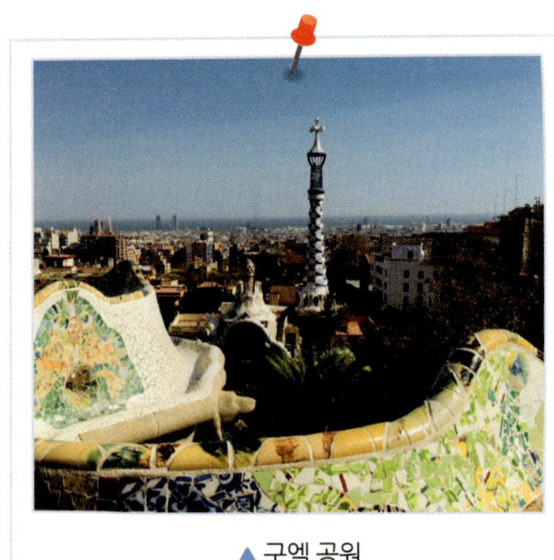

▲ 구엘 공원

❘ 낱말 풀이

- **상징적** 추상적인 개념이나 사물을 구체적인 사물로 나타내는. 또는 그런 것
- **내구성** 물질이 원래의 상태에서 변질되거나 변형됨이 없이 오래 견디는 성질
- **겸비** 두 가지 이상을 아울러 갖춤.
- **정형화** 일정한 형식이나 틀을 갖추게 됨. 또는 그렇게 함.
- **지지** 어떤 사람이나 단체 따위의 주의·정책·의견 따위에 찬동하여 이를 위하여 힘을 씀. 또는 그 원조
- **집대성** 여러 가지를 모아 하나의 체계를 이루어 완성함.
- **백미** 흰 눈썹이라는 뜻으로, 여럿 가운데에서 가장 뛰어난 사람이나 훌륭한 물건을 비유적으로 이르는 말

STEP 1 핵심 내용 정리하기

1 스페인의 [   ]를 여행하다 보면, 곳곳에서 세계적인 건축가 [   ]의 흔적을 만날 수 있다.

↳ 가우디의 건축물은 [   ]을 넘어서, 치밀한 공학 기술을 적용하여 [   ] 인 면에서도 실용성과 내구성을 겸비하고 있다.

2 이러한 경험은 훗날 [   ]과 건축물의 [   ]를 중시하는 그만의 작품 세계를 구축하는 데 영향을 주었다. 그는 ~ 환영을 받지 못했다. [   ] 거대한 부를 축적한 사업가이자 귀족인 [   ]을 만나면서 가우디의 건축 인생은 황금기를 맞는다.

3 가우디 건축의 [   ]라 불리는 [   ] 대성당은 그가 평생을 바쳐 혼신을 쏟아부은 건축물이며, 현재까지 공사가 진행 중이다.

4 1984년 구엘 공원과 구엘 저택, 카사밀라가 [   ]으로 등재된 이후 ~ 가우디의 [   ]과 명성은 후대에 이르러 더 높이 평가받고 있다.

STEP 2 짜임 이해하기

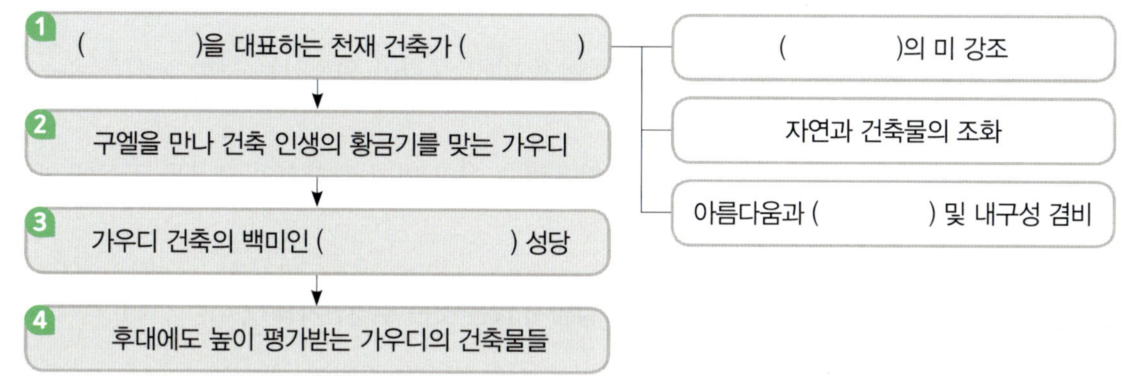

STEP 3 내용 요약하기

✏ 스페인을 대표하는 천재 건축가인 가우디의 건축물들은 ________________

____

____

화제 파악

1 '가우디'에 관한 홍보 문구를 만들 때 알맞지 <u>않은</u> 것은 무엇인가요? (   )

① 곡선미를 향한 그의 뚝심!

② 대중 예술의 선구자, 가우디!

③ 공학의 중심에서 예술을 외치다!

④ 바르셀로나에서 가우디에게 취하다!

⑤ 평범함은 거부하되 실용성도 겸비하는!

내용 이해

2 보기 의 사건이 일어난 순서대로 기호를 적어 보세요.

보기

㉠ 가우디와 구엘이 만남.

㉡ 가우디가 바르셀로나 건축 학교에 진학함.

㉢ 가우디는 학교 대신 자연에서 많은 시간을 보냄.

㉣ 구엘 공원과 구엘 저택, 카사밀라가 유네스코 세계 유산으로 등재됨.

(→   →   →   )

내용 추론

3 가우디 건축물의 예로 알맞은 것은 ○표, 그렇지 <u>않은</u> 것은 ×표 해 보세요.

[1] 장식적인 요소를 최대한 배제하고 간결한 직선과 면의 조화를 추구하는 건물
(   )

[2] 건물 전체가 곡선만으로 이루어져 마치 물결이 일렁이는 듯한 느낌을 주는 주택
(   )

[3] 자연에 있는 다양한 재료를 활용하고 여러 가지 상징적인 요소를 곳곳에 배치한 공원
(   )

비판과 평가

4 이 글을 읽은 후에 할 수 있는 말로 알맞지 <u>않은</u> 것은 무엇인가요? (   )

① 기존의 틀을 깨는 가우디의 과감한 실험 정신을 본받고 싶어요.

② 자연에서 영감을 얻고 자연과의 조화를 중시하는 그의 태도가 인상적이었어요.

③ 정형화된 방식에서 벗어나 작품 속에 이야기를 담으려는 그의 노력을 배우고 싶어요.

④ 단순히 시각적인 아름다움에 그치는 것이 아니라 기능적인 면을 중시한 점에서 그의 전문가적인 면모를 느꼈어요.

⑤ 자신만의 독창적인 예술 세계를 구축하기 위해 타인과 단절된 삶을 살았던 데서 그의 독특한 성향을 엿볼 수 있었어요.

어휘력 다지기

1~2 다음 주어진 뜻과 글자의 첫소리를 참고하여 문장을 완성해 보세요.

1 ㄱ ㅂ : 두 가지 이상을 아울러 갖춤.

→ 지성과 미모를 [　　　]한 그녀는 언제나 자신감이 넘친다.

2 ㅂ ㅁ : 여럿 가운데에서 가장 뛰어난 사람이나 훌륭한 물건을 비유적으로 이르는 말

→ 오늘 연주회의 [　　　]은/는 피아노 연주였다.

3~5 다음 밑줄 친 낱말의 뜻을 【보기】에서 찾아 써 보세요.

> ━ 보기 ━
> ㉠ 여러 가지를 모아 하나의 체계를 이루어 완성함.
> ㉡ 일정한 형식이나 틀을 갖추게 됨. 또는 그렇게 함.
> ㉢ 물질이 원래의 상태에서 변질되거나 변형됨이 없이 오래 견디는 성질

3 인위적이고 정형화된 틀을 깨는 것이 혁신과 창조의 시작이다. (　　　)

4 이 섬유는 내구성이 뛰어나서 여러 번 세탁해도 변형되지 않는다. (　　　)

5 이이와 이황은 조선 시대 실학을 집대성한 대표적인 학자로 평가된다. (　　　)

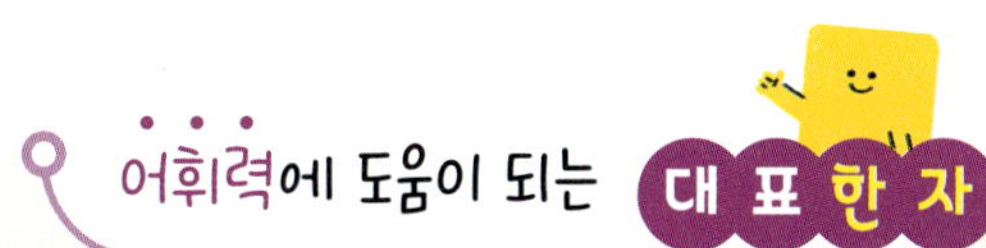

集	亻 隹 集

뜻	소리	集자는 木(나무 목)자에 隹(새 추)자가 결합한 한자로, 나무 위에 새가 앉아 있는 모습
모을	집	을 표현한 것이에요. **모으다, 모이다**의 의미를 가지고 있어요.

집 단 (集 團) 모을 집　둥글 단	여럿이 모여 이룬 모임 예 그는 예술가 **집단**을 구성하였다.
집 중 (集 中) 모을 집　가운데 중	한곳을 중심으로 하여 모임. 또는 그렇게 모음. 예 서울은 교통·문화·상업 시설 등이 모두 **집중**되어 있다.
수 집 (蒐 集) 꼭두서니 수　모을 집	취미나 연구를 위하여 여러 가지 물건이나 재료를 찾아 모음. 또는 그 물건이나 재료 예 그녀는 여행지의 지도를 **수집**하는 취미를 가지고 있다.

말하는 사람의 마음을 읽어 보아요

일일 학습을 마치고, 워크북으로 생각을 정리해 보세요. · 워크북 · 54쪽

공부한 날

월   일

관련 교과 **초등국어 5-2**
마음을 나누며 대화해요

1 인간은 언어를 통해 의사소통한다. 이때 언어는 화자가 표현하려는 의도와 목적에 따라 각기 다른 기능을 한다. 때로는 이러한 언어의 기능들이 동시에 복합적으로 작용하여 발화되기도 한다. 청자는 이러한 화자의 의도를 언어의 기능에 맞게 올바르게 이해해야만 의사소통에 오해가 생기지 않는다.

2 "500미터 앞에서 우회전입니다."는 내비게이션에서 흔히 들을 수 있는 말로, 언어의 기능 중에 정보적 기능에 해당한다. 언어의 정보적 기능은 주로 어떠한 사실이나 정보를 전달하고 무언가를 설명해야 하는 상황에서 사용된다.

3 언어의 명령적 기능은 화자가 청자에게 자신이 지시하는 바를 수행하도록 유도하는 기능이다.

　(가) "물 한 잔 갖다 줘." / (나) "목이 매우 마르구나."

(가)와 (나) 문장은 언어의 명령적 기능과 관련이 있다. 하지만 표현하는 방식에서 (가)는 직접적으로, (나)는 간접적으로 나타냈다는 차이점이 있다.

4 "안녕하세요? 잘 지내셨지요?"는 우리가 흔히 상대방의 안부를 물을 때 하는 말이다. 우리는 언어를 통해 상대의 안부를 물을 수 있고, 관계를 맺거나 유지할 수도 있으며, 상대방과의 유대감을 강화시킬 수도 있다. 이러한 언어의 기능을 친교적 기능이라고 한다.

5 "와, 정말 멋지다. 그야말로 장관이구나."와 같이 자신이 느끼는 생각과 감정을 그대로 언어로 전달하는 경우가 있다. 또한 어떠한 대상에 대한 자신의 태도를 언어로 표출할 때도 있다. 이렇게 언어를 통해 자신의 감정과 태도를 표현하는 기능을 언어의 정서적 기능이라고 한다.

┃ 낱말 풀이 ┃

• **의사소통** 가지고 있는 생각이나 뜻이 서로 통함.

• **화자** 이야기를 하는 사람

• **발화** 소리를 내어 말을 하는 현실적인 언어 행위

• **청자** 이야기를 듣는 사람

• **직접적** 중간에 제삼자나 매개물이 없이 바로 연결되는. 또는 그런 것

• **간접적** 중간에 매개가 되는 사람이나 사물 따위를 통하여 연결되는. 또는 그런 것

• **유대감** 서로 밀접하게 연결되어 있는 공통된 느낌

내용 들여다보기

STEP 1 핵심 내용 정리하기

1 인간은 언어를 통해 [   ] 한다.

  ↳ 이때 언어는 화자가 표현하려는 [   ]와 [   ]에 따라 각기 다른 기능을 한다.

2 언어의 정보적 기능은 주로 어떠한 [   ]이나 [   ]를 전달하고 무언가를 설명해야 하는 상황에서 사용된다.

3 언어의 [   ]은 화자가 청자에게 자신이 지시하는 바를 수행하도록 유도하는 기능이다.

4 우리는 언어를 통해 상대의 안부를 물을 수 있고, [   ]를 맺거나 유지할 수도 있으며, 상대방과의 [   ]을 강화시킬 수도 있다. 이러한 언어의 기능을 [   ]이라고 한다.

5 언어를 통해 자신의 [   ]과 태도를 표현하는 기능을 언어의 [   ]이라고 한다.

STEP 2 짜임 이해하기

1 언어의 (   )

- **2** 사실이나 정보를 전달하는 (   ) 기능
- **3** 지시하는 바를 수행하도록 유도하는 (   ) 기능
- **4** 상대방과의 유대감을 강화하는 (   ) 기능
- **5** 감정과 태도를 표현하는 (   ) 기능

STEP 3 내용 요약하기

✎ 인간의 의사소통 수단인 언어의 기능은 ....

....

....

주제 파악 **1** 이 글의 주제는 무엇인가요? (   )

① 이해와 오해의 차이점
② 직설적인 표현의 부작용
③ 의사소통을 위한 언어의 효용성
④ 목적과 의도에 따른 언어의 기능
⑤ 언어 전달을 돕는 비언어적 수단

내용 이해 **2** 이 글의 내용으로 알맞지 <u>않은</u> 것은 무엇인가요? (   )

① 인간은 언어를 통해 의사소통을 한다.
② 한 문장에 한 가지의 언어의 기능이 있다.
③ 전자 제품의 사용 설명서는 언어의 정보적 기능을 수행한다.
④ 같은 표현도 상황에 따라서 다른 언어적 기능을 가질 수 있다.
⑤ 화자의 발화 의도를 올바르게 파악하지 못하면 오해가 생길 수 있다.

구조 이해 **3** 이 글의 전개 방식으로 알맞은 것은 무엇인가요? (   )

① 시간의 흐름에 따른 변화를 설명하고 있다.
② 사건을 원인과 결과로 나누어 설명하고 있다.
③ 실제 상황과 유사한 예를 들어 설명하고 있다.
④ 뒷받침하는 근거를 들어 주장을 강조하고 있다.
⑤ 공통점과 차이점을 중심으로 대상을 비교하고 있다.

상황에 적용 **4** 보기 의 상황을 읽고 ㉠과 ㉡에 들어갈 언어의 기능을 이 글에서 찾아 써 보세요.

> 보기
>
> • **딸**: 엄마, 오늘 점심 급식이 정말 맛없었어.
> • **엄마**: 그래? 얼마나 맛없었는데?
> • **딸**: 너무 맛없어서 밥을 거의 못 먹었어. 그래서인지 배가 고프네.
> • **엄마**: 편식하는 습관은 좋지 않아. 다음에는 골고루 먹도록 해.
> • **딸**: 그게 아니라 내가 하고 싶은 말은…….

→ 딸은 점심 급식을 거의 먹지 못해서 배가 고프니 간식을 달라는 (㉠   )

기능으로 말하고 있지만, 엄마는 딸의 의도를 (㉡   ) 기능으로 오해하

여 원만한 대화가 이루어지지 못하고 있다.

1~3 다음 뜻에 알맞은 낱말을 보기 에서 찾아 써 보세요.

> **보기**
>
> 화자   직접적   의사소통

1 이야기를 하는 사람 → ____________

2 가지고 있는 생각이나 뜻이 서로 통함. → ____________

3 중간에 제삼자나 매개물이 없이 바로 연결되는. 또는 그런 것 → ____________

4~6 다음 문장의 빈칸에 알맞은 낱말을 보기 의 글자 카드를 활용하여 써 보세요.

> **보기**
>
> 간   자   적   발   접   화   청

4 ☐☐의 표정과 몸짓을 통해서도 감정을 읽을 수 있다.
이야기를 듣는 사람

5 영어는 ☐☐하는 시점에 따라 문법적인 형태가 달라진다.
소리를 내어 말을 하는 현실적인 언어 행위

6 그런 행동은 주위 사람들에게 ☐☐☐으로 피해를 준다.
중간에 매개가 되는 사람이나 사물을 통해 연결되는. 또는 그런 것

어휘력에 도움이 되는 **대표한자**

思	田 思 思

뜻	소리	思자는 田(밭 전)자와 心(마음 심)자가 결합한 한자예요. 예전에는 머리나 가슴으로 사물을 생각한다고 여겼으므로 생각, 의사, 뜻 등의 의미를 가지고 있어요.
생각	사	

의 사 (意 思) 뜻 의 생각 사	무엇을 하고자 하는 생각 예 나는 이 대회에 참가할 **의사**가 없다.
심 사 (深 思) 깊을 심 생각 사	깊이 생각함. 또는 깊은 생각 예 진로를 결정할 때는 충분히 탐색하고 **심사**해야 한다.
사 색 (思 索) 생각 사 찾을 색	어떤 것에 대하여 깊이 생각하고 이치를 따짐. 예 청량한 날씨와 시원한 바람은 **사색**에 잠기기 좋은 조건이다.

기후에 따라 집의 모양이 다르다고?

기후에 따라 우리나라 사람들이 사는 집의 모양이나 구조가 달랐어요. 더운 남부 지방에서는 열이 밖으로 빠져나갈 수 있도록 창문이나 방문을 많이 만들었어요. 그리고 마루를 만들어 바람이 잘 통하게 했어요. 반면에 추운 북부 지방에서는 열이 밖으로 빠져나가지 못하도록 창문이나 방문을 적게 만들고, 방과 방이 벽을 통해 연결되도록 했어요. 또한 바닥에 온돌이 깔린 정주간을 만들어서 추위를 피할 수 있게 해 주었어요.

나라의 산업을 보호하기 위한 무역은 무엇일까?

무역은 나라와 나라 사이에 서로 필요한 물건을 사고파는 활동을 말해요. 다른 나라에서 물건을 사는 것을 수입, 자기 나라의 물건을 다른 나라에 파는 것은 수출이라고 하죠. 각 나라는 무역을 통해 이익을 얻어요. 이때 자기 나라의 산업을 보호하기 위해 수입은 줄이고 수출은 늘리는 정책을 보호 무역이라고 해요. 외국 물건의 수입을 줄이기 위해 세금을 비싸게 매기거나 수입하는 양을 제한하는 등의 방법을 사용해요.

쓰레기를 되살리는 방법은 없을까?

쓰레기는 환경 오염의 원인이 되고 처리할 때 비용도 많이 들어요. 쓰레기를 재활용하거나 재사용하면 환경적으로도 경제적으로도 큰 도움이 되어요. 우선 재활용은 쓰레기를 다시 쓸 수 있도록 하는 거예요. 쓰레기를 재활용하기 위해서는 쓰레기를 종류별로 분리해서 버려야 해요. 재사용은 내가 사용하지 않는 물건을 다른 사람에게 팔거나 주는 것을 말해요. 서로의 물건을 교환하는 것도 재사용에 속하죠.

똑독 초등 국어 문해력 커리큘럼

똑독 초등 국어 문해력 시리즈는 다양한 제재를 담고 있어요!

MEMO

똑똑 초등 국어 문해력 은

문장 독해, 문단 독해, 지문 독해 훈련에
최적화된 교재입니다.

문장 독해 각 문장이 담고 있는 의미를 올바르게 해석해야
문단의 의미를 정확히 이해할 수 있습니다.

문단 독해 문단 간의 관계와 각 문단의 역할을 이해해야
글의 전체 흐름을 제대로 파악할 수 있습니다.

지문 독해 글의 전체 내용을 짧고 명확한 문장으로 요약할 수 있어야
글을 완벽하게 이해한 것으로 볼 수 있습니다.

똑똑

초등 국어 문해력

자기 주도형 심화 학습 노트

- 문해력 보강을 위한 일차별 심화 학습
- 재미있는 문제 풀이로 일차별 어휘 점검

3단계 | 기본편　초등 5·6학년

자기 주도형
심화 학습 노트

• 본책에서 일차별로 학습한 내용을 이 책 안에 정리해 보세요.

아차산의 특징

핵심 내용 이해

Q. 다음 낱말 카드를 활용하여 '아차산'의 특징을 정리해 보자!

| 높이 | 명소 | 이름 | 전쟁 | 북한산 |

아차산은

아차산은

아차산은

새로 알게 된 사실

Q. 이 글을 읽고 새롭게 알게 된 내용을 적어 보자!

나의 생각 정리

Q. 다음 낱말의 뜻풀이를 읽고 '아차산'의 이름의 유래에 대해 생각하여 써 보자!

아차 [Ⅰ]「감탄사」 무엇이 잘못된 것을 갑자기 깨달았을 때 하는 말
예) 아차, 지갑을 놓고 왔구나!
[Ⅱ]「부사」 본의 아니게 어떤 일이 어긋나는 모양
예) 아차, 그 일은 내가 너에게 실수했구나.

'나'는

어휘력 확인

1~3 다음 문장의 빈칸에 알맞은 낱말을 보기 에서 찾아 써 보세요.

보기

| 유역 | 전사 | 증거 |

1 강 ☐ 의 평야는 농경지로 사용된다.

2 김 형사는 사건의 확실한 ☐ 을/를 찾아냈다.

3 전쟁에 나가서 싸우던 삼촌의 ☐ 통지서를 받은 할머니가 쓰러지셨다.

4~5 다음 뜻에 알맞은 낱말을 글자의 첫소리를 참고하여 써 보세요.

4 사물이나 공간, 지위 따위를 자기 몫으로 가짐. 또는 그 사물이나 공간

→ ㅊ ㅈ : ______________

5 건드리지 아니하여 조금도 축이 나거나 변하지 아니하고 그대로 온전한 상태로

→ ㄱ ㅅ ㄹ ㅎ : ______________

6~7 다음 밑줄 친 낱말과 바꿔 쓸 수 있는 낱말을 골라 ○표 해 보세요.

6 그 회사는 자금난으로 지난달부터 작업을 멈추고 있다. (지속하고 / 중지하고)

7 오늘 새벽에 뛰어나다는 의원을 찾아가 약을 한 첩 지어 집으로 돌아가는 길이다.

(용하다 / 유명하다)

이중섭의 생애

핵심 내용 이해

Q. 다음 글자 카드를 활용하여 글쓴이가 이 글을 쓴 목적을 완성해 보자!

섭   생   애   이   중

✎ 글쓴이는 독자에게 ☐☐☐의 ☐☐에 대해 알리고자 글을 썼다.

새로 알게 된 사실

Q. 이 글을 읽고 새롭게 알게 된 내용을 적어 보자!

✎ ____

____

나의 생각 정리

Q. 다음 글을 읽고 '이중섭'의 태도에 대한 생각을 써 보자!

　　1945년 8월 15일은 우리나라가 일제의 식민 통치로부터 벗어나 독립을 한 날이다. 우리나라는 국권이 강탈된 후 독립 운동을 진행하였고 끊임없이 일제에 저항하였다. 그러나 광복 이후 남과 북에 체제를 달리하는 정부가 수립되어 민족이 분열되었다. 당시 북한에 있던 이중섭 역시 북한의 화단으로부터 정치 체제의 선택을 강요받을 수밖에 없었다.

✎ '나'는 _______________________________________

____

____

어휘력 확인

1~3 다음 문장의 빈칸에 들어갈 낱말을 **보기** 의 글자 카드를 짝지어 만들어 보세요.

보기

| 결 | 로 | 국 | 일 | 이 | 찍 | 홀 |

1 나는 ☐☐ 그의 간청을 뿌리치지 못했다.
일의 마무리에 이르러서. 또는 일의 결과가 그렇게 돌아가게

2 모두 집으로 떠나고 기숙사에는 나만 ☐☐ 남았다.
자기 혼자서만

3 가족들은 다음 날 아침 ☐☐☐ 다음 여행지로 출발했다.
일정한 시간보다 이르게

4~6 다음 낱말에 알맞은 뜻을 찾아 선으로 이어 보세요.

4 개학 •
  • ㉠ 창조적인 일의 계기가 되는 기발한 착상이나 자극

5 다짐 •
  • ㉡ 학교에서 방학, 휴교 따위로 한동안 쉬었다가 다시 수업을 시작함.

6 영감 •
  • ㉢ 이미 한 일이나 앞으로 할 일에 틀림이 없음을 단단히 강조하거나 확인함.

7~8 다음 설명에 해당하는 낱말을 **보기** 에서 찾아 써 보세요.

보기

재능   유학

7 외국에 머물면서 공부를 하는 것을 뜻하는 말이야. →＿＿＿＿＿＿

8 어떤 일을 하는데 필요한 재주와 능력을 나타내거나 개인이 타고난 능력과 훈련에 의하여 획득된 능력을 아울러 이르는 말이야. →＿＿＿＿＿＿

시장의 역사

Q. 다음 낱말 카드를 활용하여 시장의 역사를 정리해 보자!

처음　　형태　　독점권　　백화점　　신라 시대

✎ 시장은 ___________________________

✎ 시장은 ___________________________

✎ 시장은 ___________________________

Q. 이 글을 읽고 새롭게 알게 된 내용을 적어 보자!

✎ ___________________________

____

Q. 다음 그림을 보고 이 시장의 특징을 생각하여 써 보자!

✎ '나'는 ___________________________

____

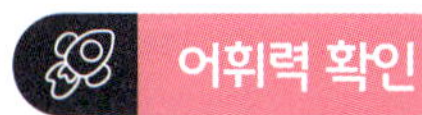

(1~2) 다음 밑줄 친 낱말의 뜻으로 알맞은 것을 찾아 ○표 해 보세요.

1 이곳은 최신식 설비를 <u>갖춘</u> 공장이다.

→ (오래 계속됨으로 / 있어야 할 것을 가지거나 차린)

2 그는 가수에 <u>못지않게</u> 노래를 잘 부른다.

→ (일정한 수준이나 정도에 뒤지지 않게 / 어떤 일이 끝난 뒤에 남아 미치는 영향)

(3~5) 다음 뜻에 해당하는 어휘를 [보기] 에서 찾아 써 보세요.

보기		
관청	수도	적극적

3 한 나라의 중앙 정부가 있는 도시 → ______________

4 국가의 사무를 집행하는 국가 기관 → ______________

5 대상에 대한 태도가 긍정적이고 능동적인. 또는 그런 것 → ______________

(6~7) 다음 밑줄 친 낱말과 바꿔 쓸 수 있는 낱말을 골라 ○표 해 보세요.

6 그는 <u>시골</u>에서 고등학교를 다녔다. (촌 / 도시)

7 이 가게는 붕어빵 네 개를 사면 한 개는 <u>서비스</u>로 준다. (덤 / 보답)

초등학생의 평균 키와 몸무게

핵심 내용 이해

Q. 다음 글자 카드를 활용하여 글쓴이가 이 글을 쓴 목적을 완성해 보자!

| 과 | 결 | 사 | 조 |

글쓴이는 초등학교 5학년의 키와 몸무게에 대해 ☐☐하고 ☐☐를 분석하며 글을 썼다.

새로 알게 된 사실

Q. 이 글을 읽고 새롭게 알게 된 내용을 적어 보자!

나의 생각 정리

Q. 다음 글을 읽고 초등학교 5학년 여학생의 성장이 남학생보다 더 빠른 이유를 생각하여 써 보자!

같은 성별이어도 사춘기가 얼마나 빨리 시작하는지, 사춘기 동안 키가 가장 많이 크는 시기가 얼마나 빨리 오는지, 그때 얼마나 많이 크는지에 따라 키가 달라진다.

여자는 일반적으로 만 9~10세에 사춘기가 시작되면서 만 12세 때 키가 가장 많이 크는 시기가 온다. 사춘기가 시작된 이후 키는 크고 체중이 늘며 2차 성징을 한다. 남자는 여자보다 1년 정도 늦게 사춘기가 시작되고, 만 12세 이후 성장 속도가 빨라져 만 14세 이후 폭발적으로 키가 가장 많이 큰다.

'나'는

🚀 어휘력 확인

[1~3] 다음 문장에 어울리는 낱말을 괄호 안에서 골라 ○표 해 보세요.

1 이 대회는 (곧 / 결코) 시작된다.

2 비가 오는 날이면 (반드시 / 반듯이) 허리가 쑤신다.

3 매일 조금씩이라도 운동을 (소홀히 / 꾸준히) 하도록 노력해야 한다.

[4~5] 주어진 글자의 첫소리와 그 뜻에 알맞은 낱말을 빈칸에 넣어 문장을 완성해 보세요.

4 ㄷ ㅇ : 어떤 것과 비교하여 똑같음.

→ 국내 어디서나 [   ] 상품을 판매하고 있다.

5 ㅎ ㄷ : 무엇에 관계되는 바로 그것

→ [   ] 조건을 충족하는 신입 사원을 뽑고자 한다.

[6~8] 다음 문장의 빈칸에 알맞은 낱말을 보기에서 찾아 써 보세요.

보기

| 식단 | 양상 | 조사 |

6 현대 사회로 오면서 삶의 [   ]이/가 많이 달라졌다.

7 경찰은 그의 사망 원인에 대한 [   ]을/를 실시했다.

8 학교 급식 [   ]을/를 두고 영양 불균형 문제가 거론되고 있다.

월식과 일식

핵심 내용 이해

Q. 다음 글자 카드를 활용하여 글쓴이가 이 글을 쓴 목적을 완성해 보자!

| 식 | 일 | 월 |

글쓴이는 독자에게 ☐☐ 현상에 대해서 ☐☐ 현상과 비교하며 설명하는 글을 썼다.

새로 알게 된 사실

Q. 이 글을 읽고 새롭게 알게 된 내용을 적어 보자!

나의 생각 정리

Q. 다음 그림을 보고 어떤 현상에 대한 그림인지 생각하여 써 보자!

 '나'는

어휘력 확인

1~3 다음 뜻에 알맞은 낱말을 주어진 글자의 첫소리를 참고하여 써 보세요.

1 인간이 지각할 수 있는, 사물의 모양과 상태

ㅎ ㅅ : _________________

2 뒤에 오는 말이 앞의 내용과 상반됨을 나타내는 말

ㅂ ㅁ : _________________

3 육안이나 기계로 자연 현상 특히 천체나 기상의 상태, 추이, 변화 따위를 관찰하여 측정하는 일

ㄱ ㅊ : _________________

4~5 다음 설명에 해당하는 낱말을 **보기** 에서 찾아 써 보세요.

보기

| 대기 | 표면 |

4 천체의 표면을 둘러싸고 있는 기체를 나타내는 말이야. → _________________

5 사물의 가장 바깥쪽 또는 가장 윗부분을 가리킬 때 쓰는 말이야. → _________________

6~7 다음 문장의 빈칸에 들어갈 낱말을 **보기** 의 글자 카드를 짝지어 만들어 보세요.

보기

간   부   시   실   전

6 어머니는 어제 수확한 딸기 ☐☐를 잼으로 만드셨다.

어떤 대상을 이루는 낱낱을 모두 합친 것

7 위성 방송을 통해 ☐☐☐ 경기 중계가 가능해졌다.

실제 흐르는 시간과 같은 시간

우리나라의 문화유산

⭐ 핵심 내용 이해

Q. 다음 낱말 카드를 활용하여 우리나라 문화유산의 특징을 정리해 보자!

| 동굴 | 사람 | 조선 | 세련 | 평민 |

✏️ 바위그림은 ____

✏️ 민화는 ____

✏️ 고려청자는 ____

✈️ 새로 알게 된 사실

Q. 이 글을 읽고 새롭게 알게 된 내용을 적어 보자!

✏️ ____

____

☆ 나의 생각 정리

Q. 다음 그림이 어떤 문화유산인지, 그 특징은 무엇인지 생각하여 써 보자!

　　이 그림은 신나게 춤을 추고 있는 아이와 그 아이를 둘러싸고 있는 악사들의 흥이 실감나게 느껴지는 그림이다. 춤을 추고 있는 아이는 동그란 얼굴에 웃고 있고, 춤을 추는 아이의 주변에 있는 악사들은 모두 흥에 빠져 악기를 연주하고 있다.

*출처(그림) 한국데이터베이스산업진흥원

▲ 김홍도, 「무동」

✏️ ____

____

____

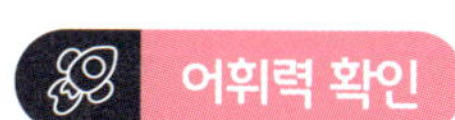

1~3 다음 밑줄 친 낱말과 바꿔 쓸 수 있는 낱말을 골라 ○표 해 보세요.

1 그녀는 거울을 보고 모자를 곧게 썼다. (서투르게 / 반듯하게)

2 땅은 누가 다듬어 놓은 듯 판판했다. (평평했다 / 울퉁불퉁했다)

3 새로 만든 도자기에 여러 가지 문양을 파서 넣었다. (새겨 / 떼어서)

4~5 다음 밑줄 친 말과 바꿔 쓸 수 있는 낱말을 보기 에서 골라 내용에 어울리게 써 보세요.

보기

| 띠다 | 그리다 | 씌우다 | 소박하다 |

4 생크림을 덮은 맛있는 케이크가 여기 있다. → ____________

5 수수한 그의 옷차림이 사람들의 시선을 끌었다. → ____________

6~8 다음 낱말에 알맞은 뜻을 찾아 선으로 이어 보세요.

6 정식 • • ㉠ 먼 윗대의 조상

7 선조 • • ㉡ 정당한 격식이나 의식

8 세련 • • ㉢ 서투르거나 어색한 데가 없이 능숙하고 미끈하게 갈고닦음.

낱말 사이의 관계

핵심 내용 이해

Q. 다음 낱말 카드를 활용하여 낱말 사이 관계의 특징을 정리해 보자!

낱말	비슷	반대	의미	포함

✏ 낱말에는 ____

✏ 낱말에는 ____

✏ 낱말에는 ____

새로 알게 된 사실

Q. 이 글을 읽고 새롭게 알게 된 내용을 적어 보자!

✏ ____

____

 **나의 생각 정리**

Q. 다음 글을 읽고 뜻이 비슷한 낱말을 생각하여 써 보자!

> 뜻이 비슷한 낱말에는 '얼큰하다', '매콤하다', '맵다'가 있다. '얼큰하다'는 약간은 맛이 매워 입안이 조금 얼얼할 때 사용하는 말이다. '매콤하다'는 냄새나 맛이 매우면서도 입맛이 끌리는 느낌이 있을 때에 사용한다. '맵다'는 고추나 겨자와 같이 맛이 알알하고 따가울 때 사용한다. 이렇게 뜻이 비슷하더라도 미묘한 의미의 차이가 있다.

✏ ____

____

____

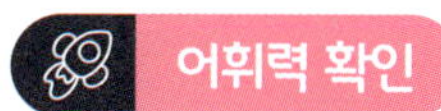 어휘력 확인

1~3 다음 문장에 어울리는 낱말을 괄호 안에서 골라 ○표 해 보세요.

1 그 둘은 서로 (거스르는 / 반대되는) 방향으로 뛰어갔다.

2 우리는 이번 체육 대회에서 같은 팀에 (속한다 / 동의한다).

3 일반적으로 사람들은 자신과 (비슷한 / 엇갈린) 사람과 친해지기 마련이다.

4~6 다음 문장의 빈칸에 들어갈 낱말을 **보기**의 글자 카드를 짝지어 만들어 보세요.

보기

| 낱 | 니 | 말 | 아 | 치 | 끼 |

4 모르는 ☐☐을 사전에서 찾아봤다.

분리하여 자립적으로 쓸 수 있는 말이나 이에 준하는 말. 또는 그 말의 뒤에 붙어서 문법적 기능을 나타내는 말

5 그들은 ☐☐를 거를 정도로 가난하였다.

아침, 점심, 저녁과 같이 날마다 일정한 시간에 먹는 밥. 또는 그렇게 먹는 일

6 그가 미소를 지을 때마다 하얀 ☐☐가 드러났다.

'이'를 점잖게 이르는 말

7~8 다음 밑줄 친 낱말의 뜻으로 알맞은 것을 찾아 ○표 해 보세요.

7 사랑하는 <u>사이</u>라 할지라도 남의 핸드폰을 함부로 보면 안 된다.

→ (서로 맺은 관계 / 일의 형편이나 까닭)

8 심사 위원은 이번 심사의 <u>기준</u>을 바꾸겠다고 이야기하였다.

→ (기본이 되는 표준 / 사물이나 현상, 이론, 시설 따위를 이루는 바탕)

백화점의 발전

⚑ 핵심 내용 이해

Q. 다음 글자 카드를 활용하여 글쓴이가 이 글을 쓴 목적을 완성해 보자!

| 발 | 백 | 전 | 점 | 화 |

✎ 글쓴이는 독자에게 현재 백화점의 모습을 띠기까지 우리나라 ☐☐☐의 ☐☐ 시기와 방향에 대해 설명하는 글을 썼다.

✈ 새로 알게 된 사실

Q. 이 글을 읽고 새롭게 알게 된 내용을 적어 보자!

✎ ____

____

☆ 나의 생각 정리

Q. 다음 글과 같이 '백화점'의 미래 모습을 생각하여 써 보자!

> A 백화점은 올해 처음 문을 열며 문화와 예술 콘텐츠를 앞세운 '문화 백화점 전략'을 선보였다. 백화점은 물건만 파는 곳이 아니라, 생활 문화를 제시할 수 있는 곳으로 바뀌어야 한다는 것이다. 특히 매장 안에 문화 센터와 갤러리, 공연장 등을 선보이는 파격적인 선택을 했다. 또한 이곳은 매장 디자인과 인테리어도 도심 속 자연주의를 표방한 국내 최초의 자연 친화형 백화점이다.
>
> - 한국 금융 기사 참고

✎ '나'는 ____

____

____

1~3 다음 문장의 빈칸에 알맞은 낱말을 [보기]에서 찾아 써 보세요.

[보기]

다양하다　　　　　둘러보다　　　　　비롯되다

1 발표자는 사람들을 [　　　　　] 자신의 의견에 동의를 구했다.

2 이번 전시회에서는 고흐의 [　　　　　] 작품들을 관람할 수 있다.

3 아버지께서는 올바른 행실은 올바른 마음가짐에서 [　　　　　]고 생각하셨다.

4~5 다음 밑줄 친 낱말과 바꿔 쓸 수 있는 낱말을 골라 ○표 해 보세요.

4 내일부터 작전에 <u>본격적</u>으로 돌입한다. (부분적 / 전면적)

5 춘향전은 서양에서 <u>최초로</u> 번역된 우리나라 소설이다. (나중으로 / 처음으로)

6~7 다음 설명에 해당하는 낱말을 [보기]에서 찾아 써 보세요.

[보기]

상회　　　　　기계화

6 사람이나 동물이 하는 노동을 기계가 대신하거나 그렇게 하도록 한다는 말이야.

→ _______________

7 몇 사람이 함께 장사를 하는 상업상의 조합이라는 뜻으로, 기업이나 상점, 상사에 덧붙여 쓰는 말이야.

→ _______________

학교 급식의 올바른 관리

핵심 내용 이해

Q. 다음 낱말 카드를 활용하여 '학교 급식'의 특징을 정리해 보자!

> 사람   청결   식재료   품질   깨끗

✎ 급식은 ____

✎ 급식은 ____

✎ 급식은 ____

새로 알게 된 사실

Q. 이 글을 읽고 새롭게 알게 된 내용을 적어 보자!

✎ ____

____

나의 생각 정리

Q. 다음 글을 읽고 '식중독'을 방지하기 위해 어떻게 해야 하는지 생각하여 써 보자!

> **올해도 식중독 신호등은 빨간불**
>
> 2022년 A시의 한 유치원에서 약 70여 명의 어린이가 집단 식중독 증세를 보였다. 확인 결과 장출혈성 대장균에 감염된 것이 문제였고, 이 중 18명은 중증 식중독에 걸렸다. 또한 B시와 C시에 위치한 김밥 프랜차이즈에서는 식중독 집단 감염이 발생하기도 하였다. D시에서는 김밥 가게에서 김밥을 먹은 사람이 사망하는 사고까지 발생하였다.

✎ '나'는 ____

____

____

어휘력 확인

1~2 **주어진 글자의 첫소리와 그 뜻에 알맞은 낱말을 빈칸에 넣어 문장을 완성해 보세요.**

1 ㅅ 하다: 음식이 변하거나 썩어서 먹을 수 없게 되다.

→ 냉장고가 고장이 나서 음식물이 모두 [   ]했다.

2 ㅂ ㅈ 하다: 어떤 일이나 현상이 일어나지 못하게 막다.

→ 안전사고를 미연에 [   ]하려면 시설 점검을 철저히 해야 한다.

3~4 **다음 문장의 빈칸에 알맞은 낱말을 보기 에서 찾아 써 보세요.**

보기
부실   살균   위생

3 젖병을 [   ]하기 위해서 열탕 소독을 해야 한다.

4 보건 당국은 [   ] 상태가 나쁜 음식점에 대한 단속에 나섰다.

5~7 **다음 밑줄 친 낱말의 뜻으로 알맞은 것을 찾아 ○표 해 보세요.**

5 음식을 만드는 주방은 늘 청결해야 한다.

→ (맑고 깨끗함. / 건강에 유익하도록 조건을 갖추거나 대책을 세움.)

6 그 사건은 큰 화제가 되어 사람들에게 경각심을 불러일으켰다.

→ (서로 다투는 중심이 되는 점 / 정신을 차리고 주의 깊게 살피어 경계하는 마음)

7 불경기가 계속되면서 대부분의 업체들이 매출 감소로 고생하고 있다.

→ (사업이나 기업의 주체 / 직장 같은 곳에서 맡아서 하는 일)

위대한 과학자 마리 퀴리

핵심 내용 이해

Q. 다음 글자 카드를 활용하여 글쓴이가 이 글을 쓴 목적을 완성해 보자!

| 애 | 리 | 생 | 퀴 | 마 |

글쓴이는 독자에게 □□ □□의 □□에 대해 알리고자 글을 썼다.

새로 알게 된 사실

Q. 이 글을 읽고 새롭게 알게 된 내용을 적어 보자!

나의 생각 정리

Q. 다음 글을 읽고 '나이팅게일'과 '마리 퀴리'의 공통점을 생각하여 써 보자!

영국의 간호사였던 나이팅게일은 크림 전쟁이 일어나자 38명의 간호사들과 함께 전쟁터로 갔어. 나이팅게일은 전쟁터에 있는 병원의 환경을 깨끗하게 만들고, 밤새도록 다친 병사들을 간호하였지. 이러한 노력으로 병사들의 사망률은 크게 떨어졌어. 이후 나이팅게일은 간호 학교를 설립하여 간호 교육의 기초를 세웠어.

'나'는

1~3 다음 밑줄 친 말과 바꿔 쓸 수 있는 낱말을 보기 에서 골라 내용에 어울리게 써 보세요.

보기

끓이다   쪼개다   발견하다   뿜어내다   뽑아내다

1 나무를 둘 이상으로 나누어 장작으로 사용하였다.   → ______________

2 자동차들이 공기 중으로 매연을 속에서 나오게 하고 있었다.   → ______________

3 책장에서 여럿 가운데서 어떤 것을 가려서 낸 책을 읽고 독후감을 썼다.

→ ______________

4~5 다음 뜻풀이를 참고하여 십자말풀이를 완성해 보세요.

4 ㉠ 물건의 값으로 치르는 돈

5 ㉡ 도량이나 능력, 업적 따위가 뛰어나고 훌륭하다.

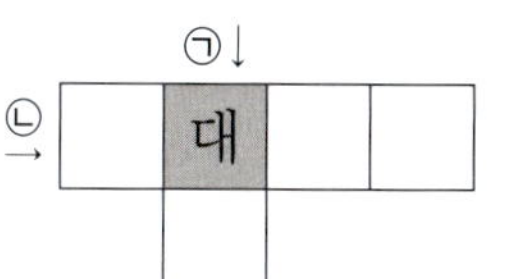

6~7 다음 밑줄 친 낱말과 바꿔 쓸 수 있는 낱말을 골라 ○표 해 보세요.

6 건물은 적들에 의해 심각한 파괴를 당했다. (보존 / 훼손)

7 같은 영양제라도 먹는 사람에 따라 효과가 다를 수 있다. (영향 / 경향)

만리장성과 석굴암

핵심 내용 이해

Q. 다음 낱말 카드를 활용하여 건축물과 만리장성, 석굴암의 특징을 정리해 보자!

| 과학 | 역사 | 작품 | 주거 | 중국 |

✎ 건축물은 ____

✎ 만리장성은 ____

✎ 석굴암은 ____

새로 알게 된 사실

Q. 이 글을 읽고 새롭게 알게 된 내용을 적어 보자!

✎ ____

____

나의 생각 정리

Q. 다음 글을 읽고 '타지마할'에 대한 생각을 써 보자!

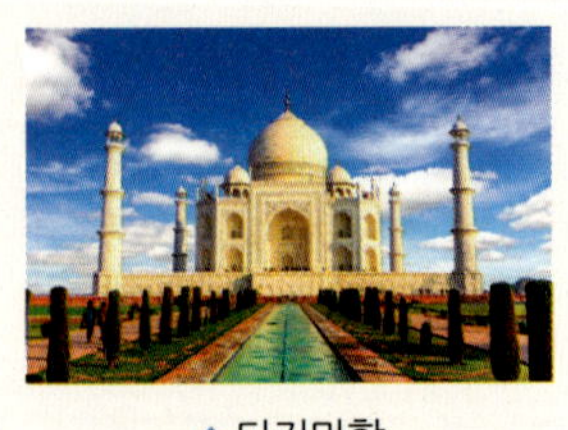

▲ 타지마할

인도의 타지마할은 인도와 페르시아, 터키, 이슬람 문명권의 건축 양식과 기술이 조화를 이루어 신비롭고 찬란한 아름다움을 뽐내는 건축물이다. 타지마할은 1983년 유네스코 세계 유산으로 지정되었는데, 등재 당시 '무슬림 예술의 보석'이라는 찬사를 받았다.

✎ '나'는 ____

____

(1~2) 다음 문장에 어울리는 낱말을 괄호 안에서 골라 ○표 해 보세요.

1 차가 달려오자 행진을 하던 사람들이 순식간에 양쪽으로 (뭉쳤다 / 갈라졌다).

2 서비스를 한 단계 끌어올릴 기능들을 (집합한 / 해체한) 기술력으로 입소문을 탔다.

(3~5) 주어진 글자의 첫소리와 그 뜻에 알맞은 낱말을 빈칸에 넣어 문장을 완성해 보세요.

3 ㅇ 보다: 어떤 사실을 바탕으로 실상을 미루어 알다.

→ 그림을 통해 당시 사람들의 삶의 모습을 ☐ 볼 수 있다.

4 ㅈ ㅁ 하다: 둘 이상의 다른 현상 따위를 알맞게 조화하게 하다.

→ 우리는 전통극과 현대 연극을 ☐ 한 작품을 보고 있다.

5 ㅃ 다: 길이나 강, 산맥 따위의 긴 물체가 어떤 방향으로 길게 이어져 가다.

→ 고속 도로가 직진으로 곧게 ☐ 어 있다.

(6~7) 다음 뜻풀이를 참고하여 십자말풀이를 완성해 보세요.

6 ㉠ 독창적인 성향이나 성질

7 ㉡ 중국의 북쪽에 있는 성. 북방 유목 민족의 침입에 대비하기 위해 쌓음.

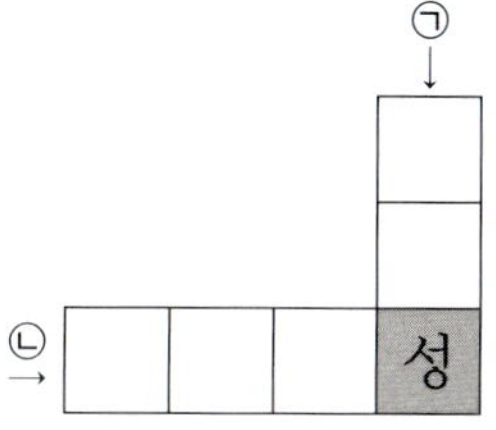

바다의 자원

핵심 내용 이해

Q. 다음 글자 카드를 활용하여 글쓴이가 이 글을 쓴 목적을 완성해 보자!

| 바 | 원 | 자 | 다 |

글쓴이는 독자에게 ☐☐의 다양한 ☐☐에 대해 알리고자 글을 썼다.

새로 알게 된 사실

Q. 이 글을 읽고 새롭게 알게 된 내용을 적어 보자!

나의 생각 정리

Q. 다음 그림은 어떤 에너지 생산 방법을 그린 것인지 써 보자!

▲ 풍력 발전기

'나'는

어휘력 확인

1~3 다음 뜻에 알맞은 낱말을 글자의 첫소리를 참고하여 써 보세요.

1 사회적 관심이나 흥미

　ㄱ　ㄱ : ＿＿＿＿＿＿＿＿

2 사물의 가장 중심이 되는 부분

　ㅎ　ㅅ : ＿＿＿＿＿＿＿＿

3 어떤 일의 바탕이 되는 돈이나 물자, 소재, 인력 따위가 다하여 없어짐.

　ㄱ　ㄱ : ＿＿＿＿＿＿＿＿

4~5 다음 밑줄 친 낱말의 뜻으로 알맞은 것을 찾아 ○표 해 보세요.

4 내가 세를 들어 사는 이곳의 <u>면적</u>은 아주 좁다.

→ (실제로 체험하는 느낌 / 면이 이차원의 공간을 차지하는 넓이의 크기)

5 그 회사는 <u>인력</u>을 양성하기 위해 신입 사원 교육에 힘쓴다.

→ (사람의 노동력 / 과학 이론을 실제로 적용하여 생활에 유용하도록 가공하는 수단)

6~7 다음 문장의 빈칸에 들어갈 낱말을 **보기**의 글자 카드를 짝지어 만들어 보세요.

보기

| 량 | 면 | 수 | 육 | 식 | 지 | 해 |

6 그 마을은 풍년이 들어 ☐☐이 충분했다.

　　생존을 위하여 필요한 사람의 먹을거리

7 이곳은 바다와 ☐☐ 사이에 있는 매우 좁은 해협이다.

　강이나 바다와 같이 물이 있는 곳을 제외한 지구의 겉면

토론과 토의

핵심 내용 이해

Q. 다음 첫소리를 참고하여 빈칸을 채우며 토론과 토의가 무엇인지 정리해 보자!

ㅌ ㄹ 은 찬성과 반대로 나뉘는 ㄴ ㅈ 에 대하여 자신의 주장이 정당함을 입증하는 말하기 방식이다.

ㅌ ㅇ 는 열린 질문 형태의 ㅇ ㅈ 에 대하여 적절한 근거를 토대로 자신의 주장을 펼치는 말하기 방식이다.

답 ____________________

새로 알게 된 사실

Q. 이 글을 읽고 새롭게 알게 된 내용을 적어 보자!

____

____

나의 생각 정리

Q. 다음 글을 읽고 토론의 논제가 갖추어야 할 요건에 대해 이유를 들어서 써 보자!

> **선생님:** 이번 토론의 주제는 무엇으로 정했나요?
> **학생 1:** 교복 착용에 대하여 찬반 토론을 하려고 해요.
> **선생님:** 그럼 논제를 어떻게 정했나요?
> **학생 2:** "학생의 표현의 자유를 제한하는 교복 착용에 반대한다."로 정했어요.
> **선생님:** 논제 자체가 찬성과 반대 중 어느 한쪽을 지지하는 것처럼 보이는 건 곤란해요. 논제를 수정하는 게 좋겠어요.
> **학생 2:** 그렇다면 "교복 착용에 반대한다."로 중립적인 논제를 정할게요.

'나'는 ____________________

____

____

어휘력 확인

1~3 아래의 낱말에 알맞은 뜻을 선으로 이어 보세요.

1 반박 •　　　　　• 새로 만들어 정해 둠.

2 설정 •　　　　　• 어떤 의견, 주장, 논설 따위에 반대하여 말함.

3 허점 •　　　　　• 불충분하거나 허술한 점. 또는 주의가 미치지 못하거나 틈이 생긴 구석

4~5 다음 뜻풀이를 참고하여 십자말풀이를 완성해 보세요.

4 ㉠ 귀를 기울여 들음.

5 ㉡ 뜻밖의 사고가 생기지 않도록 조심하여 단속함.

경

6~8 다음 문장의 빈칸에 알맞은 낱말을 보기 에서 찾아 써 보세요.

> **보기**
>
> 미화　　　　좌우　　　　설득력

6 그의 주장은 참신하고 [　　　] 있는 것이었다.

7 성적을 [　　　] 하는 것은 타고난 지능보다는 노력이다.

8 과거의 친일 행적이 [　　　] 되지 않도록 올바른 역사 교육이 이루어져야 한다.

디지털 폭력의 습격

핵심 내용 이해

Q. 다음 낱말 카드를 활용하여 '사이버불링'의 특징을 정리해 보자!

가상 공간	집단 따돌림	단톡방	익명성	확산 속도

✎ 사이버불링은

✎ 사이버불링은

✎ 사이버불링은

새로 알게 된 사실

Q. 이 글을 읽고 새롭게 알게 된 내용을 적어 보자!

✎

나의 생각 정리

Q. 다음 글을 읽고 '사이버불링'의 심각성과 해결 방안에 대한 생각을 써 보자!

"이 사진 좀 봐. 영식이 엄청 웃기게 나오지 않았냐?"

"와, 대박! 우리 이거 SNS에 올릴까?"

"그래, 진짜 보면 볼수록 웃기다."

'아, 너무 창피해. 왜 하필 내가 저렇게 나온 사진을 인터넷에 올려서 다른 친구들이 다 보게 하는 거야. 너무 속상해. 괴로워.'

......

"저희는 그냥 장난으로 그랬어요."

"네, 영식이가 그렇게까지 괴로워할 줄은 몰랐어요."

✎ '나'는

어휘력 확인

1~3 다음 뜻에 해당하는 낱말을 보기 에서 찾아 써 보세요.

> **보기**
>
> 일컫다   심각하다   행사하다

1 이름 지어 부르다. → ______________

2 행동하거나 어떤 짓을 하다. → ______________

3 상태나 정도가 매우 깊고 중대하다. 또는 절박함이 있다. → ______________

4~5 다음 문장에 어울리는 낱말을 괄호 안에서 골라 ○표 해 보세요.

4 감염병 바이러스의 (확대 / 확산) 기세가 심상치 않다.

5 오늘은 저희 라디오 방송의 (시청자 / 청취자)분들께 전화 연결을 해 보겠습니다.

6~7 다음 문장의 빈칸에 들어갈 낱말을 보기 의 글자 카드를 짝지어 만들어 보세요.

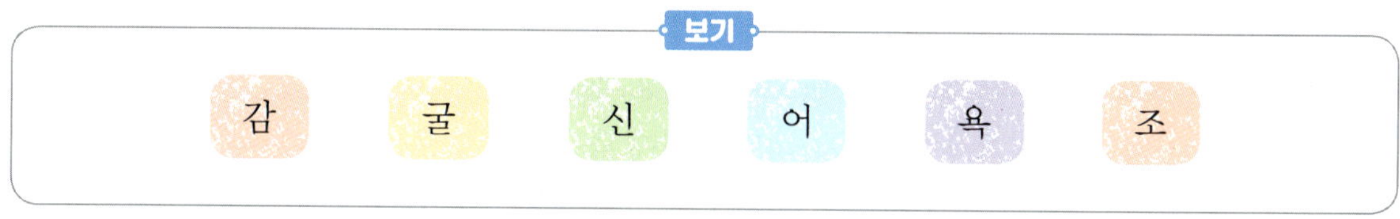

> **보기**
>
> 감   굴   신   어   욕   조

6 숙제를 하지 않아서 친구들 앞에서 혼이 난 영미는 ☐☐☐을 느꼈다.
굴욕을 당하여 느끼는 창피한 느낌

7 급격한 ☐☐☐의 증가는 세대 간의 소통을 어렵게 하는 요인 중 하나이다.
새로 생긴 말. 또는 새로 귀화한 외래어

나를 인증하는 생체 인식 기술

🏁 핵심 내용 이해

Q. 다음 글자 카드를 활용하여 글쓴이가 이 글을 쓴 목적을 완성해 보자!

류	보	종	징	특	정

✎ 글쓴이는 생체 인식 기술의 ☐☐과 ☐☐에 대한 ☐☐를 전달하기 위해 글을 썼다.

✈ 새로 알게 된 사실

Q. 이 글을 읽고 새롭게 알게 된 내용을 적어 보자!

✎ ____

____

⭐ 나의 생각 정리

Q. 다음 글에 나타난 문제점을 해결하기 위한 방안을 써 보자!

　　생체 인식 기술을 활용하면 보안 장치의 휴대성과 편리성, 정확성과 보안성을 높일 수 있다는 장점이 있다. 반면에, 개인의 생체 정보가 한번 유출되면 범죄에 악용될 수도 있고 유출된 정보를 새롭게 변경하거나 갱신할 수가 없다는 단점도 있다. 따라서 이를 보완할 수 있는 대응 방안이 필요하다.

✎ ____

____

____

1~3 주어진 글자의 첫소리와 그 뜻에 알맞은 낱말을 빈칸에 넣어 문장을 완성해 보세요.

1 ㅇ ㅇ 하다: 쓸모가 있다.

→ 휴대 전화의 카메라 기능은 매우 ☐하다.

2 ㅊ ㅊ 하다: 전체 속에서 어떤 물건, 생각, 요소 따위를 뽑아내다.

→ 커피의 맛과 향은 원두를 ☐하는 방식에 따라서 달라진다.

3 ㅁ ㄱ 하다: 자극에 빠르게 반응을 보이거나 쉽게 영향을 받는 데가 있다.

→ 배달 로봇은 도로의 곡선이나 요철에 ☐하게 반응하여 사고를 방지한다.

4~5 다음 뜻에 해당하는 낱말을 **보기**에서 찾아 써 보세요.

보기

가정	측정	판정

4 판별하여 결정함. → ____________

5 일정한 양을 기준으로 하여 같은 종류의 다른 양의 크기를 잼. → ____________

6~7 다음 밑줄 친 낱말의 뜻으로 알맞은 것을 찾아 ○표 해 보세요.

6 크기가 작거나 상품성이 떨어지는 과일은 <u>선별</u>하여 가공 작업을 한다.

→ (특출난 것을 골라냄. / 가려서 따로 나눔.)

7 <u>보안성</u>이 뛰어난 장비일수록 다루기가 까다롭고 유지하는 데 많은 비용이 소모된다.

→ (안전을 유지하는 성질 / 안전을 위협하는 성질)

공부한 날   월   일

우리 집 바닥이 아랫집 천장이라고?

핵심 내용 이해

Q. 이 글의 내용과 일치하는 문장에는 ○표, 그렇지 않은 문장에는 ×표를 해 보자!

✎ 무량판 구조는 주거용으로 가장 적합한 바닥 구조이다. (   )

✎ 기둥식 구조는 건축 기간이 짧고 건축 비용을 절약할 수 있다는 장점이 있다. (   )

✎ 벽식 구조는 벽을 타고 진동과 소음이 고스란히 전달되어 층간 소음에 취약하다. (   )

새로 알게 된 사실

Q. 이 글을 읽고 새롭게 알게 된 내용을 적어 보자!

✎ ____

____

나의 생각 정리

Q. 다음 기사를 읽고 층간 소음 문제에 대처하는 방안을 써 보자!

층간 소음 갈등이 부른 이웃 간의 참극

어제 서울 ○○구의 한 아파트에서 층간 소음 갈등으로 인한 이웃 간의 폭행 사건이 발생했다. 아래층에 사는 김 모 씨는 평소 층간 소음을 호소하며 수차례 위층에 주의를 주었다. 하지만 고쳐지지 않자, 자신을 무시한다고 느껴 충동적으로 위층을 찾아가 이 모 씨에게 폭력을 행사하고 집 안에 있던 집기를 파손한 혐의를 받고 있다. 이로 인해 이 모 씨는 전치 16주의 상해를 입고 병원에서 입원 치료 중이며, 김 모 씨가 파손한 재산상의 손해액은 1,000만 원이 넘는 것으로 알려졌다.

✎ '나'는 ____

____

____

어휘력 확인

1~3 다음 뜻에 알맞은 낱말을 글자의 첫소리를 참고하여 써 보세요.

1 갈라져 흩어짐. 또는 그렇게 되게 함. → ㅂ ㅅ : ______________

2 물체에 작용하는 외부의 힘 또는 무게 → ㅎ ㅈ : ______________

3 개인이나 집단 사이에 목표나 이해관계가 달라 서로 적대시하거나 충돌함.

→ ㄱ ㄷ : ______________

4~6 다음 밑줄 친 말과 바꿔 쓸 수 있는 낱말을 **보기** 에서 골라 문장에 어울리게 써 보세요.

보기

발생하다	차지하다	지탱하다

4 건조한 계절일수록 산불이 <u>생겨나지</u> 않도록 각별히 주의해야 한다. → ______________

5 갑작스런 집중 호우로 불어난 강물을 댐이 가까스로 <u>버티거나 배겨 내고</u> 있었다.

→ ______________

6 서구화된 식습관과 운동 부족으로 청소년 비만율이 전체의 20% 이상 <u>비율을 이루게</u> 되었다.

→ ______________

7~8 다음 문장에 어울리는 낱말을 괄호 안에서 골라 ○표 해 보세요.

7 남향의 집을 선호하는 가장 큰 이유는 (채광 / 채색)이 좋기 때문이다.

8 잡초들만 무성하게 자라 있는 (지연 / 지면)은 세월의 흔적을 보여 주었다.

통일이 되면 통역이 필요할까?

☆ 핵심 내용 이해

Q. 이 글의 글쓴이가 주장하는 것을 낱말 카드를 활용하여 적어 보자!

| 교류 | 다양성 | 동질성 | 이질화 |

✎ 남북한 어휘의

✈ 새로 알게 된 사실

Q. 이 글을 읽고 새롭게 알게 된 내용을 적어 보자!

✎

☆ 나의 생각 정리

Q. 다음 글을 통해 알 수 있는 북한 문화어의 특징에 대해 써 보자!

(가) 북한에서는 표준어를 문화어라고 하는데 『조선말대사전』에 따르면, '문화어란 주권을 잡은 로동 계급의 당의 령도 밑에 혁명의 수도를 중심지로 하고 수도의 말을 기본으로 하여 이루어지는, 로동 계급의 지향과 생활 감정에 맞게 혁명적으로 세련되고 아름답게 가꾸어진 언어'라고 되어 있다.

(나) 북에서 새로 생겨난 말들
- 정부 병원: 북한 특권층만을 위한 특수 병원
- 로동 교양소: 노동을 통하여 인민들을 교육하는 기관

✎

1~3 다음 뜻에 해당하는 낱말을 〈보기〉에서 찾아 써 보세요.

> **보기**
>
> 극복하다　　　　대체하다　　　　흡수하다

1 다른 것으로 대신하다.　　　　　　　→ ______________

2 악조건이나 고생 따위를 이겨 내다.　　→ ______________

3 외부에 있는 사람이나 사물 따위를 내부로 모아들이다.　→ ______________

4~5 주어진 글자의 첫소리와 그 뜻에 알맞은 낱말을 빈칸에 넣어 문장을 완성해 보세요.

4 ㄱ ㅎ 하다: 수준이나 정도를 더 높이다.

→ 방역을 [ ]하기 위해 영업시간을 제한하였다.

5 ㅇ ㅇ 하다: 어렵지 아니하고 매우 쉽다.

→ 이번에 구매한 텐트는 조립이 [ ]한 것이 장점이다.

6~8 다음 문장의 빈칸에 들어갈 낱말을 〈보기〉의 글자 카드를 짝지어 만들어 보세요.

> **보기**
>
> 교　　넘　　류　　소　　이　　통

6 미디어의 발달로 인해 문화의 [ ][ ]가 더욱 활발해졌다.
문화나 사상 따위가 서로 통함.

7 두 집단은 긴밀한 [ ][ ]을 통해 원만한 합의를 도출해 냈다.
뜻이 서로 통하여 오해가 없음.

8 그는 급진적인 [ ][ ]을 가지고 있지만 온화한 태도를 지녔다.
이상적인 것으로 여겨지는 생각이나 견해

마음을 여는 설득의 비밀

핵심 내용 이해

Q. 다음 낱말 카드를 활용하여 설득의 요건을 정리해 보자!

> 감정   자질   논리성

✎ 에토스는 ....

✎ 파토스는 ....

✎ 로고스는 ....

새로 알게 된 사실

Q. 이 글을 읽고 새롭게 알게 된 내용을 적어 보자!

✎ ....

....

나의 생각 정리

Q. 다음 글을 읽고 설득하는 말을 들을 때 주의해야 할 점에 대해 써 보자!

> 어떤 대상을 평가할 때, 그 대상의 어느 한 측면의 특질이 다른 특질들에까지도 영향을 미치는 것을 후광 효과라고 한다. 예를 들어 어떤 인물이 매력적인 외모를 가지고 있을 때, 그 사람의 능력이나 성격까지도 좋게 평가하는 것이다. 설득의 과정에서도 이러한 후광 효과가 영향을 미치는데, 설득하는 사람이 일반인일 때보다 전문적인 지식을 가지고 있고 사회적으로 지위가 높으면 듣는 사람은 그 사람의 말을 더욱 신뢰하게 된다.

✎ '나'는 ....

....

....

어휘력 확인

1~3 다음 뜻에 알맞은 낱말을 글자의 첫소리를 참고하여 써 보세요.

1 마음이 너그럽고 크다. → ㄱ ㄷ 하다: __________

2 어떤 증거 따위를 내세워 증명하다. → ㅇ ㅈ 하다: __________

3 서로의 관계가 매우 가까워 빈틈이 없다. → ㄱ ㅁ 하다: __________

4~5 다음 문장에 어울리는 낱말을 괄호 안에서 골라 ○표 해 보세요.

4 일반적으로 무표정보다는 웃는 표정을 보고 사람들은 (호감 / 실감)을 느낀다.

5 그는 회사에서 원하는 (요구 / 요건)을/를 갖추지 못하였기 때문에 면접에서 탈락하였다.

6~8 다음 설명에 해당하는 낱말을 **보기** 에서 찾아 써 보세요.

보기
연관되다　　　유리하다　　　제시하다

6 이익이 있다 또는 이롭다는 뜻을 가진 말이야. → __________

7 사물이나 현상이 일정한 관계가 맺어진다는 뜻을 가진 말이야. → __________

8 어떠한 의사를 말이나 글로 나타내어 보이게 한다는 뜻을 가진 말이야.

→ __________

민주주의의 꽃, 선거

☆ 핵심 내용 이해

Q. 이 글을 읽고 선거의 4대 원칙에 대해 정리해 보자!

🖉 보통 선거는 ____

🖉 평등 선거는 ____

🖉 직접 선거는 ____

🖉 비밀 선거는 ____

✎ 새로 알게 된 사실

Q. 이 글을 읽고 새롭게 알게 된 내용을 적어 보자!

🖉 ____

____

☆ 나의 생각 정리

Q. 다음 글을 읽고 선거의 4대 원칙이 필요한 이유에 대해 써 보자!

1960년 3월 15일 제4대 대통령 및 제5대 부통령 선거가 시행되었다. 당시 정권을 잡고 있던 자유당은 대통령 후보로 이승만을, 부통령 후보로 이기붕을 내세웠다. 자유당은 오랜 집권으로 부정부패를 일삼는 바람에 민심을 잃어 선거 결과가 불리할 것으로 예측되자 조직적인 부정 선거를 저질렀다. 3~9명씩 묶어서 공개적으로 투표하기, 미리 찍어 놓은 표가 있는 투표함으로 바꿔치기 등 갖가지 방법이 동원된 끝에 자유당은 승리를 거두는 듯 보였지만, 이에 분노한 시민들이 선거 무효와 자유당의 자진 사퇴를 요구하며 시위를 벌이기 시작했고, 이러한 움직임이 전국적으로 번지면서 4·19 혁명의 도화선이 되었다.

🖉 '나'는 ____

____

1~3 다음의 낱말에 알맞은 뜻을 찾아 선으로 이어 보세요.

1 소수 •

2 제약 •

3 호소 •

• 적은 수효

• 조건을 붙여 내용을 제한함. 또는 그 조건

• 어떤 일에 참여하도록 마음이나 감정 따위를 불러일으킴.

4~6 다음 뜻에 해당하는 낱말을 보기 에서 찾아 써 보세요.

보기

| 실현하다 | 동등하다 | 준수하다 |

4 등급이나 정도가 같다. → ____________

5 꿈, 기대 따위를 실제로 이루다. → ____________

6 전례나 규칙, 명령 따위를 그대로 좇아서 지키다. → ____________

7~8 다음 문장의 빈칸에 알맞은 낱말을 보기 에서 찾아 써 보세요.

보기

| 확보 | 반영 |

7 수필에는 지은이의 가치관과 삶의 태도가 [ ]되어 있다.

8 국제 유가가 급격하게 상승함에 따라 정부는 대체 연료 [ ]에 나섰다.

자연과 더불어 사는 친환경 농업

핵심 내용 이해

Q. 다음 낱말 카드를 활용하여 '친환경 농업'의 장점과 단점을 정리해 보자!

| 건강 | 환경 | 시간 | 비용 | 인체 | 생산성 |

친환경 농업의 장점은 ______________________________

____

친환경 농업의 단점은 ______________________________

____

새로 알게 된 사실

Q. 이 글을 읽고 새롭게 알게 된 내용을 적어 보자!

____

____

나의 생각 정리

Q. 다음 글에 나타난 관점에서 '친환경 농업'이 중요한 이유를 써 보자!

　　지속 가능한 개발이란 '환경과 개발에 관한 세계 위원회'가 1987년에 발표한 『우리 공동의 미래』라는 보고서에 의해서 공식화된 말로, 미래 세대를 위해 한계 용량의 범위를 넘지 않는 선에서 현재 세대의 필요를 충족하는 경제, 사회, 환경의 조화로운 발전을 추구하는 것을 의미한다.

'나'는 ______________________________

____

어휘력 확인

1~3 주어진 글자의 첫소리와 그 뜻에 알맞은 낱말을 빈칸에 넣어 문장을 완성해 보세요.

1 ㄷ ㅅ 하다: 어떤 대상의 자리나 구실을 바꾸어서 새로 맡다.

→ 기계가 인간의 역할을 점차 [   ]하게 되었다.

2 ㅊ ㄱ 하다: 목적을 이룰 때까지 뒤쫓아 구하다.

→ 지나치게 높은 이상을 [   ]하다 보면 실망이 클 수 있다.

3 ㅇ ㅎ 하다: 해로움이 있다.

→ 만 3세 이전에 미디어에 과도하게 노출되는 것이 [   ]하다는 연구 결과가 있다.

4~5 다음 문장에 어울리는 낱말을 괄호 안에서 골라 ○표 해 보세요.

4 물건의 가격에는 일정 비율의 세금이 (포함 / 함유)되어 있다.

5 잡초는 생명력이 강해서 완전히 (수거 / 제거)하지 않으면 다시 자라난다.

6~8 다음 문장의 빈칸에 알맞은 낱말을 **보기**에서 찾아 써 보세요.

보기

| 상품성 | 생산성 | 친환경 |

6 농업의 기계화는 [   ]을 비약적으로 향상시켰다.

7 이 두부는 [   ] 인증을 획득한 콩으로 만들어 안심하고 먹을 수 있다.

8 이번 신제품은 합리적인 가격과 개성 있는 디자인으로 [   ]을 인정받았다.

골프의 이해

핵심 내용 이해

Q. 이 글을 읽고 다음의 사건이 일어난 순서대로 번호를 적어 보자!

✎ 영국에서 상금을 건 골프 시합이 치러졌다. (   )

✎ 스코틀랜드 의회에서 골프 금지령이 내려졌다. (   )

✎ 미국에서 골프의 급속한 발전과 대중화가 이루어졌다. (   )

새로 알게 된 사실

Q. 이 글을 읽고 새롭게 알게 된 내용을 적어 보자!

✎ ____

____

나의 생각 정리

Q. 다음 글을 읽고 젊은 세대들에게 골프 열풍이 부는 까닭에 대한 자신의 생각을 써 보자!

> 과거에 골프는 나이가 지긋한 상류층의 사교 운동이라는 인식이 강했다. 하지만 최근 들어서는 MZ 세대라 불리는 젊은 층에서 골프 열풍이 불고 있다. 이러한 젊은 세대들 사이의 골프 열풍은 골프 관련 산업의 성장에까지 영향을 미쳤다. 고가의 골프 장비뿐만 아니라 각종 의류와 액세서리에 이르기까지 젊은 골퍼들을 겨냥한 다양한 상품들이 쏟아져 나오고 있으며, 실제 매출의 증가세도 가파르다.

✎ '나'는 ____

____

____

어휘력 확인

1~3 다음 밑줄 친 말과 바꿔 쓸 수 있는 낱말을 보기에서 골라 내용에 어울리게 써 보세요.

> **보기**
>
> 날리다   도입되다   전파되다

1 재택근무가 <u>끌려 들어오면서</u> 직원들의 근무 환경 만족도가 높아졌다.

→ ___________

2 말은 발보다 빨라서 괴이한 소문은 걷잡을 수 없이 <u>전하여져 널리 퍼뜨려졌다.</u>

→ ___________

3 운동장에 모인 아이들은 종이비행기를 <u>공중에 띄워서 어떤 위치에서 다른 위치로 움직이게 하며</u> 지루함을 달랬다.

→ ___________

4~5 다음 문장에 어울리는 낱말을 괄호 안에서 골라 ○표 해 보세요.

4 (지나친 / 지난한) 농담은 상대방의 기분을 상하게 할 수 있다.

5 과학의 (비속한 / 급속한) 발전은 우리 생활에 편리함을 가져왔다.

6~7 다음 문장의 빈칸에 들어갈 낱말을 보기의 글자 카드를 짝지어 만들어 보세요.

> **보기**
>
> 대   발   중   전   화

6 안전성을 높이고 충전소를 늘리는 것이 전기차 ☐☐☐를 위한 방안이다.

대중 사이에 널리 퍼져 친숙해짐. 또는 그렇게 되게 함.

7 시민 의식이 ☐☐함에 따라 사회적 약자와 소외 계층에 대한 배려가 늘어났다.

더 낫고 좋은 상태나 더 높은 단계로 나아감.

알고리즘의 폐해

핵심 내용 이해

Q. 다음 낱말 카드를 활용하여 이 글의 주제를 한 문장으로 적어 보자!

| 알고리즘 | 문제점 | 비판적 | 제한된 정보 |

새로 알게 된 사실

Q. 이 글을 읽고 새롭게 알게 된 내용을 적어 보자!

나의 생각 정리

Q. 다음 글에 나타난 문제를 예방하기 위한 자신의 생각을 써 보자!

최근 유튜브의 추천 영상 기능이 악용되며 이로 인한 피해가 속출하고 있다. 어린이들을 대상으로 하는 인기 애니메이션의 추천 영상에서 갑자기 폭력적이고 선정적인 콘텐츠가 제공되거나 자신이 검색했던 내용과 연관된 일부 상업적인 광고 콘텐츠가 반복적이고 무분별하게 제공되는 것 등이 그러한 예이다.

'나'는

어휘력 확인

(1~3) 다음 뜻에 알맞은 낱말을 주어진 첫소리를 참고하여 써 보세요.

1 기초가 되는 바탕. 또는 사물의 토대 → ㄱ ㅂ : ___________

2 다른 것과의 관계나 접촉을 막거나 끊음. → ㅊ ㄷ : ___________

3 옳지 못한 경향이나 해로운 현상으로 생기는 해 → ㅍ ㅎ : ___________

(4~6) 다음 문장의 빈칸에 알맞은 낱말을 **보기** 에서 찾아 써 보세요.

보기

거대	악용	제공

4 저소득층을 위한 경제 지원이 [ ]되는 사례가 적발되었다.

5 특정인에게 금품을 [ ]하여 지지를 호소하는 것은 선거법 위반이다.

6 정부에서는 [ ] 기업이 독과점을 하지 못하도록 감시하는 기능을 한다.

(7~8) 다음 밑줄 친 낱말과 바꿔 쓸 수 있는 낱말을 골라 ○표 해 보세요.

7 그들은 쌍둥이지만 <u>비슷한</u> 점보다는 다른 점이 더 많다. (유사 / 유한)

8 고속도로에서 충돌 사고가 발생해 차량의 통행을 <u>금지</u>하고 있다. (제한 / 제외)

 **26일차**

명당을 찾아서

핵심 내용 이해

Q. 다음 낱말 카드를 활용하여 '배산임수'에 대해 설명해 보자!

| 물 | 산 | 찬바람 | 농업용수 |

✎ 배산임수는 ___________________________________

✎ 배산임수는 ___________________________________

✎ 배산임수는 ___________________________________

새로 알게 된 사실

Q. 이 글을 읽고 새롭게 알게 된 내용을 적어 보자!

✎ ____
____

나의 생각 정리

Q. 다음 글에 나타난 생각과 '풍수지리설'의 공통점을 찾아 이에 대한 자신의 생각을 써 보자!

　　환경결정론은 인간의 생활 양식이 자연이 부여한 조건에 의하여 결정된다는 것으로, 자연에 대한 인간의 수동성을 강조하는 견해이다. 이는 독일의 지리학자 라첼에 의하여 체계화되었는데 인간의 지역적 생활 양식뿐만 아니라 역사와 문화까지도 인간의 자유로운 선택에 의한 것이 아니라 자연 환경에 의해 규제된다고 본다.

✎ '나'는 ____
____

어휘력 확인

(1~3) 다음의 낱말에 알맞은 뜻을 선으로 이어 보세요.

1 민간 •　　　• 우러러 공경함.

2 숭배 •　　　• 일반 백성들 사이

3 확보 •　　　• 확실히 보증하거나 가지고 있음.

(4~6) 주어진 글자의 첫소리와 그 뜻에 알맞은 낱말을 빈칸에 넣어 문장을 완성해 보세요.

4 ㅇ ㄹ 하다: 이익이 있다.

→ 교통 혼잡 시간에는 자가용보다 대중교통을 이용하는 것이 [　　　]하다.

5 ㄱ ㅁ 하다: 서로의 관계가 매우 가까워 빈틈이 없다.

→ 우리 시에서는 교육과 행정이 [　　　]하게 협조하여 다양한 행사를 주최하고 있다.

6 ㅈ ㅈ 하다: 어떤 사람이나 단체 따위의 주의·정책·의견 따위에 찬동하여 이를 위하여 힘을 쓰다.

→ 전교 회장 선거에 출마한 소윤이를 [　　　]하기 위해 우리 반 친구들이 힘을 모았다.

(7~8) 다음 문장의 빈칸에 들어갈 낱말을 **보기**의 글자 카드를 짝지어 만들어 보세요.

보기

고　　론　　거　　려

7 이미 결정한 사안을 다시 [　][　]하는 것은 시간 낭비일 뿐이다.

　　어떤 사항을 논제로 삼아 제기하거나 논의함.

8 우리 학교에서는 이번 수학여행 장소로 제주도를 [　][　]하고 있다.

　　생각하고 헤아려 봄.

경제적 자유를 꿈꾸는 사람들

핵심 내용 이해

Q. 주어진 첫소리를 참고하여 '경제적 자유'의 의미를 정리해 보자!

경제적 자유란 일을 하지 않고도 일정한 ㅅ ㅇ 을 만들어 내거나 금융 ㅈ ㅅ 을 활용함으로써 일과 ㄷ 에 종속되지 않고 자신의 ㅇ ㅈ 대로 삶을 설계할 수 있는 자유를 말한다.

답 ____________________

새로 알게 된 사실

Q. 이 글을 읽고 새롭게 알게 된 내용을 적어 보자!

____

____

나의 생각 정리

Q. 다음 글을 읽고 '경제적 자유를 꿈꾸는 사람들'이 늘어날 때 발생할 수 있는 사회적 문제에 대해 써 보자!

우리나라는 복지 국가의 형태를 지향하며 국민에게 거두어들인 세금을 통해 복지를 실현하고 행정 비용을 마련한다. 세금은 물건 가격에 포함되어 있기도 하고 개인의 재산 여부에 따라 차등 부과되기도 하는 등 여러 가지 경로를 통해 모이는데 그중에서도 고정적이고 높은 비중을 차지하는 것이 소득세이다. 즉, 개인이 벌어들인 돈에 대하여 일정 비율의 세금을 부과하고 이렇게 거두어들인 세금은 각종 공공재와 교육 문화 시설 전반에 대한 공적 자금의 마련과 경제적 사각지대에 있는 소외된 계층을 위한 복지 자금으로 운용된다.

____

____

____

어휘력 확인

1~3 다음 뜻에 해당하는 낱말을 [보기]에서 찾아 써 보세요.

┌─ **보기** ─┐

생소하다　　　　　쓸쓸하다　　　　　험난하다

1 험하여 고생스럽다.　　　　　→ ＿＿＿＿＿＿＿

2 달갑지 아니하여 조금 싫거나 언짢다.　　　　　→ ＿＿＿＿＿＿＿

3 어떤 대상이 친숙하지 못하고 낯이 설다.　　　　　→ ＿＿＿＿＿＿＿

4~5 다음 뜻풀이를 참고하여 십자말풀이를 완성해 보세요.

4 ㉠ 중용을 잃고 한쪽으로 크게 치우치는. 또는 그런 것

5 ㉡ 그렇지 아니하다고 단정하거나 옳지 아니하다고 반대하는. 또는 그런 것

6~8 다음 문장의 빈칸에 알맞은 낱말을 [보기]에서 찾아 써 보세요.

┌─ **보기** ─┐

경향　　　　　수익　　　　　열망

6 음악을 향한 그녀의 ［　　　］은 아무도 막을 수가 없다.

7 삼촌은 식당 운영을 통해 막대한 ［　　　］을 거두어들이셨다.

8 미디어에 과다하게 노출된 학생들은 집중력이 떨어지는 ［　　　］이 있다.

미세 플라스틱의 위협

핵심 내용 이해

Q. 다음 글자 카드를 활용하여 글쓴이가 이 글을 쓴 목적을 완성해 보자!

성　유　미　해　세

글쓴이는 ☐☐ 플라스틱의 실태와 ☐☐☐을 알리고 경각심을 일깨우기 위하여 이 글을 썼다.

새로 알게 된 사실

Q. 이 글을 읽고 새롭게 알게 된 내용을 적어 보자!

나의 생각 정리

Q. 다음 글을 읽고 '미세 플라스틱'의 사용을 규제할 수 있는 방법에 대해 자신의 생각을 써 보자!

　　미세 플라스틱의 위해성이 입증되면서 각국에서는 미세 플라스틱의 사용을 규제하기 위한 방안을 내놓고 있다.

　　미국에서는 2015년 미세 플라스틱이 함유된 세정 제품의 생산을 중지하는 법안을 통과시켰고, 캐나다 연방 정부는 2016년 환경 보호법에서 규정하는 유해 물질에 미세 플라스틱을 추가하였다. 한국은 2017년 2월 식약처에서 미세 플라스틱 규제 관련 개정안을 고시하고, 7월부터 미세 플라스틱이 함유된 화장품과 세정제의 판매를 전면 금지하였다.

'나'는

1~3 다음 밑줄 친 낱말의 뜻으로 알맞은 것을 찾아 ○표 해 보세요.

1 인간은 경험의 <u>축적</u>을 통해 진보하고 성장한다.

→ (지식, 경험, 자금 따위를 모아서 쌓음. / 부족한 것을 보충하여 완전하게 함.)

2 또래 친구와의 경쟁은 동기를 <u>유발</u>할 수 있는 건강한 자극이다.

→ (어떤 것이 다른 일을 진정되게 함. / 어떤 것이 다른 일을 일어나게 함.)

3 미세먼지 저감 조치에 따라 노후 차량에는 먼지를 <u>흡수</u>하는 장치를 달아야 한다.

→ (빨아서 내보냄. / 빨아서 거두어들임.)

4~6 다음 밑줄 친 말과 바꿔 쓸 수 있는 낱말을 **보기** 에서 골라 내용에 어울리게 써 보세요.

┌─── **보기** ───┐

강력하다   배출되다   처분하다

└────────────┘

4 아스피린의 복용 효과는 생각보다 <u>힘이나 영향이 강했다</u>.   → ＿＿＿＿＿＿

5 쓰지 않는 물건들을 <u>처리하여 치우고</u> 나니 방안이 한결 깔끔해졌다. → ＿＿＿＿＿＿

6 공장에서 각종 폐수가 여과 없이 <u>안에서 밖으로 내보내져서</u> 수질 오염이 심각해졌다.

→ ＿＿＿＿＿＿

7~8 다음 문장의 빈칸에 알맞은 낱말을 **보기** 에서 찾아 써 보세요.

┌─── **보기** ───┐

섭취   배출   첨가

└────────────┘

7 5대 영양소를 균형 있게 ＿＿＿＿ 하는 것이 건강의 첫걸음이다.

8 여름철 음식을 만들 때 매실 발효액을 ＿＿＿＿ 하면 배탈 예방에 효과적이다.

세계적인 건축가 가우디

🚩 핵심 내용 이해

Q. 이 글의 내용과 일치하는 문장에는 ○표, 그렇지 않은 문장에는 ×표를 해 보자!

✏️ 가우디의 건축물은 곡선의 아름다움과 자연과의 조화를 중시한다. (　　　)

✏️ 가우디는 자신의 후원자인 구엘을 위하여 사그라다 파밀리아 성당을 건축하였다. (　　　)

✏️ 가우디는 바르셀로나 건축 학교에서 우수한 성적을 거두면서 인정받기 시작하였다. (　　　)

✈️ 새로 알게 된 사실

Q. 이 글을 읽고 새롭게 알게 된 내용을 적어 보자!

✏️ ____

____

⭐ 나의 생각 정리

Q. 다음 글을 읽고 예술가가 갖추어야 할 자질에 대하여 자신의 생각을 써 보자!

> 스페인을 대표하는 예술가 중에 가우디만큼 유명한 사람이 바로 파블로 피카소지요. 그림에 대해 아무것도 모르는 사람일지라도 피카소의 그림은 한 번쯤 보았을 것입니다. 피카소는 회화 작품 이외에도 판화, 조각, 도자기 등 다양한 장르의 작품을 제작하며 90세가 될 때까지도 활발한 예술 활동을 이어 갔어요. 피카소의 작품들은 그의 천부적인 재능뿐만 아니라 파격적인 시도와 과감한 도전에서 비롯된 것이에요. 당시 서구 미술의 전통적인 규범과도 같던 원근법을 무시하고 자신만의 방식으로 대상을 재해석한 피카소의 기법은 현대 미술의 영역을 확장해 주는 역할을 하였어요.

✏️ '나'는 ____

____

____

어휘력 확인

1~3 다음 뜻에 해당하는 낱말을 <보기>에서 찾아 써 보세요.

보기

| 등재되다 | 중시하다 | 치밀하다 |

1 자세하고 꼼꼼하다. → ____________

2 일정한 사항이 장부나 대장에 올려지다. → ____________

3 가볍게 여길 수 없을 만큼 매우 크고 중요하게 여기다. → ____________

4~6 다음 문장의 빈칸에 들어갈 낱말을 <보기>의 글자 카드를 짝지어 만들어 보세요.

보기

| 기 | 미 | 백 | 조 | 존 | 화 |

4 이번 여행의 ▢▢는 수평선 너머의 일출이었다.
여럿 가운데에서 가장 뛰어난 사람이나 훌륭한 물건을 비유적으로 이르는 말

5 터키는 동서양 문화의 ▢▢를 체험할 수 있는 관광지로 유명하다.
서로 잘 어울림.

6 그들은 마땅한 대안을 찾지 못했기 때문에 ▢▢의 계획대로 실행하기로 했다.
이미 존재함.

7~8 다음 뜻에 알맞은 낱말을 글자의 첫소리를 참고하여 써 보세요.

7 전체에 걸쳐 남김없이 완전한. 또는 그런 것 → ㅈ ㅍ 적: ____________

8 하는 구실이나 작용과 관련된. 또는 그런 것 → ㄱ ㄴ 적: ____________

말하는 사람의 마음을 읽어 보아요

핵심 내용 이해

Q. 다음 글자 카드를 활용하여 언어의 네 가지 기능을 써 보자!

| 령 | 친 | 서 | 명 | 보 | 정 | 교 | 정 |

사람의 의사소통 수단인 언어는 말하는 사람의 의도와 목적에 따라 ☐☐적, ☐☐적, ☐☐적, ☐☐적 기능을 갖는다.

새로 알게 된 사실

Q. 이 글을 읽고 새롭게 알게 된 내용을 적어 보자!

나의 생각 정리

Q. 다음 글을 읽고 상황에 따른 언어의 기능이 중요한 까닭에 대하여 써 보자!

언어는 처한 상황에 따라 각기 다른 기능으로 작용할 수 있다. 예를 들어 "오늘 날씨가 참 좋다."라는 문장을 두고 특별한 목적이나 의미가 없이 상대방에게 건넨 말이라면 이것은 친교적 기능에 해당한다. 하지만 지인에게 운동을 권유하는 상황이라면 이것은 날씨가 좋으니 밖에 나가서 운동을 하라는 명령적 기능을 간접적으로 표현한 것이 된다. 만약 이 문장이 오늘의 날씨를 묻는 누군가에게 대답의 목적으로 쓰인 것이라면 이때는 정보적 기능을 갖게 된다.

'나'는

1~3 주어진 글자의 첫소리와 그 뜻에 알맞은 낱말을 빈칸에 넣어 문장을 완성해 보세요.

1 ㅈ ㅅ 하다: 일러서 시키다.

→ 우리 대표 팀 선수들은 감독이 [   ]한 대로 조직적으로 움직였다.

2 ㅈ ㅇ 하다: 어떠한 현상을 일으키거나 영향을 미치다.

→ 첫인상은 어떤 사람과의 관계를 맺을 때 매우 중요하게 [   ]한다.

3 ㅅ ㅎ 하다: 생각하거나 계획한 대로 일을 해내다.

→ 영신이는 반장의 역할을 훌륭하게 [   ]하여 친구들에게 모범을 보였다.

4~5 다음 문장에 어울리는 낱말을 괄호 안에서 골라 ○표 해 보세요.

4 희영이와는 모둠 활동을 함께하면서 끈끈한 (유대감 / 적대감)이 생겼다.

5 졸업식을 앞두고 보니 후련하면서도 섭섭한 (통합적 / 복합적)인 감정이 들었다.

6~8 다음 문장의 빈칸에 알맞은 낱말을 보기 에서 찾아 써 보세요.

보기		
기능	유도	의도

6 마술사는 관객들의 시선을 상자로 [   ]하였다.

7 편집자의 [   ](으)로 인해 주인공에 대한 평가가 달라지기도 한다.

8 최첨단 자동화 [   ]을/를 갖춘 시스템은 배우는 데 시간과 노력이 필요하다.

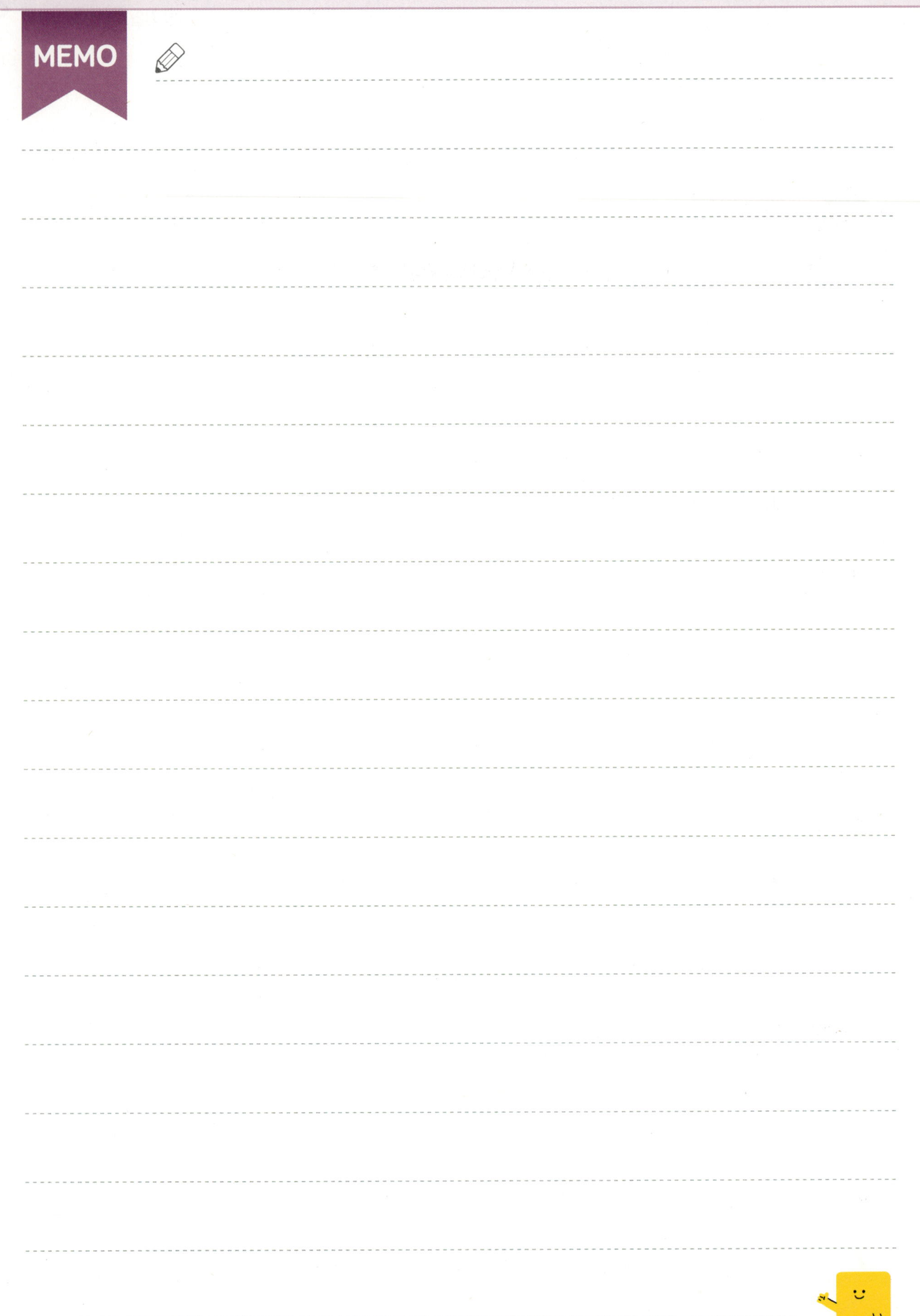

똑똑 초등 국어 문해력은

문장 독해, 문단 독해, 지문 독해 훈련에
최적화된 교재입니다.

문장 독해　각 문장이 담고 있는 의미를 올바르게 해석해야
문단의 의미를 정확히 이해할 수 있습니다.

문단 독해　문단 간의 관계와 각 문단의 역할을 이해해야
글의 전체 흐름을 제대로 파악할 수 있습니다.

지문 독해　글의 전체 내용을 짧고 명확한 문장으로 요약할 수 있어야
글을 완벽하게 이해한 것으로 볼 수 있습니다.

초등 국어 문해력

정답과 해설

3단계 | 기본편

초등 5·6학년

똑똑
똑똑한 독해, 똑똑!

똑똑 초등 국어 문해력

정답과 해설

3단계 | 기본편

초등 5·6학년

Q1

글의 내용 이 글은 태풍에 이름을 붙이기 시작한 사람들과 이후 태풍에 이름을 붙이는 태풍 위원회에 대해 이야기하고 있어요.

정답 **태풍의 이름**

해설 이 글에서 가장 많이 등장하는 낱말은 '태풍'이에요. 특히 태풍의 이름을 붙이게 된 유래, 태풍의 이름을 짓는 위원회, 태풍 이름이 모두 사용되는 기간 등에 대해 설명하고 있어요. 따라서 이 글의 중심 낱말로 가장 어울리는 것은 '태풍의 이름'이에요.

Q2

글의 내용 이 글은 꽃에서 향기가 나는 이유에 대해 말해 주고 있어요.

정답 **향기가 나는 이유**

해설 이 글에서 가장 많이 등장하는 낱말은 '꽃'과 '향기'에요. 이 글에서는 꽃이 꽃가루를 옮겨 줄 곤충을 유인하기 위해 꽃향기를 풍긴다고 말하고 있어요. 따라서 이 글은 꽃에서 향기가 나는 이유에 대해 설명한 것임을 알 수 있어요.

Q3

글의 내용 이 글은 지폐의 위조를 방지하는 여러 장치에 대해 설명하고 있어요.

정답 **[1] 면섬유 [2] 지폐 [3] 홀로그램**

해설 **[1]** 네 번째 문장에서 지폐는 튼튼한 면섬유를 사용하여 만든다고 하였어요. **[2]** 이 글의 첫 번째 문장은 '무엇이 무엇이다.'의 형태로, 위조지폐는 진짜처럼 보이게 만든 가짜 지폐를 의미한다고 하였어요. **[3]** 다섯 번째 문장에서 지폐에는 홀로그램이 들어가 있어서 지폐를 보는 각도에 따라 색상과 무늬가 변한다고 하였어요.

Q4

글의 내용 이 글은 라이트 형제가 세계 최초의 비행기인 '플라이어호'를 만들었다는 이야기를 하고 있어요.

정답 **비행기**

해설 이 글의 네 번째 문장은 '무엇이 어찌하다.'의 형태로, 라이트 형제가 오랜 연구 끝에 프로펠러와 엔진을 단 세계 최초의 비행기인 '플라이어호'를 만들었다고 말하고 있어요.

Q5

글의 내용 이 글에서는 재판의 개념과 재판을 진행하는 법원과 법관, 목적에 따른 재판의 세 가지 종류에 대해 설명하고 있어요.

정답 **[1] O [2] X [3] O**

해설 **[1]** 두 번째 문장에서 법원은 소송 사건에 대한 법률적 판단을 하는 권한을 가진 기관이라고 하였어요. **[2]** 세 번째 문장에서 재판은 소송의 목적에 따라 민사 재판, 형사 재판, 행정 재판으로 나뉜다고 하였어요. **[3]** 네 번째 문장에서 개인과 개인 사이에 벌어진 갈등을 해결하기 위한 재판은 민사 재판이라고 하였어요.

Q6

글의 내용 이 글은 구름을 구름의 모양과 구름이 생기는 높이에 따라 나누어 설명하고 있어요.

정답 **[1] 권운 [2] 권적운 [3] 권층운**

해설 다섯 번째 문장에서 '상층운'에 속하는 구름의 종류를 말하고 있어요. **[1]** 줄무늬 모양의 구름을 권운이라고 하였어요. **[2]** 양털 모양의 작은 덩어리 구름을 권적운이라고 하였어요. **[3]** 엷고 흰 면사포 모양의 구름을 권층운이라고 하였어요.

Q7

글의 내용 이 글은 최근 꽃가루 알레르기의 발생이 늘어나고 있는 이유에 대해 말해 주고 있어요.

정답 ㉠, ㉢

해설 이 글에서는 최근 꽃가루 알레르기가 증가하는 이유로 환경 오염으로 인한 공기 중 오염 물질 증가, 지구 온난화로 인한 이산화 탄소 농도 증가, 기온이 높아지는 현상을 말하고 있어요.

Q8

글의 내용 이 글은 한국은행에서 하는 다양한 일에 대해 소개하고 있어요.

정답 **[1] 중앙은행 [2] 화폐 [3] 돈 [4] 은행 [5] 세금, 외국**

해설 **[1]** 한국은행은 우리나라의 돈을 관리하는 중앙은행이라고 하였어요. **[2]** 한국은행에서는 우리나라의 화폐를 만든다고 하였어요. **[3]** 한국은행에서는 우리나라에서 사용되는 돈이 부족하거나 넘치지 않게 조절한다고 하였어요. **[4]** 한국은행에서는 일반 은행에게 돈을 빌려주고 맡아 주는 일을 한다고 하였어요. **[5]** 한국은행은 정부에서 거두어들인 세금이나 우리나라에 있는 외국 돈도 관리한다고 하였어요.

Q1~Q2

(글의 내용) 이 글은 비교라는 설명 방식을 통해 남극과 북극의 추위에 대해 설명하고 있어요.

정답 **Q1** 비교 **Q2** [1] 육지 [2] 바다

해설 **Q1** 1~2문단에서 남극과 북극이 추운 이유에 대해 이야기하고 있어요. 그리고 3문단 첫 번째 문장을 보면 이 글이 남극과 북극 중 어느 곳이 더 추운지를 비교하는 것임을 알 수 있어요. 따라서 글쓴이는 남극과 북극의 추위를 비교하기 위한 목적으로 이 글을 쓴 거예요.
Q2 [1] 3문단 네 번째 문장에서 남극은 얼음 밑이 육지라 열이 잘 식는다고 하였어요. [2] 3문단 네 번째 문장에서 북극은 얼음 밑이 바다라 열이 잘 식지 않는다고 하였어요.

Q3

(글의 내용) 이 글은 명태가 상태에 따라 다양한 이름으로 불린다는 이야기를 하고 있어요.

정답 [1] 동태 [2] 코다리

해설 [1] 세 번째 문장에서 명태를 얼린 건 동태라고 부른다고 하였어요. [2] 세 번째 문장에서 명태의 물기나 습기를 절반 정도 말린 건 코다리라고 하였어요.

Q4

(글의 내용) 이 글은 해조류를 각각이 자라는 바다의 깊이와 빛깔에 따라 나누어 설명하고 있어요.

정답 [1] 밝은 [2] 홍조류 [3] 빛깔

해설 [1] 다섯 번째 문장에서 녹조류는 얕고 밝은 곳에서 자란다고 하였어요. [2] 네 번째와 다섯 번째 문장에서 홍조류는 붉은빛이나 자줏빛을 띠고 깊고 어두운 곳에서 자란다고 하였어요. [3] 세 번째 문장에서 해조류는 자라는 바다의 깊이와 빛깔에 따라 녹조류, 홍조류, 갈조류로 나뉜다고 하였어요. 이후 각 해조류의 특징을 설명하고 있어요.

Q5

(글의 내용) 이 글은 따뜻한 계절에도 산 정상에 눈이 남아 있는 이유를 설명하고 있어요.

정답 [2]

해설 이 글에서는 더운 날씨에도 산 정상에 눈이 남아 있는 이유를 나열하고 있어요. 첫 번째는 산 정상이 평지보다 기온이 낮기 때문이고, 두 번째는 산 정상이 평지보다 눈이 많이 내리기 때문이에요.

Q6

(글의 내용) 이 글은 법과 도덕의 공통점과 차이점을 비교하며 설명하고 있어요.

정답 [1] 공통점 [2] 하지만 [3] 처벌

해설 [1] 이 글은 1문단에서 법과 도덕의 공통점을 설명하고 있어요. [2] 이 글은 1문단과 2문단을 '하지만'이라는 말로 이어 주고 있어요. [3] 2문단의 첫 번째 문장에서 법을 지키지 않는 사람들은 처벌을 받는다고 하였어요.

Q7

(글의 내용) 이 글에서는 심장의 구조와 심장에서 혈액이 흐르는 과정을 말하고 있어요.

정답 [1] 우심방 [2] 폐 [3] 좌심실

해설 [1], [2], [3] 마지막 문장에서 혈액은 우심방에서 우심실을 지나 폐로 들어가고, 이후 좌심방에서 좌심실을 지나 다시 온몸으로 이동한다고 하였어요.

Q8

(글의 내용) 이 글은 줄다리기를 준비하고, 실제로 줄다리기를 하는 과정에 대해 설명하고 있어요. 줄다리기를 준비하고 줄다리기를 하는 과정을 설명할 때는 순서에 따라 이야기하고 있어요.

정답 [1] 편 [2] 줄 [3] 기준점 [4] 잔치

해설 [1] 세 번째 문장에서 줄다리기의 편을 갈랐다고 하였어요. [2] 네 번째 문장에서 볏짚을 이용하여 줄다리기에 사용할 줄을 만들었다고 하였어요. [3] 여섯 번째 문장에서 줄다리기를 할 때 줄이 기준점을 넘으면 이긴 것으로 본다고 하였어요. [4] 마지막 문장에서 줄다리기가 끝나면 이긴 편은 대장의 집에서 잔치를 벌인다고 하였어요.

Q1~Q2

[글의 내용] 이 글은 기업이 하는 일과 기업이 재화와 서비스를 생산하고 판매하는 이유, 기업의 긍정적 기능에 대해 설명하고 있어요.

[정답] **Q1** [1] **생산** [2] **판매** [3] **이윤** [4] **일자리** **Q2** **인선**

[해설] **Q1** [1], [2] 1문단의 마지막 문장에서 기업은 재화나 서비스를 생산하고 판매하는 조직을 말한다고 하였어요. [3] 2문단의 첫 번째, 두 번째 문장에서 기업은 이윤을 얻기 위해 재화와 서비스를 생산한다고 하였어요. [4] 2문단의 네 번째 문장에서 기업은 재화와 서비스를 생산하는 과정에서 일자리를 만들고, 사람들은 그 일자리를 통해 돈을 번다고 하였어요.

Q2 이 글의 주요 내용은 기업이 하는 일과 그 목적이에요. 1문단에서는 기업이 재화와 서비스를 생산하고 판매하는 일을 한다고 하였어요. 그리고 2문단에서는 기업이 돈을 벌기 위해 재화와 서비스를 생산하고 판매한다고 하였어요. 따라서 이 글의 중심 내용을 한 문장으로 간추리면 '기업은 돈을 벌기 위해 재화와 서비스를 만들고 판매해요.'가 알맞아요.

Q3~Q4

[글의 내용] 이 글은 나무를 심으면 좋은 점과 환경에 따라 심기 적합한 나무의 종류를 말해 주고 있어요.

[정답] **Q3** [1] **이산화 탄소** [2] **소나무** [3] **비**
Q4 [1] **공기** [2] **환경**

[해설] **Q3** [1] 1문단의 세 번째 문장에서 나무를 심으면 나무가 이산화 탄소와 온실가스를 흡수한다고 하였어요. [2] 2문단의 두 번째 문장에서 추운 지역에 심기 좋은 나무는 추위에 강한 소나무라고 하였어요. [3] 2문단의 네 번째 문장에서 떡갈나무는 비가 많이 오지 않는 건조한 지역에 심기 좋은 나무라고 하였어요.

Q4 [1] 1문단의 세 번째 문장에서 나무를 심으면 나무가 이산화 탄소와 온실가스를 흡수하고 산소를 내뿜어서 공기가 깨끗해진다고 하였어요. [2] 2문단의 마지막 문장에서 지역마다 다양한 환경을 가지고 있으므로 나무의 특성을 고려하여 환경에 맞는 나무를 심는 것이 필요하다고 하였어요.

Q5~Q6

[글의 내용] 이 글은 생물 다양성의 개념과 생물 다양성을 보존해야 하는 이유, 그리고 생물 다양성을 보존하기 위한 생물 다양성 협약에 대해 이야기하고 있어요.

[정답] **Q5** [1] **다양성** [2] **생태계** [3] **개발**

Q6 [1] **생물 다양성** [2] **협약**

[해설] **Q5** [1] 1문단의 두 번째 문장에서 생물종, 유전자, 생태계 등 생명 현상의 모든 수준에서의 다양성을 통틀어 이르는 말을 생물 다양성이라고 하였어요. [2] 2문단의 두 번째와 세 번째 문장에서 생물 다양성을 보존해야 하는 이유는 생물종이 멸종되고 생태계가 파괴되어 생태계 기능에 문제가 생기는 것을 막기 위해서라고 말하고 있어요. [3] 3문단 세 번째 문장에서 생물 다양성 협약은 인간의 무분별한 개발을 금지하고 있다고 하였어요.

Q6 [1] 2문단에서 생물종 멸종과 생태계 파괴를 막기 위해 생물 다양성을 보존해야 한다고 하였어요. [2] 3문단 첫 번째 문장에서 각국에서 생물 다양성을 보존하기 위해 생물 다양성 협약을 맺었다고 하였어요.

Q7~Q8

[글의 내용] 이 글은 프랜차이즈가 무엇인지, 프랜차이즈 본사와 가맹점이 하는 일은 무엇인지, 프랜차이즈 가맹점이 되면 좋은 점은 어떤 것인지에 대해 설명하고 있어요.

[정답] **Q7** [1] **프랜차이즈** [2] **권리** [3] **품질** [4] **비용**
Q8 ③

[해설] **Q7** [1] 1문단의 마지막 문장에서 특정한 상품이나 서비스를 제공하는 본사가 가맹점에게 자기 상품에 대한 판매권을 주어 시장을 개척하는 방식을 프랜차이즈라고 하였어요. [2] 2문단 두 번째 문장에서 프랜차이즈 본사는 가맹점이 본사와 같은 상품과 서비스를 제공할 수 있는 권리를 준다고 하였어요. [3] 2문단의 두 번째 문장에서 프랜차이즈 본사는 가맹점의 상품과 서비스의 품질이 떨어지지 않도록 기술을 알려 주고 관리해 준다고 하였어요. [4] 2문단 마지막 문장에서 프랜차이즈 가맹점은 본사의 상품을 판매할 수 있는 판매권을 얻는 대신에 본사에 일정한 비용을 지불한다고 하였어요.

Q8 프랜차이즈 본사가 가맹점에서 본사의 상품을 판매할 권리를 주기 때문에 가맹점에서도 본사와 같은 상품과 서비스를 제공받을 수 있는 것이지요. 그래서 두 문장을 이어 주는 말은 앞의 내용이 뒤의 내용의 원인이나 근거가 됨을 나타내는 말인 '따라서'가 알맞아요.

Day 04 아차산의 특징

글의 내용 이 글은 아차산에 대해서 소개하고 있어요. 1문단에서는 아차산의 높이, 아차산의 전망, 아차산의 전설, 아차산의 명소에 대해 짧게 소개하고 있어요. 2문단은 아차산의 역사에 대해서 말하고 있어요. 바로 삼국 시대 때 고구려, 백제, 신라가 한강 유역을 차지하기 위해 아차산 주변에서 치열하게 싸웠다는 내용이지요. 3문단은 아차산 이름의 유래에 대한 것이에요. 조선 시대 때 명종과 홍계관 사이의 일화를 말하고 있지요.

원리로 확인하기

정답과 해설 · 05쪽

핵심 내용 정리하기

1 이 글을 바르게 이해한 친구에게 ○표, 그렇지 <u>않은</u> 친구에게 ×표 하세요.

[1] 아차산의 높이는 300m 이하이다. (○)

[2] 아차산에는 홍계관이 죽었다는 전설이 있다. (×)

[3] 아차산에는 고구려, 백제, 신라의 흔적이 있다. (○)

[4] 아차산 정상에 올라서 볼 수 있는 것은 한강뿐이다. (×)

짜임 이해하기

2 이 글의 짜임이 한눈에 보이도록 만들려고 해요. [1]~[3]에 들어갈 말을 **보기**에서 찾아 그 기호를 써 보세요.

보기
㉠ 아차산의 역사 ㉡ 아차산 이름의 유래 ㉢ 아차산에 대한 정보

① [1] ㉢ — **②** [2] ㉠ — **③** [3] ㉡

내용 요약하기

3 다음 빈칸에 알맞은 말을 넣어 이 글을 간추려 보세요.

아 차 산 에 대한 다양한 정보와, 역사, 이름의 유래에 대한 글입니다.

문제로 확인하기

본문 · 024쪽

1 ④ **2** ② **3** 예 삼국 시대의 유물, 고구려 군사가 적의 침입을 막기 위해 돌로 쌓은 성곽

1 이 글은 아차산에 대한 정보, 아차산에 대한 역사, 아차산 이름의 유래담에 대해 말하고 있어요. 아차산은 높이 287m의 산으로, 아차산에 올라가다 보면 한강과 북한산이 보인다고 하였어요. 그리고 아차산의 명소로 낙타 고개, 고구려정을 소개했어요. 또한 홍계관의 죽음을 안타까워한 명종에게서 아차산 이름의 기원이 있다는 것을 언급했어요. 즉 이 글에서 알 수 없는 것은 아차산의 풍수적 가치예요.

2 ㉮ '이야기'는 아차산 이름의 유래에 대한 것이에요. 이는 조선 시대 때 명종이 유명한 점쟁이인 홍계관을 시험하려다가 실수로 죽인 일을 말해요. 명종은 쥐 두 마리가 들은 상자를 가져다가 여기에 무엇이 들었냐고 물어 봤어요. 홍계관은 쥐 세 마리가 있다고 이야기했지요. 틀린 답을 이야기했다고 생각한 명종은 홍계관에게 사형을 선고해요. 하지만 사실은 암놈 쥐 한 마리가 새끼를 배고 있어서 쥐는 총 세 마리가 맞았어요. 뒤늦게 이 사실을 안 명종은 사형을 중지하라 하였지만, 이미 홍계관이 죽은 상태였지요. 이를 안타까워한 명종이 홍계관이 죽은 곳 위에 있던 산을 아차산이라 부르기로 했어요.

3 아차산에는 한강 유역을 두고 싸웠던 고구려, 백제, 신라의 모습이 남아 있어요. 농업이 중요한 삶의 기반이었던 삼국 시대 때 한강은 누구나 차지하고 싶은 곳이었어요. 그래서 한강 주변을 차지하기 위해 삼국은 치열하게 싸웠어요. 그 증거가 아차산에도 남아 있어요. 아차산에 있는 삼국 시대의 유물과 고구려 군사가 적의 침입을 막기 위해 쌓았던 돌로 된 성곽들이 삼국이 이 주변에서 전쟁을 벌였다는 것을 증명해요.

어휘력 다지기

본문 · 025쪽

1 ㉠ **2** ㉡ **3** 명소 **4** 전사
5 증거 **6** 침입

낱말 더 보기

• **전망**: 넓고 먼 곳을 멀리 바라봄. 또는 멀리 내다보이는 경치
  예 산 정상에서 보이는 <u>전망</u>이 너무도 아름다웠다.

• **풍수적**: 집, 무덤 따위의 방위와 지형이 좋고 나쁨과 사람의 화복이 절대적 관계를 가진. 또는 그런 것
  예 이 집터는 <u>풍수적</u>으로 배산임수여서 매우 좋다.

• **유역**: 강물이 흐르는 언저리
  예 강 <u>유역</u>의 평야는 농경지로 사용된다.

• **선대**: 조상의 세대
  예 <u>선대</u>부터 살아온 고향이 바로 이곳이다.

글의 내용 이 글은 이중섭의 일대기에 대한 글이에요. 이중섭은 어린 시절 아버지가 돌아가시면서 어머니를 많이 의지하며 자랐어요. 오산 보통학교 재학 중에는 임용련 선생님을 만나서 미술 교육을 받았어요. 임용련 선생님의 영향과 오산 보통학교의 학풍으로 인해 이중섭은 '조선의 것'을 그리기로 다짐했어요. 광복이 되면서 정치 체제에 관심이 없던 이중섭은 정치 성향을 강요받던 북한 화단에서 소외되어 남한으로 내려와요. 그 뒤 계속 가난한 생활을 하였고 결국 아내와 아이들과도 이별하게 되죠. 어머니와 가족에 대한 그리움으로 병을 얻은 이중섭은 병원에서 혼자 쓸쓸하게 죽음을 맞이하게 돼요.

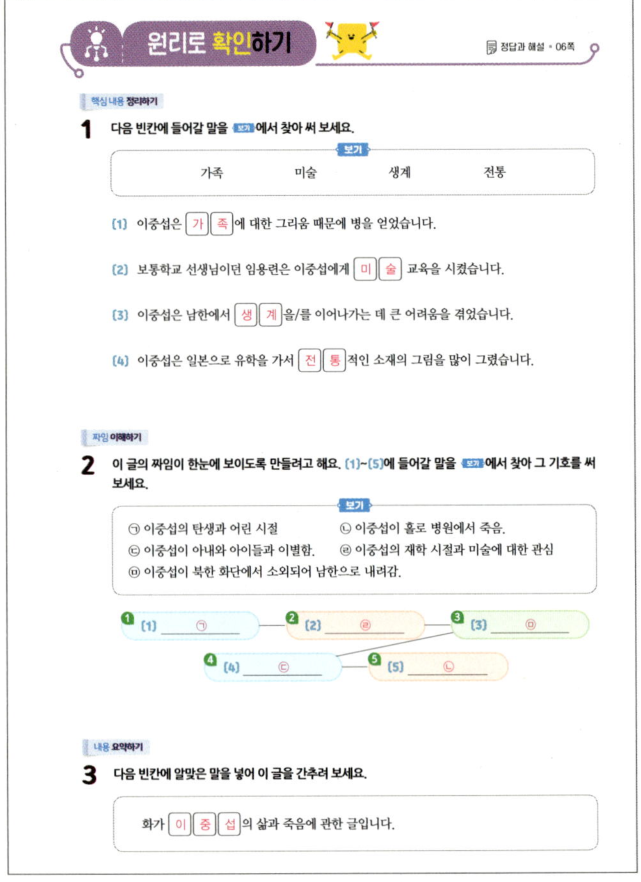

원리로 확인하기

정답과 해설 • 06쪽

핵심 내용 정리하기

1 다음 빈칸에 들어갈 말을 보기 에서 찾아 써 보세요.

보기

| 가족 | 미술 | 생계 | 전통 |

[1] 이중섭은 가 족 에 대한 그리움 때문에 병을 얻었습니다.

[2] 보통학교 선생님이던 임용련은 이중섭에게 미 술 교육을 시켰습니다.

[3] 이중섭은 남한에서 생 계 을/를 이어가는 데 큰 어려움을 겪었습니다.

[4] 이중섭은 일본으로 유학을 가서 전 통 적인 소재의 그림을 많이 그렸습니다.

짜임 이해하기

2 이 글의 짜임이 한눈에 보이도록 만들려고 해요. [1]~[5]에 들어갈 말을 보기 에서 찾아 그 기호를 써 보세요.

보기

㉠ 이중섭의 탄생과 어린 시절   ㉡ 이중섭이 홀로 병원에서 죽음.
㉢ 이중섭이 아내와 아이들과 이별함.   ㉣ 이중섭의 재학 시절과 미술에 대한 관심
㉤ 이중섭이 북한 화단에서 소외되어 남한으로 내려감.

내용 요약하기

3 다음 빈칸에 알맞은 말을 넣어 이 글을 간추려 보세요.

화가 이 중 섭 의 삶과 죽음에 관한 글입니다.

*출처: (그림 1) "떠 받으려는 소", 한국저작권위원회
*출처: (그림 2) "물고기와 노는 아이들", 한국저작권위원회

문제로 확인하기

본문 • 028쪽

1 ㉡, ㉤, ㉠, ㉣, ㉢, ㉤   **2** ④   **3** 민족적 정서

1 이 글은 이중섭의 삶과 죽음에 관한 글이에요. 이중섭은 어린 시절 아버지가 돌아가셨어요. 오산 보통학교 시절에는 임용련 선생님에게 미술 교육을 받으며 화가의 길을 걷기로 다짐했어요. 일본 유학을 할 때는 소와 같은 전통적인 소재의 그림을 많이 그렸어요. 광복이 된 후 북한 화단으로부터 정치

체제 선택을 강요받았지만 이에 관심이 없던 이중섭은 소외당하게 돼요. 그래서 남한으로 내려오게 되지요. 남한에서 가난하게 살던 이중섭은 아내와 아이들을 일본으로 보내요. 이후 이중섭은 어머니와 가족에 대한 그리움으로 병을 얻고 죽게 돼요.

2 이중섭은 정치 체제에 관심이 없어 북한 화단에서 소외를 당할 정도였어요. 그렇기 때문에 이중섭이 어울리던 친구들의 정치 성향은 이중섭의 화풍에 영향을 주지 않았어요.

오답 풀이

① 어린 시절 아버지가 돌아가시면서 이중섭은 어머니를 많이 의지했어요. 어머니의 존재는 그의 화풍에 영향을 주었어요. 이중섭이 다니던 오산 보통학교는 일제 강점기 때 민족의식을 고취시키던 곳이었어요.

② 남한으로 가족과 함께 내려온 후 생계를 유지하기 힘들었던 이중섭은 가족과 이별하게 돼요. 이때 은박지에 가족을 그리면서 가족에 대한 그리움과 사랑을 표현해요.

③, ⑤ 오산 보통학교의 학풍과 임용련 선생님의 교육은 '조선의 것'을 그리고자 했던 이중섭에게 영향을 주었죠.

3 이중섭은 오산 보통학교를 졸업하고 일본 유학을 가요. 보통학교의 학풍과 임용련 선생님의 영향을 받아 '조선의 것'에 심취해 있던 이중섭은 일본 유학을 가서 소 그림을 많이 그려요. 이중섭의 소는 살아 움직이는 듯한 역동적인 모습을 가지고 있었어요. 조선의 것을 그리고 싶었던 이중섭에게 소는 이중섭 자신이고, 조선이었어요. 이렇게 이중섭은 소를 통해 조선, 즉 민족에 대한 사랑과 마음을 표현했어요.

어휘력 다지기

본문 • 029쪽

1 생계   **2** 처지   **3** 화풍   **4** 소외
5 영감   **6** 부재

낱말 더 보기

• **성향**: 성질에 따른 경향
㉠ 그녀는 보수적인 성향이 강하다.

• **역동적**: 힘차고 활발하게 움직이는. 또는 그런 것
㉠ 그는 역동적으로 춤을 추고 있었다.

• **섬세하다**: 매우 찬찬하고 세밀하다.
㉠ 경청은 상대방의 마음을 섬세하게 읽는 최고의 방법이다.

글의 내용 이 글은 우리나라 시장의 과거와 현재에 대해 말하고 있어요. 처음 시장이 생긴 것은 신라 시대 때예요. 신라 시대의 '경사시'가 바로 우리나라 최초의 시장이었죠. 고려 시대 때는 시장의 규모가 더 커졌고 외국과의 무역과 교류도 활발했어요. 이를 이끈 것이 바로 개성상인이죠. 조선 시대 때 시장은 두 가지로 형태가 나누어져요. 여섯 가지의 물건을 파는 가게가 모여 있는 육의전은 다른 가게가 자신이 파는 물건을 못 팔게 하는 독점권을 가졌어요. 5일장은 지방에서 5일마다 열리던 시장이었죠. 현재 시장은 백화점, 대형 할인점, 슈퍼마켓, 재래시장으로 다양한 모습을 띠어요.

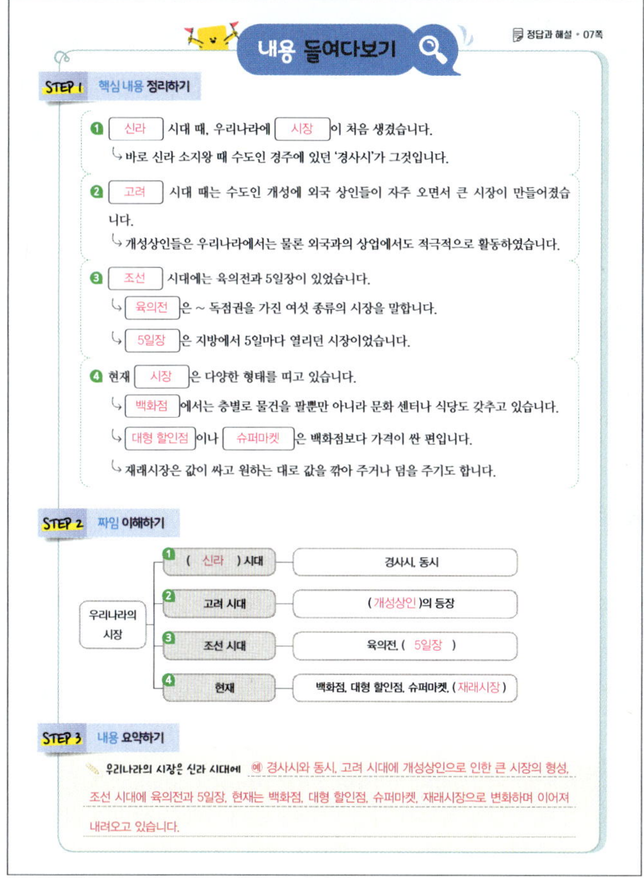

문제로 확인하기

본문 · 034쪽

1 ⑤ **2** [1] – ㉠ [2] – ㉢ [3] – ㉡ **3** ④
4 재래시장

1 재래시장은 값이 백화점, 대형 할인점, 슈퍼마켓보다 싸고 원하는 대로 값을 깎아 주거나 때로는 덤을 줄 때도 있어요. 또 노점상이라고 하는 손수레에 물건을 싣고 파는 가게도 있어요.

오답 풀이

① 문화 센터를 가지고 있는 시장의 형태는 백화점이에요.

② 산 물건의 교환과 환불이 원활한 시장은 백화점, 대형 할인점과 슈퍼마켓이에요.

③ 물건에 제 값이 있어 대체로 가격을 깎기 힘든 것은 백화점이에요.

④ 재래시장은 비교적 물건 값이 싸서 덤을 줄 수도 있어요.

2 이 글은 우리나라 시장의 역사를 말하고 있어요. 신라 시대, 고려 시대, 조선 시대와 현재 모습까지 시장의 과거와 현재에 대해서 알려 주고 있지요. 신라 시대 때 시장의 특징은 최초의 시장이 생겼고 시장을 감독하는 관청이 있었다는 것이에요. 고려 시대 때는 외국과의 활발한 무역과 교류를 통해 개성상인이 등장했고, 큰 규모의 시장이 만들어졌어요. 조선 시대 때는 육의전과 5일장이 있어요. 육의전은 독점권을 가진 시장이었고, 5일장은 지방에서 5일마다 열리던 시장이었어요.

3 이 글은 우리나라 시장이 시대별로 어떻게 변화했는지에 대해 말하고 있어요. 시장의 역사를 통해 시장이 처음 생긴 시대와 과거에서부터 현재에 이르기까지 시대별 시장의 특징을 알 수 있지요. 신라 시대, 고려 시대, 조선 시대와 현재까지 시장의 여러 가지 형태도 알 수 있어요. 시장에서 물건을 구매하는 방법에 대해서는 글에서 언급되지 않았어요.

4 외국 친구들을 데리고 우리나라의 전통적인 모습을 볼 수 있는 시장에 갈 때, 알맞은 시장의 형태를 고르는 문제예요. 현재 시장은 크게 백화점, 대형 할인점, 슈퍼마켓, 재래시장으로 나눌 수 있어요. 특히 재래시장은 조선 시대의 5일장이 계속 문을 열고 있는 형태로 바뀐 것이에요. 즉 조선 시대의 5일장의 모습을 재래시장에서 볼 수 있으므로 우리나라 시장의 전통적인 모습을 보기에는 재래시장이 가장 알맞아요.

어휘력 다지기

본문 · 035쪽

1 ㉢ **2** ㉠ **3** ㉡ **4** 독점권
5 덤 **6** 애용

낱말 더 보기

• **수도**: 한 나라의 중앙 정부가 있는 도시
예 대한민국의 <u>수도</u>는 서울특별시이다.

본문 · 036~039쪽

글의 내용 이 글은 초등학교 5학년의 평균 키와 몸무게 변화를 4학년 때 기록과 비교하여 남녀별로 설명하고 있어요. 이를 '조사 보고문'이라는 글의 형식에 따라 조사 동기, 조사 방법, 조사 내용, 조사 결과로 나눠 말하고 있어요. 자료를 보면 여학생이 남학생에 비해 같은 기간 동안 키가 더 많이 컸고, 몸무게 역시 더 많이 늘었어요. 초등학교 5학년의 키는 여학생이 남학생을 역전하여 더 큰 반면에, 몸무게는 아무리 여학생이 급격하게 늘었어도 결국은 남학생이 더 많이 나간다는 게 조사 결과예요.

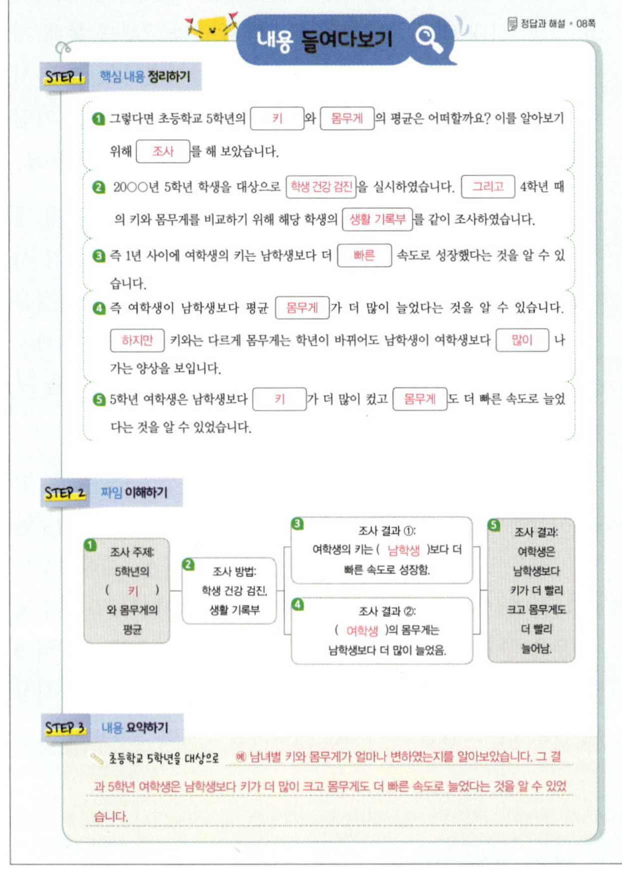

2 이 글의 형식은 '조사 보고문'이에요. 조사 보고문이란 어떤 내용에 대해 조사 연구를 하고, 이를 통해 보고, 듣고, 느끼고, 생각한 것을 쓴 글이에요. 조사 보고문의 형식은 조사 주제 – 조사자, 조사 기간 – 조사 동기 및 방법 – 조사 내용 – 조사 결과 및 결과 분석 – 느낀 점 순으로 글을 나열하는 것이에요. 2문단은 조사 보고문 중 조사 방법에 해당하는 내용이에요. 5학년 학생을 대상으로 건강 검진을 실시하고 이를 4학년 때와 비교하기 위해 생활 기록부를 조사한다는 것은 조사를 어떻게 할 것인지 방법에 대해 이야기한 것이기 때문이에요.

3 〈자료〉를 보고 조사 결과를 분석하는 문제예요. 20○○년 여학생은 몸무게가 5.4kg이 늘었고, 남학생은 4.9kg이 늘었으니까 여학생이 남학생보다 평균 몸무게가 더 많이 늘었다는 ⓒ은 알맞은 내용이에요. 그리고 20○○년 5학년 여학생의 키는 145.6cm이고 남학생의 키는 145cm예요. 즉 여학생과 남학생의 평균 키 차이는 0.6cm로 1cm 이하이기 때문에 ⓔ도 알맞은 내용이에요.

오답 풀이
㉠ 5학년 때는 남학생의 평균 키가 여학생보다 작아요.
㉡ 6학년 때의 남학생과 여학생의 평균 키는 알 수 없어요.

4 5문단의 마지막 문장에서 '꾸준히 성장하기 위해서는 적절한 운동과 식단이 필요합니다.'라고 했어요. 즉 5학년 여학생들처럼 키와 몸무게가 잘 성장하기 위해서는 운동하는 것과 먹는 것이 중요하다고 말하고 있어요. 그러므로 뒤에 이어질 내용은 키와 몸무게가 적절하게 변화하기 위해서 필요한 운동과 식단에 대한 것임을 추측할 수 있어요.

오답 풀이
① 남녀가 성장 속도가 다른 이유와 글의 내용은 관련이 없어요.
② 조사 주제는 5학년 학생들의 평균 키와 몸무게에 대한 내용이므로 6학년에 관한 내용은 알맞지 않아요.
③ 키와 몸무게를 해마다 조사해야 하는 이유와 이 글은 관련이 없어요.
④ 학생 건강 검진은 조사 방법과 관련된 내용이므로 이에 대한 설명은 뒤에 이어질 내용으로 알맞지 않아요.

📋 **문제로 확인하기**

본문 · 038쪽

1 ④ **2** 조사 방법 **3** ⓒ, ⓔ **4** ⑤

1 이 글은 5학년 학생들의 평균 키와 몸무게 변화를 4학년 때와 비교하여 남녀별로 조사한 조사 보고문이에요. 이 글을 통해서 알 수 없는 내용은 5학년의 각 학급별 키와 몸무게의 증가량이에요. 글에서 키와 몸무게를 조사한 표를 보면, 비교하는 기준이 성별과 학년별로 되어 있어요. 남학생과 여학생, 4학년 때와 5학년 때를 서로 비교하고 있지만 학급에 따라 5학년의 키와 몸무게를 조사하지는 않았어요.

💬 **어휘력 다지기**

본문 · 039쪽

1 ⓒ **2** ⓛ **3** ㉠ **4** 검진
5 반면 **6** 양상

글의 내용 이 글은 월식 현상에 대한 기사문이에요. 1문단은 실제로 미국 일부 지역에서 일어났던 개기 월식 현상을 육하원칙에 따라 말하고 있어요. 33년 만에 가장 긴 개기 월식이 일어났다고 해요. 2문단은 월식의 개념과 개기 월식 현상인 블러드문이 생기는 이유에 대해 이야기하고 있어요. 월식은 지구의 그림자가 달을 가리는 현상이에요. 그리고 왜 개기 월식에서 달이 붉은색을 띠는지에 대해 언급해요. 3문단에서는 일식의 정의와 종류를 설명하고 있어요. 일식은 달이 태양의 일부나 전부를 가리는 현상이에요. 월식과 일식은 모두 태양, 지구, 달의 위치에 따라 생기는 현상이지만 각각 다른 특성을 가지고 있어요.

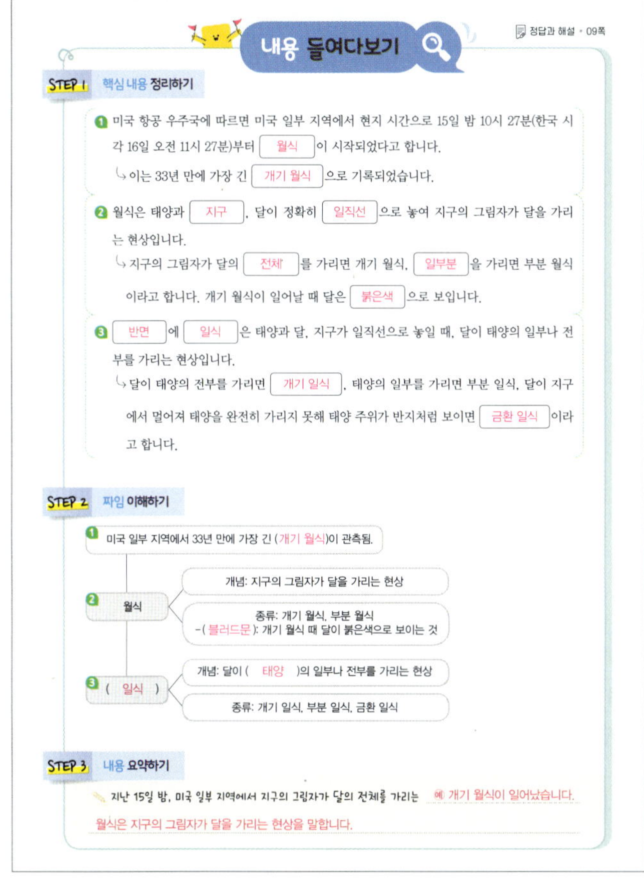

2 이 글에서는 월식과 일식 현상을 비교하고 있어요. 두 현상 모두 태양, 지구, 달의 위치와 관련된 것이지만 차이점이 있어요. 월식은 태양, 지구, 달이 일직선에 있어 지구의 그림자가 달을 가리는 현상이에요. 어떻게 달을 가리느냐에 따라서 개기 월식, 부분 월식으로 나누어요. 반면에 일식은 태양, 달, 지구가 일직선으로 놓일 때 달이 태양의 일부나 전부를 가리는 현상이에요. 달이 태양의 전부를 가리면 개기 일식, 일부를 가리면 부분 일식, 달이 지구에서 멀어져 태양을 완전히 가리지 못해서 태양 주위가 반지처럼 보이면 금환 일식이라고 해요.

3 ㉮는 15일 미국 일부 지역에서 일어난 개기 월식 현상이에요. 이번 월식은 미국 일부 지역에서만 볼 수 있었어요. 그래서 미국 항공 우주국과 그리피스 천문대 등에서는 유튜브를 통해 월식 현상을 생중계하였어요.

오답 풀이

① 이번 월식은 미국 일부 지역에서만 볼 수 있었어요.
③ 이번 월식은 한국에서 '개기 월식'이라고 불렀어요.
④ 이번 월식은 미국 항공 우주국과 그리피스 천문대 등에서 유튜브로 현장을 생중계하였어요.
⑤ 이번 월식은 33년 만에 가장 긴 월식으로 기록되었어요.

4 블러드문은 개기 월식 현상으로 달이 붉은색을 띠는 것이에요. 파장이 짧은 보라색이나 파란색은 산란이 되어요. 하지만 긴 파장을 가진 붉은색은 달의 표면에 도달해 굴절되어 다시 지구로 돌아와요. 그렇게 붉은색을 띤 달을 지구에서 우리들이 보는 것이지요. 이는 아침, 저녁의 노을이 붉은 이유와 같아요. 아침과 저녁에는 빛의 경로가 길어요. 이 긴 빛의 경로를 긴 파장을 가진 붉은색만이 도달해, 우리의 눈에서 산란이 되기 때문에 노을이 붉어 보이는 것이지요.

문제로 확인하기

본문 · 042쪽

1 ③
2 (1) – ㉢ (2) – ㉠ (3) – ㉡
3 ②
4 파장, 긴

1 이 글은 기사문의 형식으로 쓰였어요. 기사문은 육하원칙에 따라 누가, 언제, 어디서, 무엇을, 어떻게, 왜를 고려해 써야 해요. 그리고 많은 사람들이 기사문을 보고 소식을 알게 되므로 다른 사람들도 알아야 할 만한 가치 있는 소재로, 사실에 입각해서 적어야 해요. 그리고 많은 사람들이 읽는 기사문인 만큼 어법에 맞는 문장으로 써야 해요.

어휘력 다지기

본문 · 043쪽

1 ㉡ **2** ㉢ **3** ㉠ **4** 일부분
5 관측 **6** 반사

낱말 더 보기

• **일직선:** 한 방향으로 쭉 곧은 줄. 또는 그런 형태
㉠ 야구공이 <u>일직선</u>으로 날아갔다.

글의 내용 이 글은 우리나라의 문화유산인 바위그림, 민화, 고려청자, 조선백자에 대해 설명한 글이에요. 바위그림은 석기 시대나 청동기 시대 때 사람들이 큰 바위에 새겨 놓은 그림으로, 그 당시 사람들의 생활 모습을 알 수 있지요. 민화는 조선 후기 평민들 사이에서 유행한 그림으로, 소박하고 익살스러운 아름다움을 느낄 수 있어요. 고려청자는 고려 시대 때 많이 만들어진 푸른색의 도자기예요. 세련되고 고급스러운 미를 느낄 수 있지요. 조선백자는 조선 시대 때 만들어진 흰 색의 도자기로 수수하고 은은한 멋이 있어요.

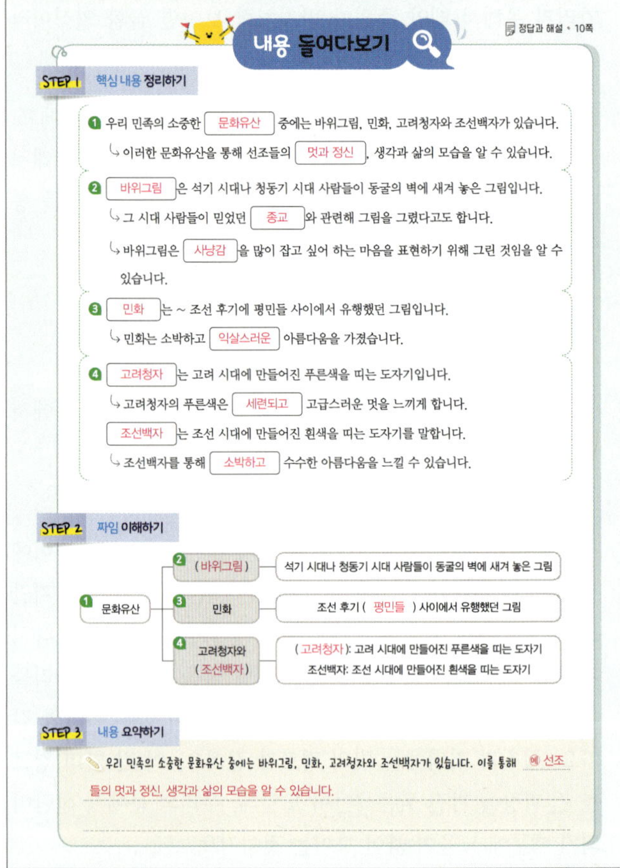

문제로 확인하기

본문 · 046쪽

1 ②   **2** ㉠ – 푸른색 ㉡ – 조선 시대 ㉢ – 여러 가지 그림을 그림   **3** ②   **4** 고려청자

1 민화는 조선 후기에 평민 계층에서 유행했던 그림이에요. 민화는 세련되지는 않지만 민화만의 소박하고 익살스러운 미를 느낄 수 있어요. 민화의 소재는 주로 호랑이, 거북이와 같은 동물과 꽃, 산과 같은 자연물이었어요. 바위그림도 호랑이, 거북이와 같은 동물을 그렸다는 점이 민화와 같아요.

2 고려청자는 고려 시대 때 만들어진 푸른색의 도자기를 말해

요. 고려청자는 국화, 학, 구름 등 여러 가지 그림을 도자기에 그려서 꾸며요. 반면에 조선백자는 조선 시대 때 만들어진 흰색의 도자기예요. 조선백자는 특별한 기법을 사용하지 않고 도자기에 흰색 흙을 씌워서 만들어요.

3 바위그림은 석기 시대나 청동기 시대 사람들이 큰 바위에 새겨 놓은 그림이에요. 당시 사람들의 생활 모습을 바위그림을 통해 알 수 있어요. 바위그림은 특히 사냥과 관련된 그림이 많아요. 이는 그 당시 사람들의 관심과 소망이 많은 사냥감을 잡는 것이지 않았을까 추측하게 해요.

오답 풀이

① 이 글을 통해서 바위를 신성하게 여겼는지는 알 수 없어요.

③ 2문단에서 바위그림은 바위의 반듯한 면에 굵은 선으로 간단하게 그렸다고 했어요.

④, ⑤ 2문단에서 믿던 종교와 관련된 내용이나 많은 사냥감을 잡기 바라는 마음을 바위그림으로 표현했다고 했어요.

4 은입사는 은을 실처럼 얇게 만들어 장식하는 방법이에요. 나전 칠기는 자개를 붙여서 꾸미는 방법이에요. 은입사와 나전 칠기는 모두 고려 시대 때 귀족 문화를 보여 주는 예로, 화려하고 고급스러운 아름다움을 느낄 수 있어요. 이런 아름다움을 느낄 수 있는 것은 〈보기〉의 고려청자예요. 고려청자의 푸른색은 세련되고 고급스러운 멋을 느끼게 해요.

어휘력 다지기

본문 · 047쪽

1 ㉡   **2** ㉠   **3** ㉢   **4** 소박한
5 수수하다   **6** 익살스러운

🔍 낱말 더 보기

• **신성하다**: 함부로 가까이할 수 없을 만큼 고결하고 거룩하다.
　예 이곳은 매년 제사를 지내는 곳이기 때문에 사람들에게 신성하게 여겨졌다.

• **세밀하다**: 자세하고 꼼꼼하다.
　예 주인공들의 성격을 세밀하게 파악해 놓았다.

• **지도자**: 남을 가르쳐 이끄는 사람
　예 그는 이 무리의 새로운 지도자가 되었다.

• **계층**: 사회적 지위가 비슷한 사람들의 층
　예 요즘은 계층 간의 이동이 쉽지가 않다.

Day 10 낱말 사이의 관계

글의 내용 이 글은 낱말 사이의 관계를 세 가지로 나누어 설명하고 있어요. 어떤 낱말이 다른 낱말을 포함하거나 포함될 때 쓰이는 포함하는 낱말과 포함되는 낱말, 소리는 다르지만 뜻이 비슷할 때 사용하는 뜻이 비슷한 낱말, 서로 반대되는 뜻을 가지는 뜻이 반대되는 낱말을 각각 예를 들어 말하고 있어요.

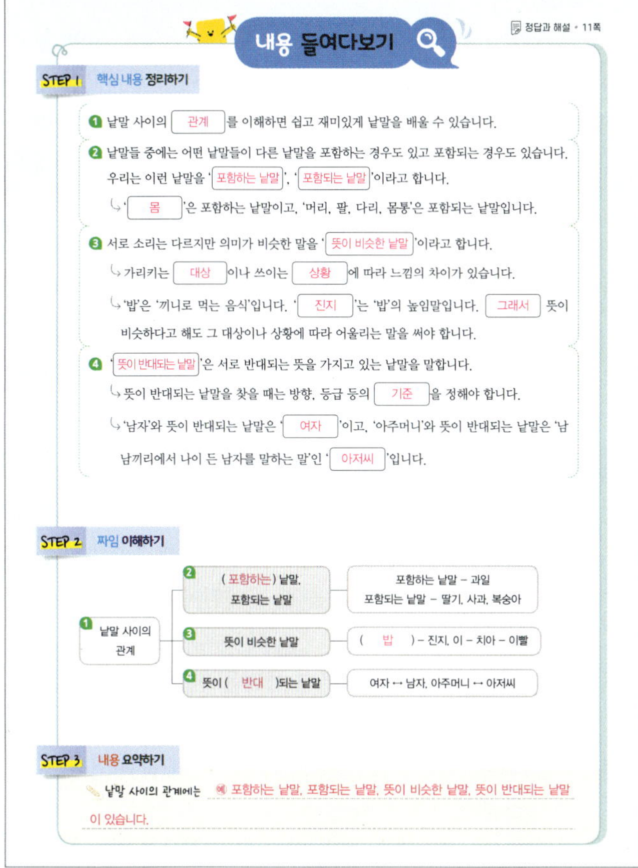

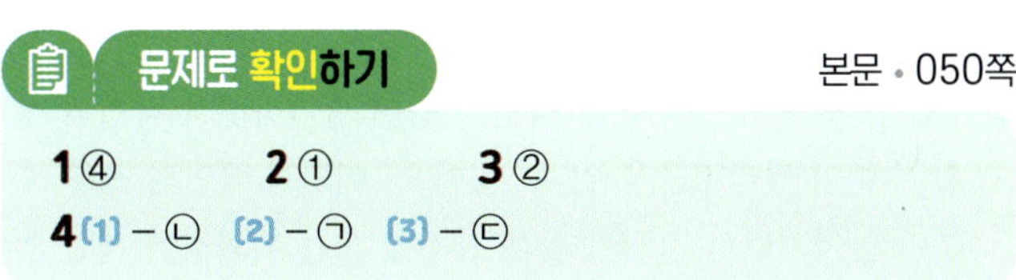

문제로 확인하기

본문 · 050쪽

1 ④   **2** ①   **3** ②
4 [1] – ㉡   [2] – ㉠   [3] – ㉢

1 '뜻이 비슷한 낱말'은 소리는 다르지만 뜻이 비슷하기 때문에 서로 바꾸어 써도 문장의 뜻이 크게 달라지지 않아요. 하지만 이런 비슷한 말이라 하더라도 가리키는 대상이나 쓰이는 상황에 따라 느낌의 차이가 있어요.

오답 풀이
① '딸기, 사과, 복숭아'는 채소가 아니라 과일에 포함돼요.
② 하나의 말에 비슷한 뜻을 가진 말은 하나일 수도 여럿일 수도 있어요, 예를 들어 '이'와 비슷한 낱말에는 '치아'와 '이빨'이 있어요.

---

③ 뜻이 반대되는 말을 찾을 때에는 방향, 등급 등의 기준을 정해야 하므로 '아주머니 ↔ 아저씨', '여자 ↔ 남자'가 서로 '뜻이 반대되는 낱말'이에요.
⑤ 의미는 비슷하지만 소리가 다른 두 낱말은 '뜻이 비슷한 낱말'이에요. 포함하는 낱말은 '머리, 팔, 다리, 몸통, 몸' 중에서 '몸'이에요.

2 이 글에서는 '뜻이 비슷한 낱말'의 예로 '밥 – 진지', '이 – 치아 – 이빨'을 말하고 있어요. '뜻이 반대되는 낱말'에는 '여자 ↔ 남자', '아주머니 ↔ 아저씨'를 예로 들어 설명하고 있어요.

3 어떤 낱말이 다른 낱말을 포함하는 경우는 '포함하는 낱말'이라고 해요. 또 어떤 낱말이 다른 낱말에 포함되는 경우는 '포함되는 낱말'이라고 해요. ①, ③, ④, ⑤는 포함하는 낱말과 포함되는 낱말 간의 관계예요. 하지만 ②는 '이름'의 '뜻이 비슷한 낱말'이에요. '성명'은 '이름'과 비슷하게 쓰이는 말이고, '성함'은 '성명'의 높임말이에요. '존함'은 남의 이름을 높여 이르는 말이에요.

4 '위 – 아래'는 서로 방향이 반대인 낱말이에요. 즉 서로 반대되는 뜻을 가지고 있는 '뜻이 반대되는 낱말'이에요. '국가 – 나라'는 서로 소리는 다르지만 뜻이 비슷하게 쓰여서 서로 바꾸어 쓸 수도 있는 '뜻이 비슷한 낱말'이에요. '동물 – 사자, 호랑이'에서 '동물'은 '포함하는 낱말', '사자, 호랑이'는 '포함되는 낱말'이에요.

어휘력 다지기

본문 · 051쪽

1 기준   **2** 치아   **3** 끼니   **4** 의미
5 포함   **6** 등급

낱말 더 보기

- **낮잡다**: 실제로 지닌 값보다 낮게 치다.
  예 물건값을 낮잡아 부르다.
- **점잖다**: 언행이나 태도가 의젓하고 신중하다.
  예 아버지는 점잖게 말씀하셨다.

Day 11 백화점의 발전

(글의 내용) 이 글은 백화점이 현재 모습을 갖추기까지 백화점의 발전 시기와 모습에 대해서 이야기하고 있어요. 1문단은 백화점의 정의와 특징에 대해서 말하고 있어요. 백화점은 여러 가지 물건을 종류에 따라 진열해 놓고 소비자가 마음껏 구경을 한 뒤에 구입할 수 있는 대규모 상점이에요. 2문단은 우리나라 최초의 백화점에 대해서 말하고 있어요. 우리나라 최초의 백화점은 김윤 백화점이에요. 하지만 현대의 백화점과 유사한 백화점은 화신 백화점이에요. 3문단은 1970년대에 우리나라 백화점이 발전하게 된 상황과 현재의 모습에 대해서 말하고 있어요.

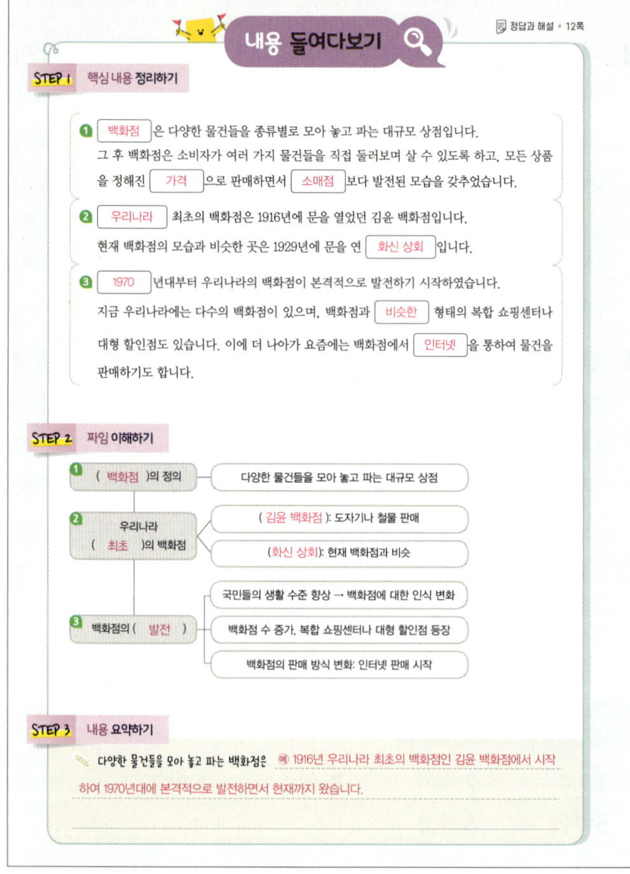

문제로 확인하기

1 ㉠, ㉣   2 ③   3 ①
4 (예) 백화점에 대한 인식이 변화됨. 백화점에서 소비하는 사람들이 많아짐. 백화점이 많아짐.

1 이 글에서는 백화점의 정의와 특징, 최초의 백화점과 발전 시기, 백화점의 현재의 모습을 알 수 있어요. 1문단에서는 백화점의 정의와 특징을, 2문단에서는 최초의 백화점을, 3문단에서는 백화점이 어떻게 발전하여 현재의 모습을 띠고 있는지를 설명하고 있어요.

2 이 글은 백화점의 발전과 변화에 대한 글로, 최초의 백화점에서부터 백화점이 발전할 수 있었던 배경과 현대 백화점의 다양한 형태와 진화되는 판매 방식에 대해 설명하고 있어요. 백화점에서는 가격이 미리 정해져 있고 함부로 흥정을 하고 값을 깎을 수 없어요.

오답 풀이
① 백화점은 종류별로 나누어진 다양한 물건들을 모아 놓고 파는 상점이에요.
② 백화점은 물건을 생산하는 방법이 기계화되면서 가능하게 된 판매 형태예요. 물건을 대량으로 만들 수 있으니 대량으로 많이 팔 수 있는 판매 형태가 필요했던 것이죠.
④, ⑤ 백화점은 여러 종류의 물건을 나누어 진열한 뒤에 소비자가 마음껏 구경하다가 물건을 구입할 수 있게 되어 있어요. 이는 소매점에서 소량의 물건을 가져다가 팔고 구입할 수 있는 형태보다 더 발전된 판매처의 모습이라고 볼 수 있어요.

3 ㉮는 요즘 인터넷 쇼핑이 유행을 하다 보니, 백화점에서도 인터넷을 통해 물건을 팔고 있다는 내용이에요. 이렇게 인터넷을 이용해 물건을 팔면 물건을 팔고 진열할 때 필요한 공간을 절약할 수 있어요. 또한 물건을 팔 판매원이 없어도 돼요.

오답 풀이
② 인터넷으로 물건을 판매하면 물건을 진열할 때 필요한 공간이 없어도 되므로 가게 임대료를 안 내도 돼요.
③ 인터넷으로 물건을 판매하는 것과 고객의 불만을 듣지 않는 것은 관련이 없어요.
④ 인터넷으로 판매하는 것과 더 비싼 가격으로 물건을 파는 것은 관련이 없어요.
⑤ 인터넷으로 판매하는 것과 소비자가 귀한 물건을 살 수 있는 것은 관련이 없어요.

4 〈보기〉를 보면 1970년대 국민 소득이 증가하면서 국민의 생활 수준이 달라졌음을 알 수 있어요. 이렇게 국민의 생활 수준이 높아지면서 가격이 높은 물건을 파는 백화점에 대한 인식이 달라졌어요. 백화점을 이용하는 소비자들이 많아지면서 백화점의 수도 증가하게 되지요.

어휘력 다지기

1 ㉡   2 ㉠   3 ㉢   4 대폭
5 철물   6 상회

글의 내용 학교 급식의 문제점을 해결하고 학생들의 건강과 성장을 위한 급식 관리 방법을 세 가지로 나누어서 말하고 있어요. 학생들의 성장과 발달을 위해서 유통 기한이 지난 식재료나 낮은 품질의 식재료는 사용하면 안 돼요. 싱싱하고 건강한 식재료를 사용해야 하지요. 두 번째는 조리원들의 청결에 관한 것이에요. 항상 청결한 상태를 유지하고 음식을 만들어야 해요. 세 번째는 조리 시설 및 기구의 청결을 유지하는 것이에요. 식판과 젓가락, 숟가락은 다수의 사람들이 사용하기 때문에 깨끗하게 관리해야 해요.

내용 들여다보기　정답과 해설 · 13쪽

STEP 1　핵심 내용 정리하기

❶ 급식에 관한 이슈는 급식에 대한 〔경각심〕을 느끼게 합니다. 그렇다면 학생들의 건강을 지키고 올바른 성장을 돕기 위해 학교에서는 〔급식〕을 어떻게 만들어야 할까요?

❷ 〔유통 기한〕이 지났거나 〔품질〕이 낮은 식재료를 사용하지 않아야 합니다.
↳ 또 신선하지 않거나 품질이 안 좋은 재료는 신체의 〔성장〕과 〔발달〕에 나쁜 영향을 끼칩니다. ~ 싱싱하고 질 좋은 〔식재료〕를 구하기 위해 좋은 유통 업체를 선정하는 등의 노력을 아끼지 말아야 합니다.

❸ 음식을 만드는 사람들은 늘 〔깨끗〕해야 합니다.
↳ 음식을 만들기 전에는 반드시 〔손〕을 씻어야 합니다. 음식을 만들기 위해서는 깨끗이 세탁하고 관리한 〔조리복〕과 머리카락이 들어가는 것을 방지하기 위한 조리용 〔모자〕와 마스크, 장갑을 착용해야 합니다.

❹ 조리사의 청결은 물론 조리 〔시설〕의 청결 상태도 확인해야 합니다.
↳ 조리를 할 때 주로 사용하는 도구들의 〔청결〕을 유지해야 합니다. 여러 사람이 사용하는 숟가락, 젓가락, 식판도 깨끗하게 씻어 〔살균〕 처리해야 합니다.

STEP 2　짜임 이해하기

❶ 학교 급식의 관리
- ❷ 싱싱하고 질 좋은 (식재료) — 유통 기한이 지났거나 품질이 낮은 식재료 사용하지 않기
- ❸ (음식을 만드는 사람)의 청결 — 손 씻기 및 조리복, 모자, 마스크, 장갑 착용
- ❹ 조리 시설의 (청결) — 조리 도구의 청결 유지, 숟가락, 젓가락, 식판 살균 처리

STEP 3　내용 요약하기

학교 급식을 조리할 때에는 싱싱하고 질 좋은 식재료를 사용하고, **예** 음식을 만드는 사람과 조리 시설의 청결을 유지해야 합니다.

문제로 확인하기　본문 · 060쪽

1 관리하고 조리하는 사람들　**2** ⑤　**3** ④
4 ㉢

1 이 글은 학교 급식이 다수의 학생들이 먹는 것이기에 식재료부터 조리사의 청결, 조리 시설까지 철저한 기준과 관리가 필요하다고 하며 이를 위한 여러 방법을 알려 주고 있어요. 식재료는 싱싱하고 건강한 것으로 사용하고, 조리 시설은 항상 청결하게 유지해야 돼요. 조리사는 조리복을 입고 모자, 마스크, 장갑을 착용해서 청결한 상태에서 음식을 만들어야 해요. 따라서 이 글은 학교 급식을 관리하고 조리하는 사람들이 읽

기에 알맞아요.

2 급식에 관한 이슈로 이 글에서는 급식 메뉴 부실, 집단 식중독 사건, 급식 위생 문제 등에 대해서 언급하고 있어요. 이 이슈들과 관련한 내용으로는 급식의 맛과 양에 대한 것을 생각해 볼 수 있죠. 급식 위생과 관련해서는 장염에 걸린 친구가 있었다는 것을 떠올릴 수 있어요. 또한 식판에 묻은 음식물 찌꺼기에 대한 것도 관련된 내용일 수 있어요. 하지만 글에서 언급한 급식에 대한 이슈와 식사 시간을 규칙적으로 가지느냐 안 가지느냐는 관련이 없어요.

3 ㉯는 학생들의 건강한 신체의 발달과 성장을 위해 '학교에서는 급식을 어떻게 만들어야 할까요?'예요. 즉 식재료, 조리원, 조리 시설을 어떻게 해야 할 것인지에 대해 묻고 있어요. 글에서 해결 방안은 세 가지로 이야기했어요. 첫째는 신선하고 질 좋은 식재료의 사용이고, 둘째는 조리사들의 청결, 셋째는 조리 시설의 청결 유지예요. 급식 식재료를 구매할 업체를 선정할 때는 저렴한 가격보다는 식재료의 품질을 고려해야 해요.

4 A씨는 학교 급식 영양사로 맛과 영양, 학생들의 만족도를 모두 충족시킨 건강한 식단을 학생들에게 제공했다고 했어요. 특히 A씨는 '아이들이 맛있는 급식을 먹고 즐거운 학교 생활을 하며 건강하게 자랐으면 좋겠다.'라고 이야기했어요. A씨의 입장에서 이 글을 읽고 할 말이 있다면, '급식은 어머니가 차려 주신 밥상처럼 몸의 성장과 발달을 고려해야 해요.'가 가장 알맞아요.

어휘력 다지기　본문 · 061쪽

1 ㉡　**2** ㉢　**3** ㉠　**4** 경각심
5 유통 기한　**6** 식중독

낱말 더 보기

- **선정하다**: 여럿 가운데서 어떤 것을 뽑아 정하다.
  예 그곳을 우수 업체로 선정하였다.
- **위생**: 건강에 유익하도록 조건을 갖추거나 대책을 세우는 일
  예 식약처에서 불시에 위생 점검을 나왔다.
- **유통**: 상품 따위가 생산자에서 소비자, 수요자에 도달하기까지 여러 단계에서 교환되고 분배되는 활동
  예 직거래는 유통 구조를 간소화한 판매 방식이다.

Day 13 위대한 과학자 마리 퀴리

글의 내용 이 글은 마리 퀴리의 일대기를 쓴 글로, 글의 형식은 전기문이에요. 마리 퀴리는 결혼 후 우라늄에서 빛이 뿜어져 나온다는 것에 흥미를 갖고 역청 우라늄을 잘게 쪼개고 끓여서 라듐을 뽑아냈어요. 사람들은 라듐을 뽑아내는 방법을 돈으로 사서 알아내려고 했지만, 퀴리 부부는 아무런 대가 없이 라듐에 대한 정보를 공개했어요. 이후 라듐 연구의 공로를 인정받아 노벨상을 받았어요. 하지만 마리 퀴리는 이런 영광에도 불구하고 자신이 발견한 라듐에서 나온 방사능으로 인해 죽음을 맞았어요.

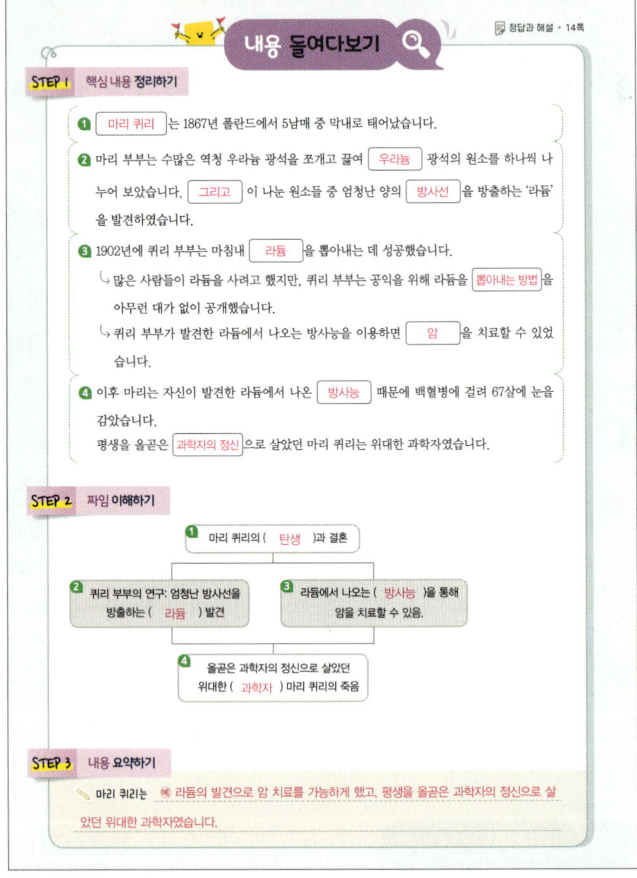

문제로 확인하기

1 ③   2 ⑤   3 [1] X [2] O [3] O
4 ㉠ – 라듐 ㉡ – 방사능

1 이 글은 마리 퀴리의 일생을 쓴 전기문이에요. 마리 퀴리는 라듐을 발견해서 첫 번째 노벨상을 받았지요. 라듐은 역청 우라늄 광석을 잘게 쪼개어 끓여서 아주 적은 양을 얻을 수 있어요.

오답 풀이
① 라듐에서 나오는 방사능을 이용해 암을 고칠 수 있어요.
② 이 글에서 라듐에 퀴리 부부의 아이 이름을 붙였다는 내용

은 찾을 수 없어요.
④ 많은 양의 역청 우라늄 광석을 끓여서 아주 적은 양의 라듐을 얻을 수 있어요.
⑤ 라듐에서는 사람에게 해로운 전자기파인 방사능이 나와요. 이것 때문에 마리 퀴리도 병을 얻어 죽게 되었어요.

2 이 글은 전기문으로, 마리 퀴리의 일생을 통해 감동과 교훈을 얻을 수 있어요. '올곧은 과학자 정신'을 가진 마리 퀴리는 사람들에게 큰 감동을 주었어요. 아무런 대가 없이 라듐을 뽑아내는 방법을 공개함으로써 암 치료의 길을 열어 의학 발전에 도움을 주었지요. 라듐을 발견하기까지 무려 5년의 시간이 흘렀지만 자신이 하고자 하는 일은 끝까지 해냈었죠. 이렇게 라듐을 발견했지만 마리 퀴리는 라듐에서 나온 방사능 때문에 죽었어요. 자신의 목숨을 바치면서까지 연구를 손에서 놓지 않은 것이에요. 마리 퀴리는 자신과 남편의 명예나 개인적인 이익 때문에 라듐을 연구하지는 않았어요.

3 이 글은 마리 퀴리의 일생을 담은 전기문이므로 전기문의 특징에 대해 묻고 있어요. 전기문은 대부분 시간 순서대로 주인공의 일대기를 다루어요. 그리고 주인공이 한 일을 널리 알리고 이를 통해 독자들이 감동을 받고 본받을 점을 깨닫게 해 주어요.

4 전기문을 읽고 주인공에게 독자가 편지를 썼어요. 마리는 역청 우라늄 광석에서 라듐을 뽑아내는 방법을 발견했고 라듐에서 나온 방사능을 통해 암 치료에 기여함으로써 노벨상을 두 번이나 수상했어요. 그럼에도 불구하고 마리는 자신이 발견한 라듐에서 나온 방사능 때문에 죽음을 맞게 되어요. 한평생 연구에 매진하며 올곧은 과학자 정신으로 살았던 마리 퀴리는 위대한 과학자였어요.

어휘력 다지기

1 ㉡   2 ㉠   3 ㉢   4 방출
5 대가   6 자체

🔍 낱말 더 보기

• **매진**: 어떤 일을 전심전력을 다하여 해 나감.

예 대표팀이 훈련에 매진한 결과, 좋은 성적을 거둘 수 있었다.

글의 내용 이 글은 세계적으로 유명한 건축물인 만리장성과 석굴암에 대해서 이야기하고 있어요. 만리장성은 6세기부터 16세기까지 산성의 길이를 늘려가며 지었는데, 북방 유목 민족의 침입을 막고 무역의 중심지 역할을 하였어요. 석굴암은 과학, 예술, 종교가 집합된 과학적인 건축물이에요. 특히 주실의 본존불은 숭고함을 느끼게 하지요. 그리고 주실의 돔 형식 천장에서는 독창성을 엿볼 수 있어.

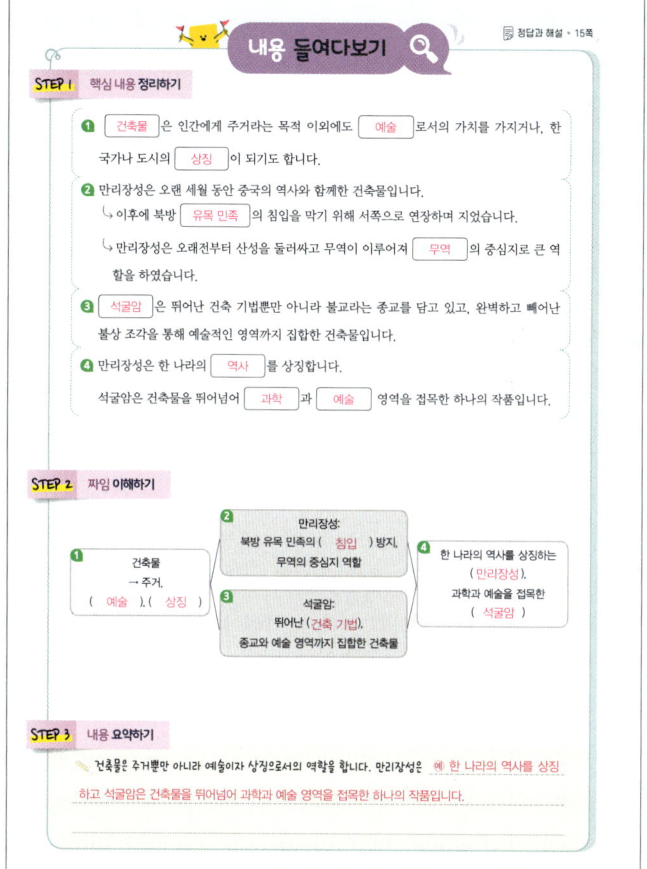

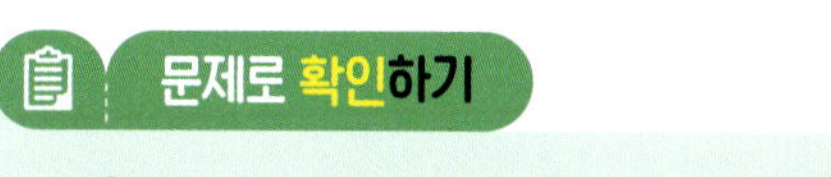
문제로 확인하기　　　　　　본문 · 068쪽

1 ③　　　　**2** (1) O (2) X (3) X (4) X
3 (1) – ㉡ (2) – ㉢ (3) – ㉠　　　　**4** 정현

1 2문단에서 세계의 유명한 건축물인 만리장성의 특징과 그 사연을 말하고 있어요. 만리장성은 중국의 위대함을 알리기 위해서가 아니라 북방 유목 민족의 침입에 대항하기 위해서 만들어졌어요. 또 무역의 중심지이기도 했지요.

　오답 풀이

① 만리장성은 6세기부터 16세기까지 산성의 길이를 늘려 갔어요. 지금의 모습은 16세기의 모습이지요. 중국의 오랜 역사가 담긴 것이 만리장성이에요.

② 6세기에 만리장성을 만들었을 때는 길이가 1,500킬로미터였어요.

④ 만리장성은 북방 유목 민족의 침입에 대항한다는 군사적 역할도 담당했어요.

⑤ 만리장성의 지금의 모습은 16세기에 완성되었어요.

2 이 글을 읽는 알맞은 방법에 대한 문제예요. 이 글은 세계의 건축물 중 만리장성과 석굴암의 특징을 건축물이 가진 사연과 함께 이야기하고 있어요. 즉, 건축물의 특징과 그에 얽힌 사연을 파악하며 글을 읽어야 해요.

3 3문단에서 우리나라의 석굴암에 대해서 말하고 있어요. 석굴암은 전실, 복도, 주실로 공간이 나뉘어져 있어요. 전실은 네모난 방으로 벽에는 불상들이 조각되어 있지요. 전실과 주실은 복도로 연결되어 있어요. 주실은 원형의 방이고 천장이 돔 형식이에요. 특히 주실에 있는 본존불은 신비스러움과 숭고미를 느끼게 해요.

4 이 글을 읽고 떠오르는 생각이나 느낌을 알맞게 말한 친구를 고르는 문제예요. 석굴암은 종교, 예술, 과학을 아우르는 과학적인 건축물이라는 정현이의 생각이 알맞아요.

　오답 풀이

지호: 만리장성에 지금까지 밝혀지지 않은 뛰어난 건축 기술이 사용되었다는 내용은 찾을 수 없어요.

서우: 6세기부터 16세기까지 오랜 세월 동안 많은 사람들의 힘으로 변화된 것은 석굴암이 아닌 만리장성이에요.

어휘력 다지기　　　　　　본문 · 069쪽

1 숭고하다　**2** 집합하다　**3** 신비하다　**4** 주거
5 침입　　**6** 무역

낱말 더 보기

· **위대하다:** 도량이나, 능력, 업적 따위가 뛰어나고 훌륭하다.
　예 어머니의 사랑은 <u>위대하다</u>.

· **원형:** 둥근 모양
　예 그 공원 한편에는 <u>원형</u>으로 돌아가는 놀이 기구가 있었다.

· **오랜:** 이미 지난 동안이 긴
　예 <u>오랜</u> 경험을 통해 정확한 치수를 알 수 있었다.

· **아우르다:** 여럿을 모아 한 덩어리나 한 판이 되게 하다.
　예 친구들을 <u>아우르는</u> 그의 리더십은 훌륭하다.

 이 글은 신재생 에너지로 각광을 받고 있는 바다의 여러 자원에 대한 정보를 순서대로 제공하고 있어요. 바다에는 다양한 종류의 자원들이 있는데, 생물 자원, 광물 자원, 에너지 자원으로 나눌 수 있어요. 생물 자원은 인류에게 많은 양의 식량을 제공해 줘요. 광물 자원은 바다 속에 묻혀 있는 석탄, 석유, 천연가스 같은 것이에요. 에너지 자원은 바다를 이용해 에너지를 얻는 것인데 파도의 힘이나 물의 높이 차이, 물의 온도 차이 등을 이용할 수 있어요.

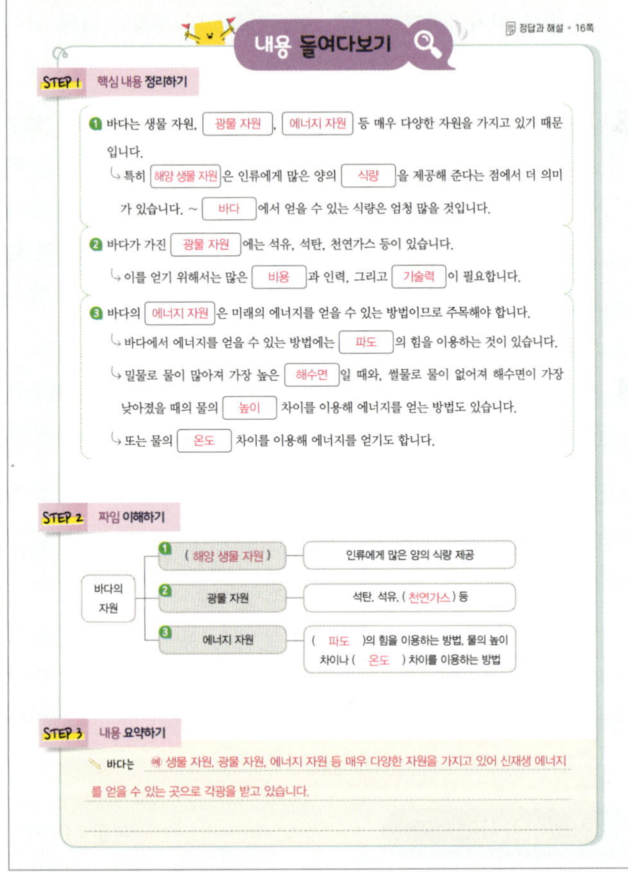

1 ③　　**2** ③　　**3** 서연　　**4** ㉠

1 이 글은 바다의 여러 가지 자원에 대하여 설명하는 글이에요. 광물 자원은 바다 속에 묻혀 있는 자원으로 석탄, 석유, 천연가스 등과 같은 것을 말해요. 이런 광물을 캐려면 많은 비용과 인력, 우수한 기술력이 필요해요.

① 바다는 지구 면적의 70%를 차지해요.
② 바다가 육지보다 식량 생산 능력이 더 높아요.
④ 바다의 해양 생물은 많은 양의 식량을 제공해 준다고 하였어요. 해양 생물이 고갈의 문제를 겪고 있다는 내용은 없어요.

⑤ 바다의 광물 자원인 석유, 석탄은 육지에서도 얻을 수 있지만 이러한 것들이 육지에서 고갈되기 전에 바다의 광물 자원을 개발해야 해요.

2 이 글은 바다의 생물 자원, 광물 자원, 에너지 자원을 순서대로 나열하며 바다의 여러 가지 자원에 대한 정보를 제공하고 있어요.

① 질문하고 답하는 형식은 사용하지 않았어요.
② 전문가의 말을 인용한 부분은 없어요.
④ 다양한 사례를 들어 말하긴 했지만 상대방의 의견에 반대하며 말하고 있지 않아요.
⑤ 대상에 대해 다양한 정보를 제공하지만 반론을 말하지 않았어요.

3 바다의 식량 생산 능력은 육지에 비해 무궁무진해요. 사람들은 바다에서 채취하는 김, 미역, 고등어와 갈치 같은 다양한 해양 생물들을 먹으며 살아갈 수 있어요. 또 바다의 에너지 자원은 오래도록 변함없이 사용할 수 있고, 환경 오염의 문제가 없다는 점에서 미래의 에너지원으로 유용해요. 바다의 자원들을 얻기 위해서 육지보다 자본과 인력이 많이 필요할 수는 있어요. 하지만 육지의 자원이 고갈되기 전에 친환경적인 바다의 자원을 개발하기 위해 노력해야 해요.

4 바다를 이용해 에너지를 얻을 수 있는 방법에는 파도의 힘을 이용하는 방법, 밀물과 썰물의 높이 차이를 이용하는 방법, 물의 온도 차이를 이용하는 방법이 있어요. 그림을 보면 파도 진행 방향과 발전기, 공기실이 나와 있어요. 이 그림은 파력 발전을 그린 거예요. 파도가 치면서 물이 높아졌다가 낮아진 사이에 생기는 공기실의 공기의 흐름이 발전기를 회전시켜 전기를 얻는 거죠. 그래서 그림에 해당하는 설명은 ㉠이에요.

1 ㉢　　**2** ㉠　　**3** ㉡　　**4** 해수면
5 고갈　　**6** 수심

낱말 더 보기

• **나열**: 죽 벌여 놓음. 또는 죽 벌여 있음.
  예 순차적 구성은 사건을 시간의 흐름대로 나열하는 방식이다.

• **반론**: 남의 논설이나 비난, 논평 따위에 대하여 반박함. 또는 그런 논술
  예 그는 상대방의 주장에 반론을 제기하였다.

글의 내용 이 글은 주장하는 말하기의 갈래인 토론과 토의에 대해 설명하는 글이에요. 토론과 토의의 특성을 알아보고 토론과 토의를 할 때 공통적으로 준수해야 하는 예절과 태도에 대해서도 제시하고 있어요.

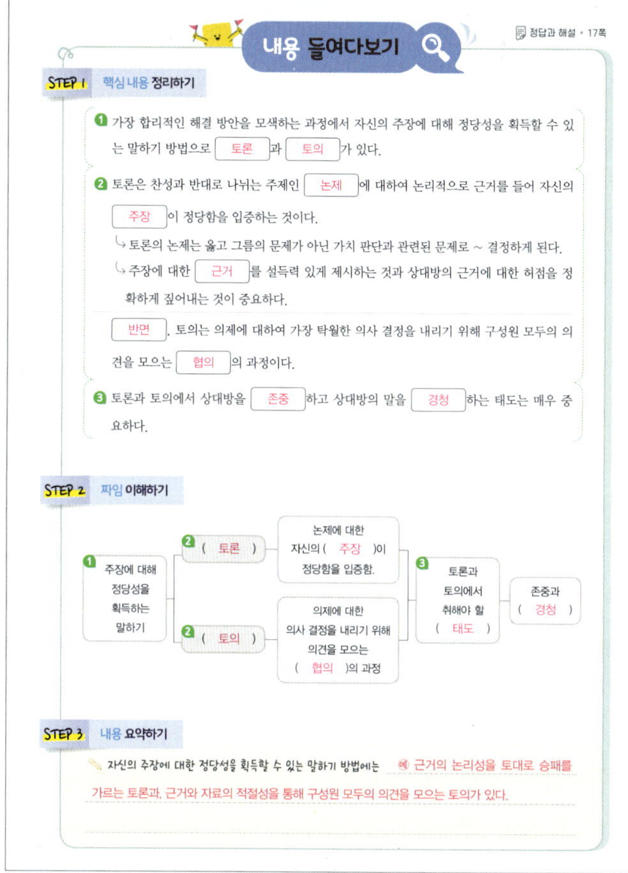

1 ⑤   **2** ⑤   **3** 가인   **4** ④

1 이 글은 토론과 토의의 공통점과 차이점에 대해서 설명하고 있는 글이에요.

2 토론은 찬성과 반대로 나눌 수 있는 논제를 가지고 자신의 주장이 정당함을 논리적인 근거를 들어서 입증하는 말하기 방식이에요. 주어진 절차를 준수하고 자신의 주장을 강화하기 위해 적절한 근거를 사용했는지와 상대의 주장을 논리적으로 반박했는지 등을 종합적으로 고려하여 승패를 결정하므로 토론을 하나의 스포츠로 여기기도 해요. 하지만 무조건 승리한 쪽의 주장을 가지고 의사 결정이 이루어지는 것은 아니에요. 토론은 자신의 주장을 입증하는 과정을 평가하는 것이에요.

오답 풀이

① 토론과 토의의 참여자들은 상대방을 존중하고 상대방의 말을 경청하는 태도를 가져야 해요.
② 토론은 찬성과 반대로 나뉘어 주장의 정당성을 얼마나 논리적으로 입증했는가를 평가하고 겨루는 것이므로 반드시 찬성과 반대로 나눌 수 있는 논제를 선택해야 해요.
③ 토의는 열린 질문에 대한 다양한 의견을 나누며 가장 합리적인 의사 결정을 하는 것을 목표로 해요.
④ 토론이나 토의를 할 때는 자신의 주장에 대해서 객관적이고 설득력 있는 근거가 뒷받침되어야 해요.

3 토론과 토의에서는 경청이 매우 중요한데, 이것은 단순히 태도의 문제뿐만이 아니라 상대방의 주장과 근거를 잘 들어야 적절한 질문과 반박을 할 수 있기 때문이에요. 따라서 자신의 주장에만 집중하고 상대방의 주장을 잘 듣지 않는다는 의견은 적절하지 않아요.

4 '졸업 앨범의 주제를 무엇으로 할까?'와 같은 열린 질문은 토론의 논제가 아닌 토의의 의제로 적절해요.

1 입증   **2** 모색   **3** 모순   **4** 양분
5 도출   **6** 변질

낱말 더 보기

- **편협하다:** 한쪽으로 치우쳐 도량이 좁고 너그럽지 못하다.
  예 독서를 통한 간접 경험으로 편협한 사고를 극복할 수 있다.
- **비판적:** 현상이나 사물의 옳고 그름을 판단하여 밝히거나 잘못된 점을 지적하는. 또는 그런 것
  예 외래문화를 수용할 때는 무조건 받아들일 것이 아니라 비판적 태도를 유지할 필요도 있다.
- **자유 학년제:** 중학교 과정 중 1학년 1, 2학기 동안 중간·기말고사를 보지 않고, 토론·실습 위주의 참여형 수업과 직장 체험 활동 같은 진로 탐색 교육을 받도록 하는 제도
  예 자유 학년제의 취약한 부분을 찾아서 보완해야 한다.

글의 내용 이 글은 가상 공간에서의 집단 따돌림을 의미하는 사이버불링에 대해서 진행자와 전문가의 대화 형식을 빌려 설명한 글이에요. 사이버불링의 정의와 함께 사이버불링의 다양한 형태를 예를 들어 설명하고 사이버불링이 심각한 사회적 문제가 되고 있는 까닭을 말하고 있어요.

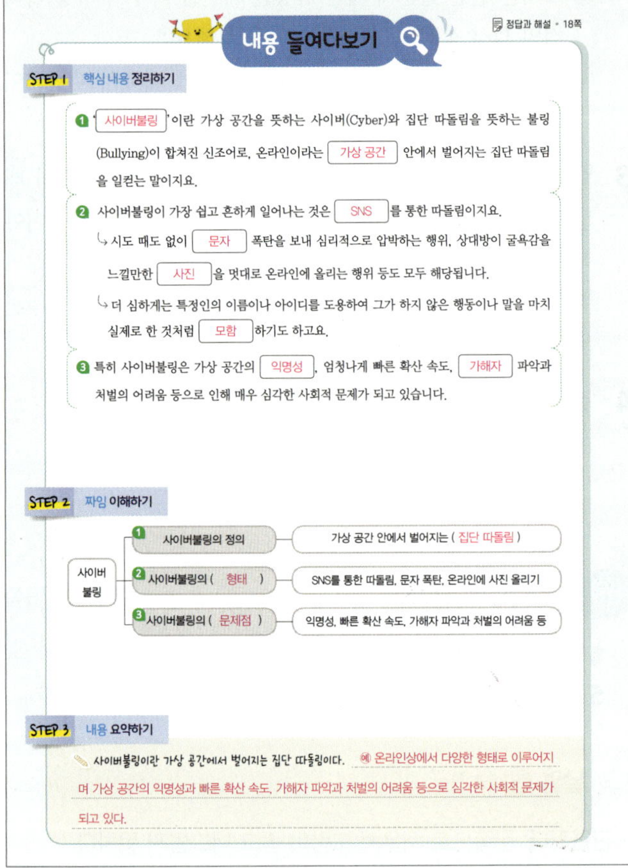

문제로 확인하기   본문 • 082쪽

1 ②   **2** ②   **3** ④   **4** ㉠, ㉡

1 이 글은 사이버불링의 정의와 형태, 문제점에 대해 설명하고 있으므로 이는 사이버불링에 대해 말하고 있다고 볼 수 있어요.

2 사이버불링이 심각한 사회 문제로 대두되고 있다는 내용은 나와 있지만, 이 때문에 우울증에 빠진 청소년이 늘었다고 볼 수 있는 정보는 이 글에 나와 있지 않아요.

3 가상 공간에서는 정보의 이동이 굉장히 빠르게 일어나므로 친구의 개인 정보라고 할 수 있는 사진을 올리는 것은 각별한 주의가 필요해요.

오답 풀이

① 사이버불링으로 고통을 받는 친구가 있다면 방관하기보다는 적극적으로 이를 알리고 도움을 줄 수 있는 방법에 대해 고민해 보는 것이 바람직해요.

② 사이버불링과 신체적 폭력은 모두 우열을 가릴 수 없을 만큼 피해자에게 큰 고통을 주는 행위예요.

③ 친구에게 연달아 문자를 계속 보내는 것은 상대방에게 압박감과 스트레스를 줄 수 있는 행위이므로 하지 말아야 해요.

⑤ 가상 공간의 익명성을 믿고 함부로 다른 친구의 흉을 보거나 상처가 되는 말을 하는 것 자체가 사이버불링이 될 수 있으므로 이러한 행동은 하지 말아야 해요.

4 채팅방에 친구를 초대할 때는 친구가 원하는 행동인지 아닌지 주의를 기울여야 해요. 단톡방에서 계속 나가는 행동은 대화를 더 이상 하고 싶지 않다는 의사 표현이므로 억지로 초대하는 것은 괴롭힘이 될 수 있어요. 또한 친구의 우스꽝스러운 사진을 여러 사람이 볼 수 있는 블로그에 올리는 것은 친구에게 모욕감을 줄 수 있는 행동이므로 해서는 안 돼요.

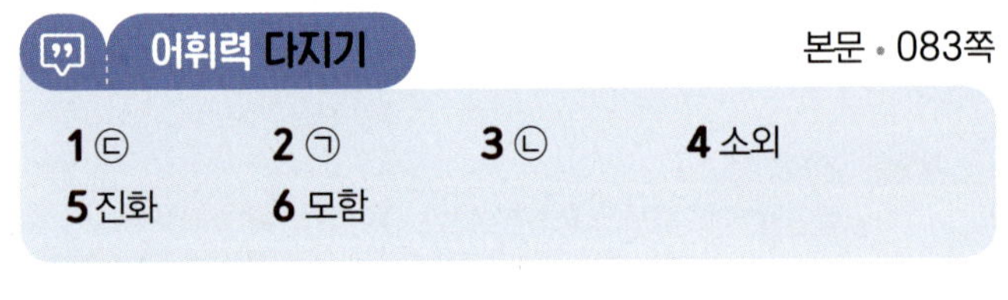

어휘력 다지기   본문 • 083쪽

1 ㉢   **2** ㉠   **3** ㉡   **4** 소외
5 진화   **6** 모함

낱말 더 보기

• **확산**: 흩어져 널리 퍼짐.
  예) 전염병이 무서운 속도로 <u>확산</u>되고 있으므로 개인위생을 더 철저히 하자.

• **현혹**: 정신을 빼앗겨 하여야 할 바를 잊어버림. 또는 그렇게 되게 함.
  예) 그는 남의 말에 너무 쉽게 <u>현혹</u>되는 편이다.

• **안목**: 사물을 보고 분별하는 견식
  예) 그녀는 책을 고르는 <u>안목</u>이 뛰어나다.

• **진솔하다**: 진실하고 솔직하다.
  예) 형석이는 잘못을 <u>진솔</u>하게 털어놓고 용서를 구했다.

글의 내용 이 글에서는 개인이 가지고 있는 고유한 생체 정보를 디지털화하여 인증과 보안에 사용하는 생체 인식 기술에 대해 이야기하고 있어요. 생체 인식 기술의 정의와 작동 과정, 종류와 특징을 구체적으로 설명하고 있어요.

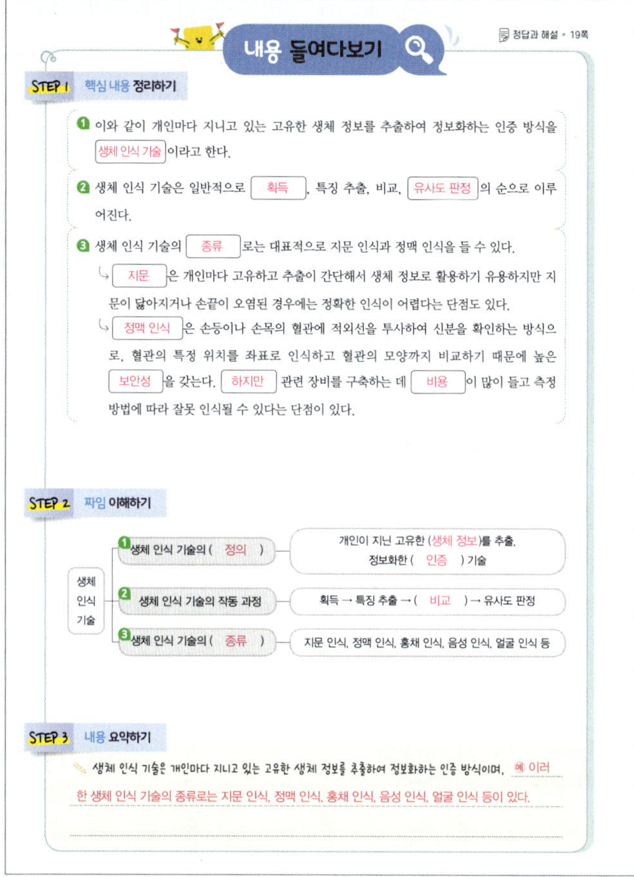

문제로 확인하기   본문 · 086쪽

1 ④   **2** ③   **3** ①   **4** ②

1 생체 인식 기술의 발전 과정이라고 하면 생체 인식 기술이 시간의 흐름에 따라 어떠한 단계를 거쳐 변화되어 왔는지가 드러나야 해요. 하지만 이 글에는 생체 인식 기술의 발전 과정에 대한 설명은 나와 있지 않아요.

2 생체 인식 기술에 활용할 수 있는 생체 정보는 환경의 변화나 수집 방법의 차이에도 민감하게 반응하지 않는 것이어야 해요. 또한 개인의 고유한 특성을 토대로 타인과 구별할 수 있는 충분한 정보를 가지고 있어야 해요.

오답 풀이

① 1문단의 '많은 사람들이 휴대 전화의 잠금 장치를 해제할 때 지문이나 얼굴 인식 기능을 이용한다.'라는 문장을 통

해 지문과 얼굴 인식이 이미 보편적으로 사용되고 있음을 알 수 있어요.

② 생체 인식 기술은 개인만의 고유한 특징을 가지고 있어야 지만 타인과 구별하여 인증하는 데 사용될 수 있어요.

④ 2문단의 '생체 인식 기술은 일반적으로 획득, 특징 추출, 비교, 유사도 판정의 순으로 이루어진다.'라는 문장을 통해 알 수 있어요.

⑤ 3문단에서 정맥 인식은 '혈관의 특정 위치를 좌표로 인식하고 혈관의 모양까지 비교하기 때문에 높은 보안성을 갖는다. 하지만 관련 장비를 구축하는 데 비용이 많이 들고 측정 방법에 따라 잘못 인식될 수 있다는 단점이 있다.'라고 했어요.

3 생체 인식 기술은 개인이 고유하게 가지고 있는 생체 정보를 통해 본인을 인증할 수 있는 보안 기술이에요. 따라서 다른 사람과 나의 다른 점을 도출할 수 있어야 하므로, '성질이나 종류에 따라 차이가 남. 또는 성질이나 종류에 따라 갈라놓음.'이라는 뜻의 '구별'이 ㉠에 들어가야 해요. ㉡에 들어갈 말은 이 글의 전체적인 맥락을 통해 파악할 수 있어요. 생체 인식 기술의 궁극적인 목적이 어떠한 정보에 접근할 수 있는 권한을 특정한 사람에게만 주기 위하여 그 사람의 신원을 파악하고 확인하는 것이므로, 이와 유사한 의미를 가진 단어인 '안전을 유지함.'이라는 뜻의 '보안'이 ㉡에 들어가야 해요.

4 생체 인식 기술에 적용할 수 있는 생체 정보는 개인의 고유한 것이어야만 한다는 전제 조건이 있어요. 따라서 생체 정보가 유사하여 인증상의 오류가 발생할 수 있다는 내용은 이 글의 전체적인 맥락과 어울리지 않아요. 생체 인식 기술은 개인이 가진 고유하고 변별력 있는 정보를 통해 보안을 강화하려는 목적을 가지므로 여러 명에게서 유사한 정보를 추출할 가능성이 있는 생체 정보는 생체 인식 기술의 활용 대상에서 제외될 가능성이 높아요.

어휘력 다지기   본문 · 087쪽

1 투사   **2** 고유   **3** 정밀   **4** 해제
5 변별력   **6** 구축

낱말 더 보기

• **상용화:** 일상적으로 쓰이게 됨. 또는 그렇게 만듦.
예 전기차의 상용화를 앞당기려면 충전소 보급이 중요하다.

• **지연:** 무슨 일을 더디게 끌어 시간을 늦춤. 또는 시간이 늦추어짐.
예 항공기의 결함으로 출발이 지연되고 있다.

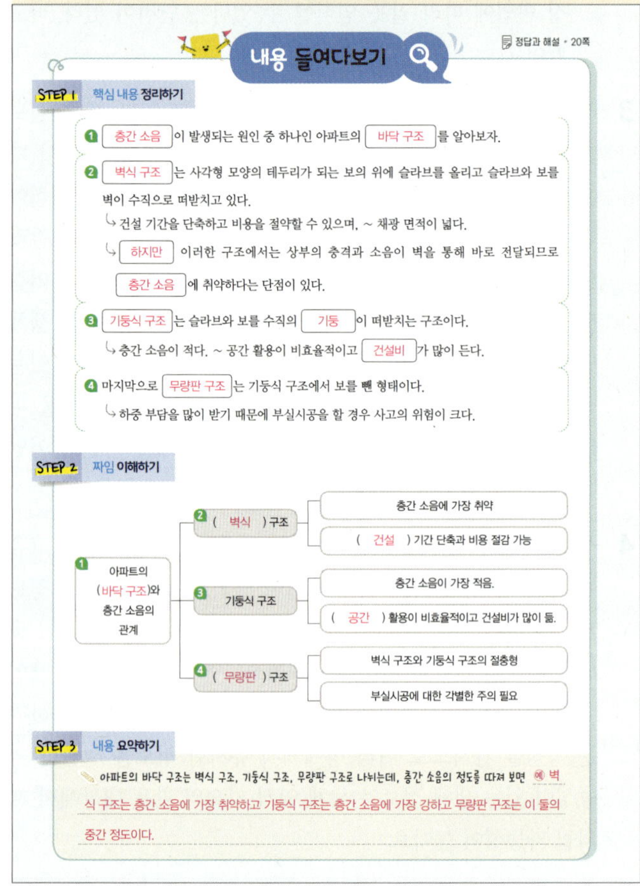

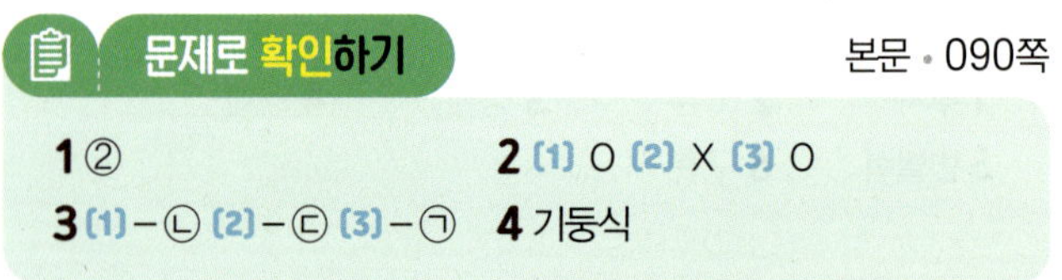

내용 들여다보기

STEP 1 **핵심 내용 정리하기**

1 층간 소음 이 발생되는 원인 중 하나인 아파트의 바닥 구조 를 알아보자.

2 벽식 구조 는 사각형 모양의 테두리가 되는 보의 위에 슬라브를 올리고 슬라브와 보를 벽이 수직으로 떠받치고 있다.
   ↳ 건설 기간을 단축하고 비용을 절약할 수 있으며, ~ 채광 면적이 넓다.
   ↳ 하지만 이러한 구조에서는 상부의 충격과 소음이 벽을 통해 바로 전달되므로 층간 소음 에 취약하다는 단점이 있다.

3 기둥식 구조 는 슬라브와 보를 수직의 기둥 이 떠받치는 구조이다.
   ↳ 층간 소음이 적다. ~ 공간 활용이 비효율적이고 건설비 가 많이 든다.

4 마지막으로 무량판 구조 는 기둥식 구조에서 보를 뺀 형태이다.
   ↳ 하중 부담을 많이 받기 때문에 부실시공을 할 경우 사고의 위험이 크다.

STEP 2 **짜임 이해하기**

아파트의 (바닥 구조)와 층간 소음의 관계
- 2 (벽식)구조 — 층간 소음에 가장 취약 / (건설)기간 단축과 비용 절감 가능
- 3 기둥식 구조 — 층간 소음이 가장 적음. / (공간)활용이 비효율적이고 건설비가 많이 듦.
- 4 (무량판)구조 — 벽식 구조와 기둥식 구조의 절충형 / 부실시공에 대한 각별한 주의 필요

STEP 3 **내용 요약하기**

아파트의 바닥 구조는 벽식 구조, 기둥식 구조, 무량판 구조로 나뉘는데, 층간 소음의 정도를 따져 보면 벽 식 구조는 층간 소음에 가장 취약하고 기둥식 구조는 층간 소음에 가장 강하고 무량판 구조는 이 둘의 중간 정도이다.

진동이 분산되어 소음에 가장 유리한 구조는 기둥식이에요. 건축비가 많이 드는 구조는 슬라브와 보를 수직의 기둥이 떠받치어 층고가 높은 기둥식 구조예요.

3 벽식, 기둥식, 무량판 구조에 해당하는 그림을 찾는 문제예요. 벽식 구조는 층과 층 사이에 지면과 평행하게 놓인 큰 판인 슬라브가 있고 슬라브는 사각 틀의 형태를 갖춘 보의 위에 올라간다고 설명하고 있어요. 또한 이를 지탱하는 것은 지면과 수직한 방향의 벽이라고 하였으므로 이에 해당하는 그림은 ⓒ이에요. 기둥식 구조는 벽식 구조에서 보와 슬라브를 지탱하고 있는 것이 벽이 아닌 기둥인 형태를 찾으면 되므로 이에 해당하는 그림은 ⓒ이에요. 무량판 구조는 기둥식 구조와 유사한데, 보가 없고 기둥 위에 슬라브가 바로 올려진 형태라고 하였으므로 이에 해당하는 그림은 ㉠이에요.

4 어린아이가 많이 사는 공동 주택은 층간 소음을 분산시켜 줄 수 있는 기둥식 구조로 설계하는 것이 가장 좋아요. 기둥식 구조의 단점 중 하나인 건축비가 많이 드는 것은 국가에서 지원을 받을 수 있다고 했어요. 무량판 구조 또한 벽식 구조보다는 층간 소음에 강하긴 하지만 이는 아파트와 같은 주거 시설이 아니라 상업 시설에 주로 사용되는 구조예요.

💬 **어휘력 다지기**

본문 · 091쪽

1 ⓒ   **2** ㉠   **3** ⓒ   **4** 유발
5 심화   **6** 취약   **7** 접목

🔍 **낱말 더 보기**

- **분산:** 갈라져 흩어짐. 또는 그렇게 되게 함.
  ㉢ 앞사람이 소란을 피우는 바람에 주의가 분산되었다.
- **유대:** 끈과 띠라는 뜻으로, 둘 이상을 서로 연결하거나 결합하게 하는 것. 또는 그런 관계
  ㉢ 어려움을 함께 극복한 사이에는 끈끈한 유대가 생긴다.

📋 **문제로 확인하기**

본문 · 090쪽

1 ②   **2** [1] O [2] X [3] O
3 [1] ─ ⓒ [2] ─ ⓒ [3] ─ ㉠   **4** 기둥식

1 이 글은 층간 소음의 원인 중 하나인 아파트의 바닥 구조를 세 가지로 나누어 각각의 특징을 비교하며 설명하고 있어요.

2 아파트의 바닥 구조를 벽식, 기둥식, 무량판 구조로 구분하고 있어요. 층간 소음에 가장 취약한 구조는 벽식이고, 소음과

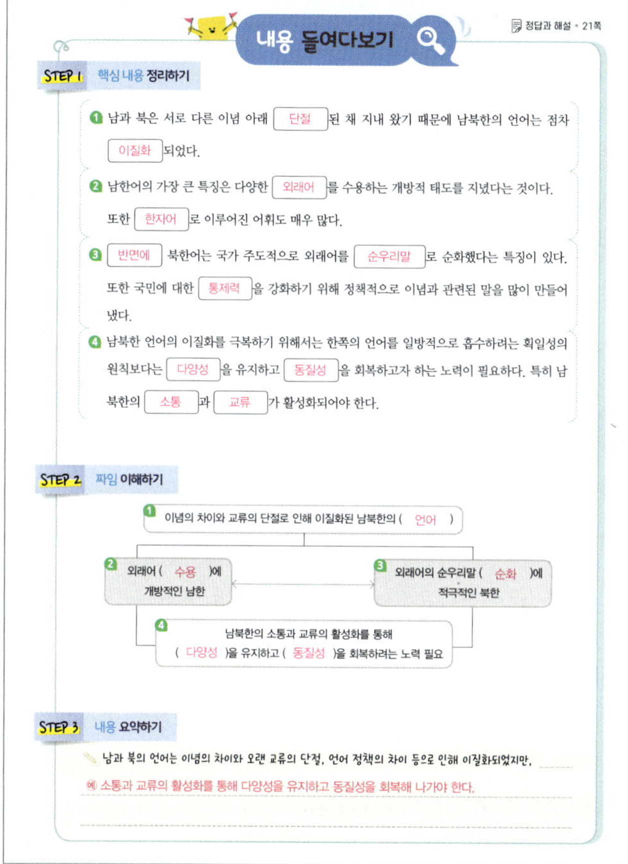

글의 내용 이 글은 분단된 채 70여 년의 세월이 흐르는 동안 남한과 북한의 언어가 서로 많이 달라져 있음을 지적하면서 남과 북의 어휘적 특징을 비교하고 있어요. 남한은 외래어를 개방적으로 수용하는 입장을 보여 외래어와 한자어가 차지하는 비중이 높은 반면, 북한은 외래어에 대해 보수적인 입장을 고수하고 말 다듬기 사업을 통해 외래어를 순화하는 노력을 기울였기 때문에 순우리말이 차지하는 비중이 높아요. 이 글에서는 남한과 북한 언어의 이질화는 남북한의 교류와 소통을 통해 극복하는 것이 바람직하다고 말하고 있어요.

문제로 확인하기   본문 · 094쪽

1 ⑤   **2** ⑤
3 ④   **4** ㉠ – 외래어 ㉡ – 순우리말

1 이 글은 남한과 북한의 언어적 특징의 차이점을 말하고 있어요. 하지만 어느 한쪽의 언어가 우월하다는 입장을 나타내고 있지는 않아요.

2 외래어를 순우리말로 순화하는 노력을 끊임없이 해 온 것은 북한이고, 오히려 남한에서는 외래어를 개방적으로 수용하는 입장을 보여 남한어에서의 외래어 비중이 높다고 했어요. 따

라서 남한어와 북한어의 특징을 반대로 설명하고 있으므로 알맞지 않아요.

3 이 글에서는 남과 북의 언어 이질화의 실태를 알아보고, 그러한 이질화의 원인을 분석하면서 더 나아가 이를 극복하기 위해 어떠한 노력을 기울이는 것이 좋을지에 대해 설명하고 있어요.

오답 풀이

① 남한어가 외래어를 개방적으로 수용한 것이 우리말을 파괴한 것은 아니에요.

② 이 글에서는 남과 북이 공동으로 말 다듬기 사업을 했다는 내용이 나와 있지 않아요.

③ 남한어는 세계화에 발맞추기 위해 외래어를 적극적으로 수용한 것이지 무분별하게 외래어를 수용하지는 않았어요.

⑤ 북한의 언어 정책이 외래어를 순우리말로 순화하는 데 초점이 맞춰져 있었던 것은 맞지만, 남북한 언어의 이질화에 대한 책임이 북한의 언어 정책에 있는 것은 아니에요.

4 〈보기〉에 주어진 어휘들의 공통된 특징은 남한에서는 외래어의 형태 그대로 사용되고 있는 어휘가 북한에서는 순우리말로 순화되어 다듬어졌다는 것이에요.

어휘력 다지기   본문 · 095쪽

1 ㉡   **2** ㉠   **3** ㉢   **4** 조어
5 이질화   **6** 주체적

낱말 더 보기

• **이념:** 이상적인 것으로 여겨지는 생각이나 견해
  예 자본주의에 대한 그의 <u>이념</u>은 시대를 앞서가는 것이었다.

• **대체:** 다른 것으로 대신함.
  예 기상 악화로 인해 현장 체험을 온라인 수업으로 <u>대체</u>합니다.

• **추진하다:** 목표를 향하여 밀고 나아가다.
  예 그는 과감한 지역 개발을 <u>추진</u>하였다.

마음을 여는 설득의 비밀

글의 내용 이 글은 일상생활 속에서 설득이 다양한 상황과 긴밀하게 연관되어 있음을 밝히며, 아리스토텔레스의 『수사학』을 인용하여 설득의 세 가지 요건에 대해 설명하고 있어요. 상대방을 효과적으로 설득하기 위한 방법에는 설득하는 사람의 자질과 관련 있는 에토스와 청중의 감정과 관련 있는 파토스, 내용의 논리성과 관련 있는 로고스가 있어요.

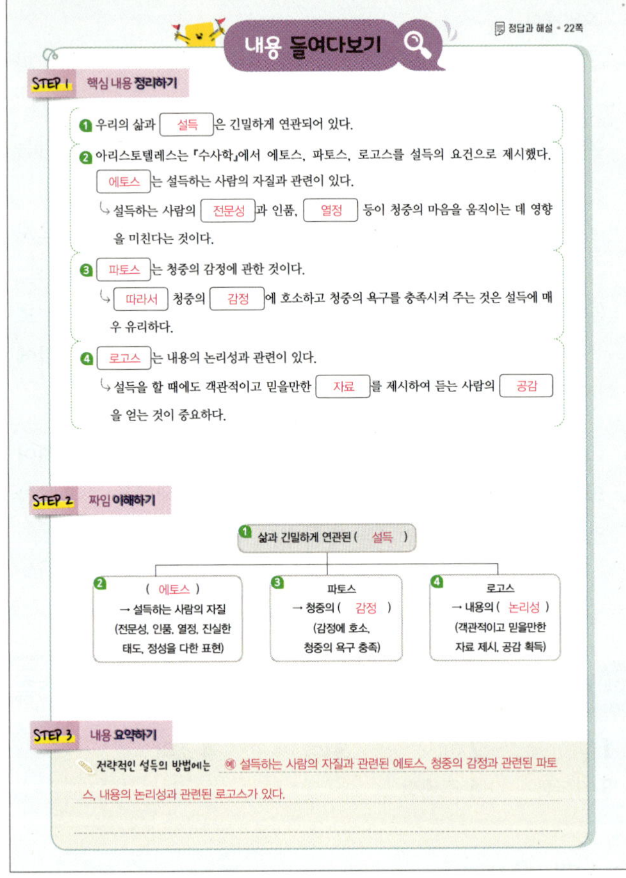

문제로 확인하기

본문 • 100쪽

1 ② **2** ⑤ **3** ㉡ **4** ③

1 이 글에서는 아리스토텔레스의 『수사학』에 나오는 설득의 세 가지 요건인 에토스, 파고스, 로고스에 대해 설명하고 있어요.

2 3문단에서 듣는 사람의 감정을 나타내는 파토스에 대해 설명하고 있어요. '뇌 과학자들은 대부분의 사람들이 중요한 결정을 내릴 때 논리적이고 객관적인 면보다는 감정적인 면에 더 많이 의존한다고 주장한다.'라고 하며, 의사 결정에 있어 감정적인 면이 중요함을 말하고 있어요.

3 파토스는 청중의 감정과 연관된 것이에요. 일회용품 사용량 줄이기에 동참해 달라는 호소 과정에서, 개체 수가 감소한 해

양 생물의 통계 자료는 듣는 사람의 감정에 호소하는 내용이 아닌 구체적이고 객관적인 자료에 해당해요. 따라서 파토스의 예로는 적절하지 않아요.

오답 풀이

㉠ 에토스는 설득하는 사람의 자질과 연관된 것으로, 신약 효과를 입증하는 데 해당 분야의 권위 있는 사람이 직접 말을 한다면 설득력을 강화할 수 있어요.

㉢ 로고스는 내용의 논리성과 연관된 것으로 설문 조사 결과와 재원 마련을 위한 증빙 자료는 내용의 논리성을 뒷받침할 수 있는 구체적이고 객관적인 자료가 될 수 있어요.

4 이 글은 설득의 세 가지 요건을 토대로 전략적인 설득을 하는 방법에 대해 설명하고 있어요. 따라서 이 글은 설득이 필요한 상황에 놓인 사람에게 필요해요. 길을 묻는 외국인에게 뭐라고 말해야 할지 몰라 당황하고 있는 상황은 설득의 상황이라고 볼 수 없어요.

어휘력 다지기

본문 • 101쪽

1 ㉠ **2** ㉢ **3** ㉡ **4** 유세
5 자질 **6** 공감

낱말 더 보기

• **충족:** 일정한 분량을 채워 모자람이 없게 함.
  예 인간은 기본적인 욕구가 충족되었을 때, 비로소 고차원적인 욕구가 생긴다.
• **강요:** 억지로 또는 강제로 요구함.
  예 그는 아버지의 강요로 그 학교에 진학했다.
• **유권자:** 선거할 권리를 가진 사람
  예 만 명의 유권자가 등록되어 있다.

글의 내용 이 글은 민주주의 국가에서 선거가 갖는 의미와 중요성, 원칙에 대해 설명하고 있어요. 사회 구성원이 많아지고 다원화되면서 민주주의를 실현하는 수단으로 자리매김한 선거는 일정한 절차에 따라 진행되며, 헌법에서 규정하는 보통 선거, 평등 선거, 직접 선거, 비밀 선거의 4대 원칙을 준수하여 시행되고 있어요.

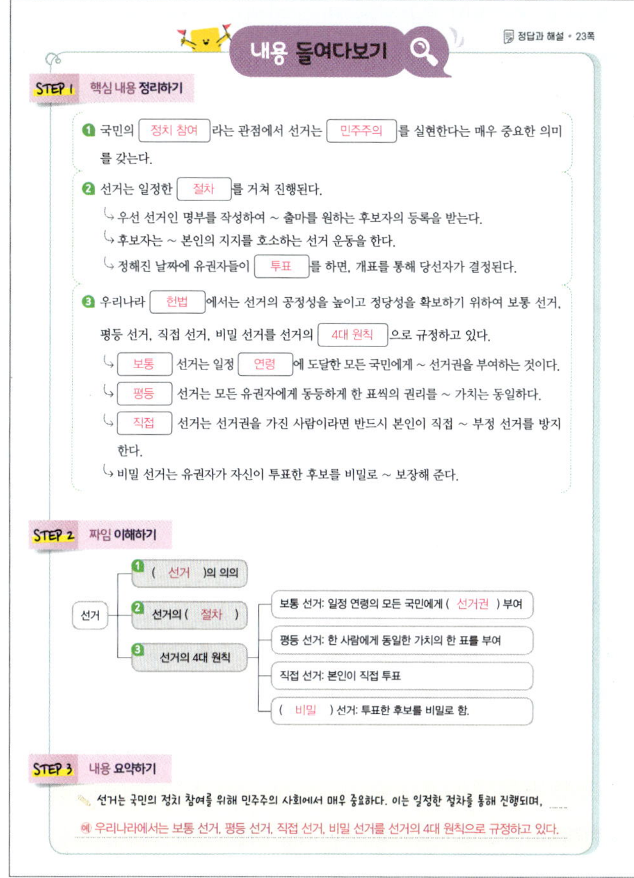

하지 않는 것은 자신에게 주어진 정치 참여의 기회를 스스로 포기하는 것과 같다는 말은 알맞아요.

오답 풀이

① 간접 민주주의의 형태로 공정한 절차를 거쳐 선거의 정당성을 확보하는 면에 대해서 설명하고 있기는 하지만, 모든 결정을 선거로 하는 것이 가장 민주적인 결정 방법이라는 것은 아니에요.

② 선거를 통해 선출된 사람은 국민의 의사를 정치에 반영하는 역할을 하는 사람으로, 국민에게 위임을 받은 정치권을 행사하는 것이 국민을 지배할 수 있는 권리라고 생각하는 것은 옳지 않아요.

④ 우리나라 국민이라면 누구나 차별 없이 투표권을 갖게 된다는 말은 맞지만, 만 18세 이상에 도달해야 한다는 전제 조건이 있어요.

⑤ 후보자가 선거 운동을 할 때에는 법에서 정한 기간과 방법을 준수해야 한다는 내용이 글에 나와 있어요. 따라서 수단과 방법을 가리지 않는다는 표현은 알맞지 않아요.

4 〈보기〉의 글은 특권 계층에게만 귀속되었던 정치 참여의 권리가 시대가 변화하고 사람들의 인식이 성숙해짐에 따라 모두에게 공평하게 확대되었음을 말하고 있어요. 이는 특정 연령의 국민이라면 누구나 차별 없이 투표권을 갖게 되는 '보통 선거'의 원칙과 관련이 있어요.

오답 풀이

선거의 4대 원칙 중에서 '평등 선거'는 누구에게나 한 표씩의 투표권이 주어지고, 그 표의 가치 또한 동등해야 한다는 것이므로, 투표권이 확대된 〈보기〉와는 다른 내용이에요.

문제로 확인하기　　　　　본문 · 104쪽

1 ⑤　　**2** ⑤　　**3** ③　　**4** 보통

1 이 글은 선거의 중요성과 절차, 선거의 4대 원칙에 대하여 설명하고 있어요.

2 2문단에서 선거는 일정한 절차에 따라 진행된다고 설명하고 있는데, 그것을 순서대로 나열해 보면, '선거인 명부 작성 → 후보자 등록 → 선거 운동 → 투표 → 개표'예요.

3 선거는 다원화된 현대 사회에서 국민 모두가 직접 정치에 참여할 수 없다는 한계를 극복하기 위한 방안으로, 간접 민주주의를 실현하는 방법이라고 설명하고 있어요. 따라서 투표에 참여하는 것 자체가 정치 참여라고 볼 수 있으므로, 투표를

어휘력 다지기　　　　　본문 · 105쪽

1 ⓛ　　**2** ⓒ　　**3** ⓖ　　**4** 다원화
5 위임　　**6** 채택　　**7** 보장

낱말 더 보기

· **행사하다**: 권리의 내용을 실현하다.
　예 용의자로 체포된 사람은 묵비권을 행사할 수 있다.

· **호소하다**: 어떤 일에 참여하도록 마음이나 감정 따위를 불러일으키다.
　예 기후 변화의 심각성을 알리고 사람들의 인식 변화를 호소하는 공익 광고를 제작하였다.

글의 내용 이 글은 친환경 농업이 등장하게 된 배경부터 친환경 농업의 의미와 종류에 대해 설명하고 있어요. 건강한 먹거리에 대한 관심의 증대와 환경을 오염시키지 않는 지속 가능한 개발에 대한 중요성이 커져 각광을 받게 된 것이 친환경 농업이에요. 친환경 농업은 동물의 특성이나 천적 관계를 농업에 적용하고, 화학 비료 대신에 친환경적인 유기 물질을 비료나 퇴비로 사용해요.

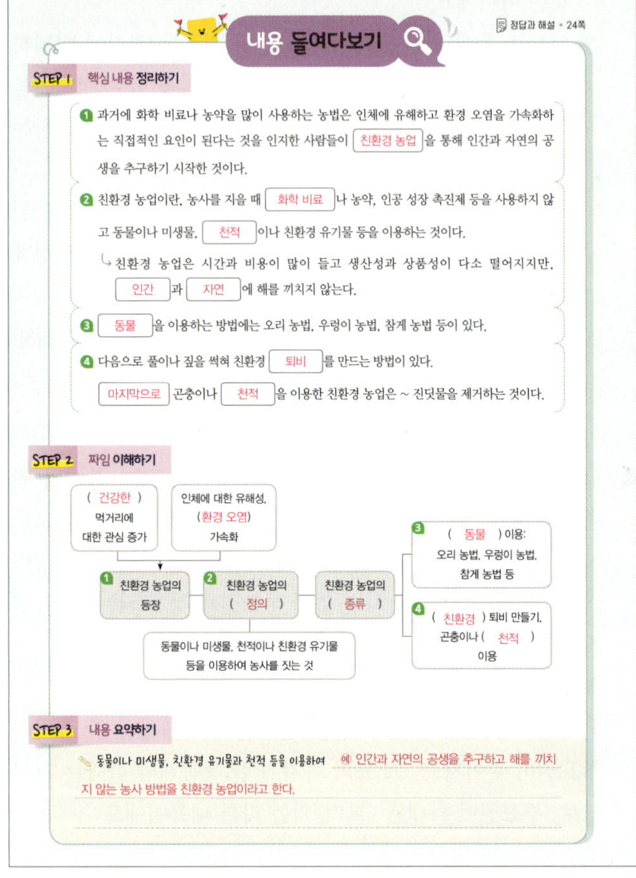

문제로 확인하기　　　본문 · 108쪽

1 ⑤　　**2** ②　　**3** 글 ④　　**4** ⑤

1 이 글은 인체에 무해하고 환경 오염의 위험도 줄일 수 있는 친환경 농업의 의미에 대해 설명하는 글로, 동물을 이용한 방법, 천연 비료를 이용한 방법, 곤충이나 천적을 이용한 방법으로 나누어 친환경 농업의 종류를 소개하고 있어요.

2 2문단에서 친환경 농법을 사용할 경우 시간과 비용이 많이 들고 생산성이 다소 떨어진다고 하였어요. 따라서 친환경 농업을 하면 생산량이 증가한다고 보기는 어려워요.

3 〈보기〉의 글은 다소 투박하고 상품성이 떨어질지라도 지속적으로 친환경 농업에 관심을 기울이면 인간과 자연의 공생이 가능할 것이라는 내용으로, 앞서 서술한 내용을 정리하고 주장을 강화하는 글의 결론 부분에 해당하는 내용이에요. 따라서 〈보기〉가 들어가기에 가장 적절한 곳은 글 ④예요.

4 친환경 농업이 등장하게 된 배경을 살펴보면 인체에 무해하고 환경을 오염시키지 않는 먹거리를 생산하는 것이 친환경 농업의 궁극적인 목표임을 알 수 있어요.

오답 풀이
① 친환경 농업의 기술력이 최고 수준이고 그로 인해 최고 품질의 상품 생산이 가능하다는 내용은 이 글에서 찾아볼 수 없어요.
② '더 빠르게! 더 많이!'는 생산량의 증대만을 추구하여 화학 비료를 사용하는 기존 방식의 농업과 어울리는 말이에요.
③ 친환경 농업과 자동 시스템과의 관계는 이 글에 나와 있지 않아요.
④ 친환경 농업을 통해 생산량 대비 높은 매출을 달성할 수 있다는 내용은 이 글에 나와 있지 않아요.

어휘력 다지기　　　본문 · 109쪽

낱말 더 보기

- **투박하다:** 생김새가 볼품없이 둔하고 튼튼하기만 하다.
  예 보기에는 투박하여도 장맛을 내는 데에는 뚝배기만한 것이 없다.

- **달성:** 목적한 것을 이룸.
  예 우리 반은 이번 체육 대회에서 반 대항 피구 대회 우승이라는 목적을 달성하기 위해 피나는 연습을 했다.

- **퇴비:** 풀, 짚 또는 가축의 배설물 따위를 썩힌 거름
  예 흙에 퇴비를 뿌려 줘야 한다.

- **먹거리:** 사람이 살아가기 위하여 먹는 온갖 것
  예 먹거리 장터에 도착했다.

Day 24 골프의 이해

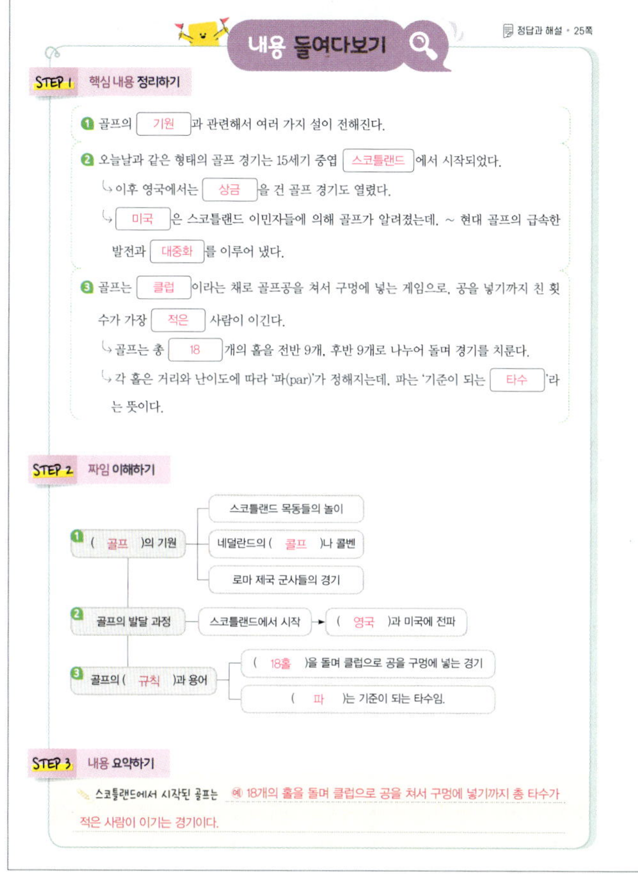

1 2문단에서 골프는 스코틀랜드에서 시작해서 영국을 거쳐 미국으로 전파되면서 대중화되었다고 했지만, 골프가 대중화가 된 까닭에 대한 설명은 나와 있지 않아요.

2 미국에는 스코틀랜드 이민자들에 의해 골프가 전파되었는데 뒤늦게 알려졌음에도 불구하고 가장 큰 발전과 대중화를 이뤄냈다는 것을 알 수 있어요. 하지만 현대식 골프가 미국에서 최초로 도입된 것은 아니에요. 2문단에서 현대식 골프는 스코틀랜드에서 최초로 시작되었다고 설명하고 있어요.

---

① 3문단에서 파는 기준이 되는 타수를 가리키는 말로 거리가 멀어질수록 파가 높아진다고 하였어요. 따라서 파 5홀이 파 3홀에 비해 거리가 멀 것이라는 것을 추론할 수 있어요.

③ 1문단에서 골프의 유래와 관련된 네 가지 설에 대해 설명하고 있어요.

④ 2문단을 살펴보면 스코틀랜드에서 현대식 골프가 최초로 도입된 후, 영국에서는 상금을 건 경기도 등장하였다는 설명이 나와요.

⑤ 2문단의 앞부분을 살펴보면 15세기 중엽에 스코틀랜드 의회에서 골프의 지나친 인기를 우려한 나머지 골프 금지령을 내렸다는 기록이 있다는 내용을 볼 수 있어요.

3 글이 전개되는 순서를 살펴볼 때, 글의 도입부에서 골프의 유래와 발달 과정을 설명하고 있고 후반부에서는 골프의 규칙과 용어를 설명하고 있어요. 이어지는 글은 골프의 세부 규칙이나 클럽의 종류와 모양, 쓰임새 등에 대한 설명이 나올 것임을 추측할 수 있어요.

4 파 4홀은 공을 4번 만에 구멍에 넣어야 하는 홀이라는 뜻이므로, 2번 만에 넣었을 경우에는 (-2)타가 되어 이글이라고 불러요.

낱말 더 보기

· **신동**: 재주와 슬기가 남달리 특출난 아이
예 영수는 처음 듣는 곡도 악보 없이 바로 연주하여 신동이라 불린다.

· **만능**: 모든 일에 다 능통하거나 모든 일을 다 할 수 있음. 또는 그런 것
예 그녀는 노래뿐만 아니라, 춤과 작곡 능력까지 뛰어난 만능 예술인이다.

· **정설**: 일정한 결론에 도달하여 이미 확정하거나 인정한 설
예 그의 연구는 학계의 정설을 깨는 파격적인 것이었다.

Day 25 알고리즘의 폐해

글의 내용 이 글은 알고리즘 체계의 불완전성과 문제점에 대해 지적하고 있어요. 우리가 자주 사용하는 유튜브의 자동 추천 영상 기능에서 적절하지 않은 영상이 올라온 사례를 들면서 알고리즘 체계를 통해 제한된 정보만을 받아들이는 필터 버블 현상, 자신의 생각과 비슷한 정보만을 받아들이려 하고 다른 정보를 무시하려 하는 확증 편향, 알고리즘이 범죄에 악용될 위험 등을 경계할 필요성이 있다고 말하고 있어요.

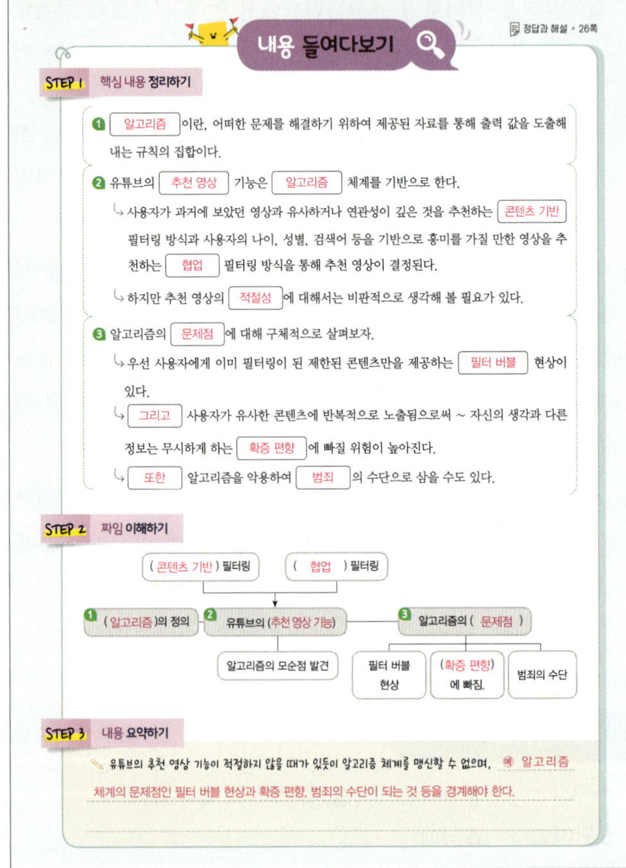

문제로 확인하기

본문 • 116쪽

1 ③   **2** ⑤   **3** ⑤   **4** 확증 편향

1 이 글은 유튜브의 추천 영상 기능을 예로 들어 알고리즘 체계의 불안정성과 위험성에 대해 설명하고 있어요.

2 2문단에서 "알고리즘이 나를 이곳으로 끌고 왔다."라는 말은 알고리즘을 기반으로 추천된 영상이 적절하지 않을 때 사용하는 표현이라고 하였어요. 따라서 알고리즘을 기반으로 한 추천 영상이 사용자의 정보를 분석하기 때문에 믿을 수 있다고 하는 것은 알맞지 않아요.

오답 풀이

① 1문단에서 우리는 일상생활에서 알고리즘을 자주 접한다고 하였어요.

② 확증 편향은 자신의 생각과 일치하는 정보만을 받아들이고 자신의 생각에 부합하는 의견만을 수용하는 것으로, 이러한 현상이 심화된다면 이해와 관용이 불가능해지고 다양성을 존중하지 않게 되므로 결국 갈등이 생길 수 있어요.

③ 3문단에서 필터 버블 현상에 대해 '주체적으로 정보를 검색하고 선별할 수 있는 자유를 사전에 차단하여, 다양한 정보를 습득할 사용자의 권리를 제한하는 것이다.'라고 설명하고 있으므로 개인의 알 권리를 제한한다는 표현은 알맞아요.

④ 1문단에서 '알고리즘이란, 어떠한 문제를 해결하기 위하여 제공된 자료를 통해 출력 값을 도출해 내는 규칙의 집합이다.'라고 설명하고 있고, 유튜브의 추천 영상 기능이 알고리즘 체계를 기반으로 하므로 올바른 표현이에요.

3 이 글은 알고리즘 체계의 문제점에 대해서 비판적인 시각을 가지라고 해요. 그러므로 알고리즘 체계에서 추천해 준 정보를 수동적으로 받아들이기보다는 능동적인 태도로 정보를 수집해야겠다는 말이 가장 알맞아요.

4 〈보기〉에서 A씨는 사교육과 관련된 콘텐츠만을 제한적이고 반복적으로 시청하다 보니 자신의 신념과 생각이 더욱 확고해졌고, 자신과 생각이 다른 사람의 의견을 무시했어요. 이는 3문단에서 설명하고 있는 자신의 생각과 일치하는 정보만을 받아들이고 다른 정보는 무시하는 확증 편향의 사례로 볼 수 있어요.

어휘력 다지기

본문 • 117쪽

1 부합   **2** 도출   **3** 맹신   **4** 비판적
5 시사   **6** 주체적

낱말 더 보기

• **의존**: 다른 것에 의지하여 존재함.
예 남에게 지나치게 <u>의존</u>하면 안 된다.

글의 내용 이 글은 우리나라에서 취락의 입지를 결정할 때 전통적으로 중시하던 배산임수와 풍수지리설에 대해 설명하고 있어요. 배산임수는 우리나라의 기후 환경적인 특징을 문화적인 측면과 생활 방식에 잘 활용하였으므로 실용적인 면이 강하고 풍수지리설은 땅의 형세와 같은 환경적인 요소가 인간의 생활에 영향을 미친다는 환경 결정론적인 입장이므로 사상적인 면이 강해요. 풍수지리설은 유교 문화권인 우리나라에 역사적으로 많은 영향을 주었어요.

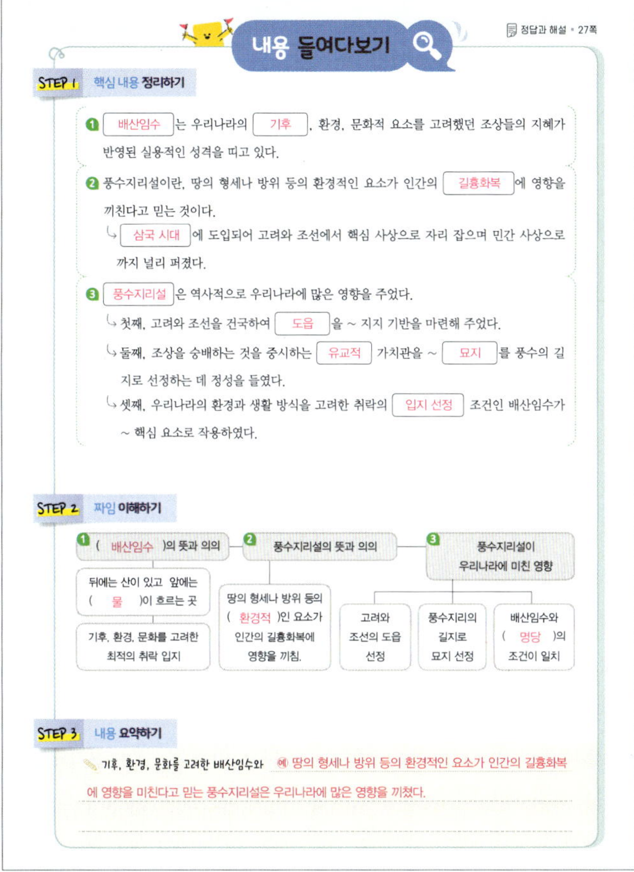

등지고, 농업용수와 생활용수를 확보하기 수월한 하천을 바라보는 입지, 즉 배산임수를 최적의 주거 환경으로 꼽았다고 하였어요. 또한 3문단에서 풍수지리설이 우리나라에 끼친 영향을 설명하며 조선을 건국할 때 도읍의 위치를 풍수지리상의 명당으로 정했다고 하였어요.

오답 풀이

도은: 풍수지리설에서 명당을 결정하는 조건에 물만 있는 건 아니에요. 풍수라는 명칭에서 알 수 있듯이 바람도 영향을 미치고, 땅의 기운과 형세도 영향을 미쳐요.

승식: 우리나라는 유교 문화권이기 때문에 조상의 묘를 중요하게 생각했고, 풍수지리에서는 '음택 풍수'라 하여 좋은 무덤 자리를 선별하는 기준이 있었어요. 따라서 주거지의 입지를 결정할 때만 풍수지리를 적용했다고 볼 수 없어요.

호찬: 3문단을 보면 풍수지리설에서도 명당의 조건을 배산임수로 꼽으므로 둘이 반대가 된다는 것은 올바르지 않아요.

3 ㉠은 앞뒤 문장이 대등한 내용으로 배산임수가 유리한 또 다른 점을 설명하고 있으므로, 연결어인 '또한'이 들어가는 것이 가장 알맞아요. ㉡은 앞 문장의 내용을 토대로 뒷 문장에서 배산임수의 의의를 말하고 있으므로, 앞 문장이 뒷 문장의 원인이나 근거가 되는 '따라서'가 들어가는 것이 가장 알맞아요.

4 풍수지리설에서의 명당의 입지적인 조건은 배산임수라고 했어요. 뒤로는 산이 있고 앞으로는 물이 흐르는 곳을 그린 그림을 찾으면 되어요.

어휘력 다지기   본문 · 123쪽

1 ㉢   **2** ㉠   **3** ㉡   **4** 취락
5 최적   **6** 길흉화복

🔍 낱말 더 보기

• **입지**: 인간이 경제 활동을 하기 위하여 선택하는 장소
  예 그 가게는 열악한 입지 조건 속에서도 매출이 늘었다.

• **유입**: 문화, 지식, 사상 따위가 들어옴.
  예 서양의 식습관이 빠르게 유입되면서 우리나라 사람들의 체형도 서구화되었다.

문제로 확인하기   본문 · 122쪽

1 ④   **2** 윤서, 현서   **3** ②   **4** ①

1 이 글에서는 배산임수의 입지가 우리나라의 기후와 문화, 환경적 관점에서 어떤 좋은 점이 있는지와, 환경과 인간의 삶을 연관 짓는 풍수지리설에 대해 설명하고 있어요. 배산임수와 풍수지리설의 궁극적인 목적은 좋은 터인 명당을 찾는 것이에요. 이 글을 통해 우리나라 사람들이 명당을 찾는 이유가 무엇인지와 그러한 명당을 찾아내기 위해 살펴봐야 할 것들을 알 수 있어요.

2 1문단에서 우리나라는 겨울의 찬바람을 막아 줄 수 있는 산을

글의 내용 이 글에서는 미국의 금융 위기 이후 고학력 고소득자들 사이에서 불었던 파이어족 열풍과 연관하여, 젊은 세대들이 경제적 자유를 꿈꾸고 있는 우리나라의 현실에 대해 이야기하고 있어요. 파이어족은 자발적인 조기 은퇴를 위해 일찍부터 극단적인 저축으로 경제적 기반을 마련하고 절약하는 삶을 실천하며 소비에 치중하지 않고 개인의 시간과 자유를 중시하는 노후를 보내고자 했던 사람들이에요. 이와 유사하게 우리나라에서 경제적 자유를 희망하는 사람들은 남들보다 일찍 경제적 기반을 마련하여 안정적이고 자유로운 노후를 맞이하길 원하는데, 이런 경향은 젊은 세대의 가치관과 불안정한 경제 상황이 접목되어 나타났어요.

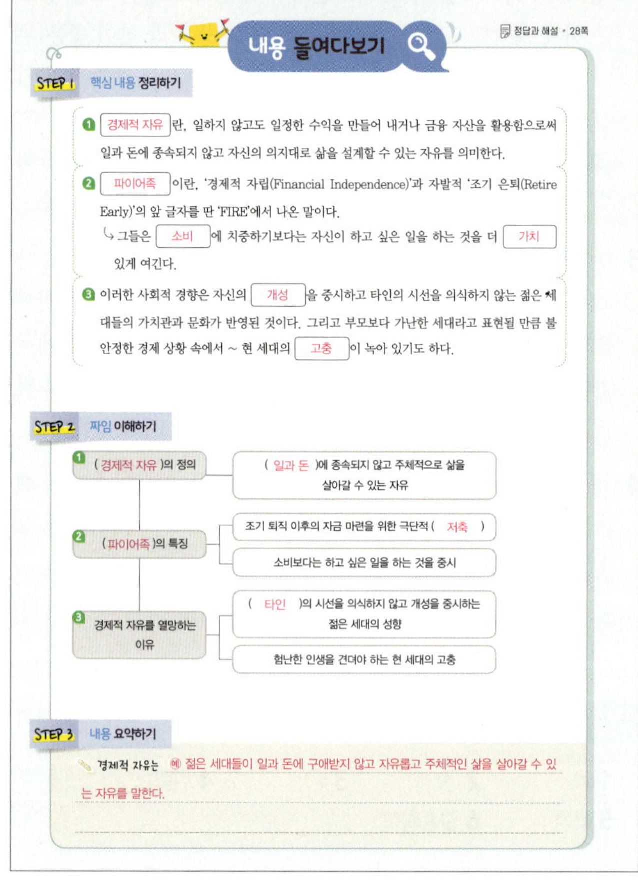

2 1문단에서 젊은 세대들이 경제적 자유를 열망하는 것이 성실하게 일하고 정직하게 돈을 버는 것을 당연하게 여기던 기성세대들에게 생소하고 부정적으로 보일 수 있다고는 했지만, 이 말이 젊은 세대와 기성세대가 대립한다는 것은 아니에요. 경제적 자유를 꿈꾸는 것이 젊은 세대 중에서 일부일 수도 있고, 기성세대 중에서도 경제적 자유를 꿈꾸는 사람이 있을 수 있으므로, 이를 세대 간의 의견 대립으로 보는 것은 알맞지 않아요.

3 ㉮는 '경제적 자유를 누리기 위해서는'의 뒤에 오므로, ㉮에 들어갈 내용으로 알맞은 것은 경제적 자유를 누리기 위한 조건이나 경제적 자유를 위해 준비해야 하는 것들에 대한 설명이에요. 젊은 나이에 자발적인 은퇴를 하고 노후를 보내려면 자신의 생애 주기에 맞춘 세부적인 인생 설계가 탄탄하게 마련되어 있어야 해요. 그렇지 않으면 일을 할 때에 비해 엄청나게 많은 여가 시간을 허비하게 될 수도 있어요. 또한 남들보다 빨리 재정적인 독립을 이루기 위해서는 20~30대에 성실하게 돈을 벌어 저축이나 재테크 등을 해 두어야 해요.

오답 풀이

㉠ 경제적 자유는 노동에서 해방된 상태를 이르는 말이므로 직업에 대한 책임감과는 관련이 없어요.

㉣ 경제적 자유를 누리기 위해서는 편안하고 안정된 노후를 위해 현재의 고통을 인내하고 감수해야 해요. 따라서 지금을 즐기고 현재에 충실하려는 태도는 경제적 자유를 누리기 위한 준비 과정으로 어울리지 않아요.

4 경제적 자유는 소비를 반대하는 것도 아니고, 소비를 지향하는 것도 아니에요. 중점적으로 생각하는 삶의 가치가 소비에 초점을 맞춘 것이 아니라, 노동으로 소비되는 시간을 개인이 자유롭게 활용할 수 있는 상태에 초점을 두고 있어요. 따라서 극단적인 소비 중심의 가치관을 가진 사람들과, 아예 소비 자체를 부정하는 사람, 노동의 가치를 중요하게 여기는 사람은 모두 '경제적 자유'와 거리가 먼 사람들이에요.

문제로 확인하기　　본문 • 126쪽

1 ②　　**2** ①　　**3** ㉡, ㉢　　**4** ⑤

1 이 글에서는 사회적 화두로 떠오르고 있는 경제적 자유의 개념을 미국의 금융 위기 이후 등장한 파이어족과 비교하여 설명하고 있어요. 이러한 사회 분위기는 젊은 세대의 문화나 가치관의 특징과 어려운 경제 상황에서 기인한 것이에요. 따라서 이 글의 주제로는 경제적 자유의 개념과 등장 배경이 가장 알맞아요.

어휘력 다지기　　본문 • 127쪽

1 ㉠　　**2** ㉢　　**3** ㉡　　**4** 생소
5 경향　　**6** 회자

낱말 더 보기

• **위축**: 어떤 힘에 눌려 졸아들고 기를 펴지 못함.
　㉦ 지나친 긴장과 심리적 위축은 실수를 유발한다.

글의 내용) 이 글에서는 입자의 크기가 5mm 이하인 미세 플라스틱이 해양 생태계와 우리의 건강을 어떻게 위협하는지에 대해 설명하고 있어요. 미세 플라스틱을 해양 생물이 먹게 되면, 먹이 사슬 구조로 인해 상위 포식자의 미세 플라스틱 섭취량이 늘어나고, 체내에서 배출되지 못한 채 축적되어 각종 질병을 유발할 수 있으므로 미세 플라스틱에 대한 경각심이 필요하다고 말해요.

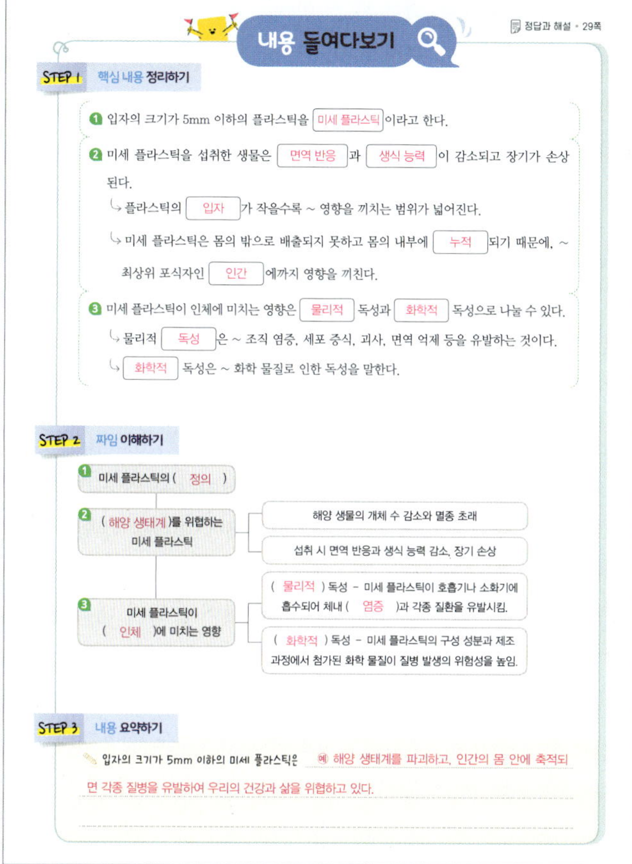

② 3문단에서 미세 플라스틱이 몸의 내부에 누적될 때 일어날 수 있는 물리적, 화학적 독성 반응에 대해 설명하고 있으며, 미세 플라스틱으로 인해 각종 질병이 유발될 수 있음을 경고하고 있어요.

④ 3문단에서 플라스틱을 만들 때 사용하는 비스페놀 A는 1급 독성 물질로 분류되었다고 하였어요.

⑤ 미세 플라스틱은 입자의 크기가 작기 때문에 플랑크톤과 같은 먹이 사슬의 하위 계층 생명체에게도 충분히 악영향을 끼칠 수 있어 문제가 되고 있어요.

3 〈보기〉는 미세 플라스틱이 바다거북의 산란 시 성별 결정을 교란시켜 생태계의 균형이 깨질 수 있음을 경고하고 있는 내용이에요. 따라서 〈보기〉는 미세 플라스틱이 해양 생물에게 끼치는 위험성과 관련된 글 ❷에 들어가는 것이 알맞아요.

4 이 글에서는 크기가 작은 플라스틱일수록 생태계에 심각한 위협을 가할 수 있다고 이야기하고 있어요. 하지만 그렇다고 큰 플라스틱이 무해하다는 것은 아니에요. 따라서 플라스틱이 미세 플라스틱으로 풍화되거나 마모되는 것을 방지하려는 목적으로 플라스틱 강화와 관련된 자료를 찾아보는 것은 이 글을 쓴 의도를 올바르게 이해하지 못한 것이에요.

어휘력 **다지기**　　　　　본문 · 131쪽

1 ㉢　　**2** ㉠　　**3** ㉡　　**4** 누적
5 교란　　**6** 마모

낱말 더 보기

• **면역**: 몸속에 들어온 병원 미생물에 대항하는 항체를 생산하여 독소를 중화하거나 병원 미생물을 죽여서 다음에는 그 병에 걸리지 않도록 된 상태. 또는 그런 작용
예) 예방 주사를 맞으면 그 병에 면역이 생긴다.

• **부화**: 동물의 알 속에서 새끼가 껍데기를 깨고 밖으로 나옴.
예) 부화된 병아리를 보고 있다.

• **질환**: 몸의 온갖 병
예) 호흡기 질환에 걸리다.

문제로 **확인하기**　　　　　본문 · 130쪽

1 ②　　**2** ③　　**3** 글 ❷　　**4** ④

1 이 글에서는 미세 플라스틱이 해양 생태계와 인체 내에 어떤 피해를 주는 지에 대해 설명하고 있어요.

2 먹이 사슬 구조에 의하여 상위 포식자일수록 더 높은 농도의 미세 플라스틱이 몸의 내부에 누적되어요. 그렇기 때문에 미세 플라스틱은 플랑크톤보다는 바다 고래의 몸의 내부에 축적되는 양이 많을 거예요.

오답 풀이

① 미세 플라스틱은 입자의 크기가 5mm 이하인 플라스틱을 의미해요.

글의 내용 이 글에서는 스페인의 천재 건축가 가우디의 예술적 성향과 그의 건축물에 나타난 특징에 대해 설명하고 있어요. 가우디는 병약하게 태어났지만 기존의 형식과 틀을 과감하게 깨고 자신만의 독창적인 예술 세계를 구축했어요. 그의 건축물은 곡선의 미가 강조되어 있고, 자연과 조화를 중시하는 면모가 돋보여요. 그리고 아름다움과 기능성을 겸비하여 후대에도 높은 평가를 받고 있어요.

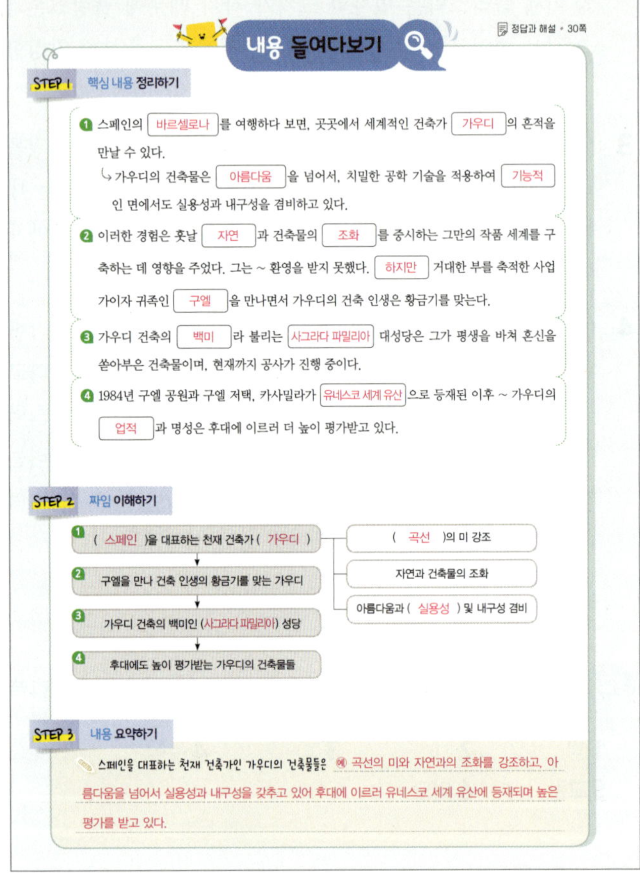

코 세계 유산에 등재된 것은 최근의 일인데, 그중에서도 구엘 공원과 구엘 저택, 카사밀라는 1984년에 유네스코 세계 유산에 등재되었어요.

3 [1] 장식을 배제한다든지, 직선과 면의 조화를 추구한다든지 하는 것은 가우디 건축물의 특성과는 거리가 멀어요.

[2] 가우디는 곡선의 미를 추구했어요. 따라서 이 내용은 가우디 건축물의 예로 볼 수 있어요.

[3] 자연의 재료, 상징적 요소는 가우디 건축물의 특징을 나타내는 대표적인 특징들이에요.

4 2문단에서 가우디가 바르셀로나 건축 학교에 재학 중일 때 환영을 받지 못했다는 내용이 나오긴 하지만, 이것은 기존의 형식을 거부하고 틀을 깨려고 하는 그의 독창성과 실험 정신으로 인한 것이에요. 가우디가 타인과 단절된 삶을 살았는지에 대해서는 이 글을 통해서 알 수 없어요.

오답 풀이

① 1문단에서 가우디는 기존의 틀을 깨는 새로운 공간의 미학을 창조했다고 하였어요.

② 2문단에서는 그의 어린 시절의 경험이 자연과 건축물의 조화를 중시하는 가우디의 작품 세계에 영향을 주었다는 내용이 나와 있어요.

③ 1문단에서 가우디는 작품 속에 이야기를 녹여 내는 방식으로 독창적인 예술성을 나타냈다고 하였어요.

④ 1문단의 '가우디의 건축물은 아름다움을 넘어서, 치밀한 공학 기술을 적용하여 기능적인 면에서도 실용성과 내구성을 겸비하고 있다.'라는 문장을 통해 알 수 있어요.

어휘력 다지기 · 본문 • 135쪽

1 겸비 **2** 백미 **3** ㉃ **4** ㉁
5 ㉄

낱말 더 보기

• **뚝심**: 굳세게 버티거나 감당하여 내는 힘
  예 그는 우직한 성격에 뚝심도 있다.

• **배제**: 받아들이지 아니하고 물리쳐 제외함.
  예 어떠한 경우라도 폭력은 배제하고 평화적인 해결을 해야 한다.

문제로 확인하기 · 본문 • 134쪽

1 ② **2** ㉃→㉁→㉠→㉄
3 [1] X [2] O [3] O **4** ⑤

1 가우디의 예술성과 특징은 대중성과는 다소 거리가 있다고 볼 수 있어요. 그의 건축물은 기존의 형식과 틀을 깨는 독창적인 것들이에요. 따라서 '대중 예술의 선구자'라는 표현은 가우디와 어울리지 않아요.

2 ㉃은 가우디의 어린 시절에 관한 것이고, 그 다음은 가우디가 바르셀로나의 건축 학교에 진학한 것이에요. 다음은 구엘을 만나 둘의 인연이 시작된 것이에요. 가우디의 작품이 유네스

Day 30 말하는 사람의 마음을 읽어 보아요

본문 • 136~139쪽

글의 내용 이 글에서는 말하는 사람의 의도와 목적에 따라 언어의 기능이 달라짐을 설명하고 있어요. 인간의 의사소통 수단인 언어는 객관적인 사실이나 정보 전달을 목적으로 하는 경우에는 정보적 기능을, 상대방에게 지시하거나 자신이 원하는 행동을 유도하는 경우에는 명령적 기능을 해요. 상대방과의 유대감을 강화하기 위한 말하기를 하는 경우에는 친교의 기능을, 자신의 생각과 감정을 표현하기 위한 말하기를 하는 경우에는 정서적 기능을 해요. 상대방이 말하는 의도를 제대로 파악하지 못하면 의사소통에 오해가 생길 수 있어요.

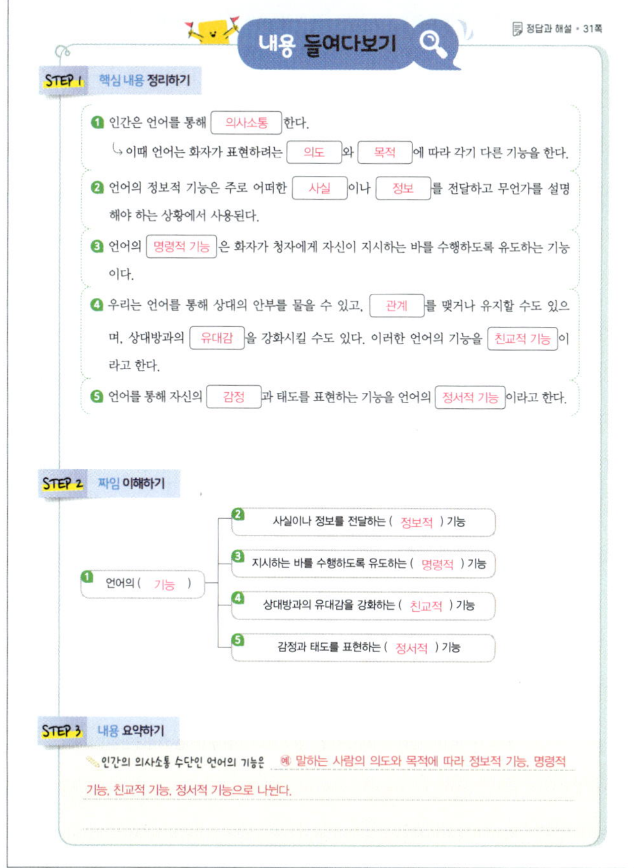

문제로 확인하기

본문 • 138쪽

1 ④ 2 ② 3 ③
4 ㉠ – 명령적 ㉡ – 정보적

1 이 글은 말하는 사람의 목적과 의도에 따라서 언어의 기능이 달라진다는 것을 설명하고 있어요. 또한 이러한 목적과 의도를 올바르게 파악하지 않으면 의사소통에 오해가 생길 수 있다는 점도 말하고 있어요.

2 1문단에서 '때로는 이러한 언어의 기능들이 동시에 복합적으로 작용하여 발화되기도 한다.'라고 했으므로, 언어의 기능은 단독으로만 작용하는 것이 아님을 알 수 있어요. 따라서 한 문장에 하나의 언어적 기능만 있다는 것은 알맞지 않아요.

3 각 문단에서 언어의 기능을 설명하기 위해 예를 들고 있어요.
오답 풀이
① 이 글에서는 시간의 변화가 드러나고 있지 않아요. 언어의 기능을 종류별로 분류하고 각각의 상황을 구체적인 예를 통해 설명하고 있어요.
② 원인과 결과에 따른 설명 방식은 어떠한 상황을 발생시킨 원인이 무엇인지를 분석하거나, 자신의 주장에 따라 예상되는 결과를 나열할 때 효과적인 설명 방법이에요.
④ 뒷받침하는 근거를 통해 주장을 강화하는 방식은 논설문에서 주로 사용되는 것으로, 언어의 기능을 분류하여 설명하고 있는 이 글에는 사용되지 않았어요.
⑤ 공통점과 차이점을 드는 것은 비교와 대조를 할 때 사용하는 설명 방법으로, 이 글은 언어의 기능을 종류별로 나열하여 설명하고 있을 뿐, 비교하는 내용은 없어요.

4 딸은 학교 급식이 입에 맞지 않아 거의 먹지 못해 배고프다고 하였어요. 따라서 배고픔을 달랠 수 있는 음식을 달라는 요구를 하기 위한 언어의 명령적 기능으로 말하고 있어요. 하지만 엄마는 딸의 의도를 단순히 정보 전달에만 치중한 언어의 정보적 기능으로 오해하고 있기 때문에 원만한 대화가 이루어지지 못하는 것이에요.

어휘력 다지기

본문 • 139쪽

1 화자   2 의사소통   3 직접적   4 청자
5 발화   6 간접적

낱말 더 보기

• **오해:** 그릇되게 해석하거나 뜻을 잘못 앎. 또는 그런 해석이나 이해
예 오해를 살 만한 행동은 하지 말자.
• **매개물:** 둘 사이에서 양편의 관계를 맺어 주는 물건
예 열은 금속 물질이 매개물일 때 빠르게 전달된다.

아차산의 특징

핵심 내용 이해

Q. 다음 낱말 카드를 활용하여 '아차산'의 특징을 정리해 보자!

| 높이 | 명소 | 이름 | 전쟁 | 북한산 |

- 아차산은 **예** 명소로 낙타 고개, 고구려정 등이 있다.
- 아차산은 **예** 전쟁의 역사가 많이 남아 있는 곳이다.
- 아차산은 **예** 홍계관의 죽음을 슬퍼하는 명종이 지은 이름이다.

새로 알게 된 사실

Q. 이 글을 읽고 새롭게 알게 된 내용을 적어 보자!

예 아차산 이름의 유래가 명종이 홍계관의 죽음을 슬퍼하며 지은 이름이라는 걸 알게 되었다.

나의 생각 정리

Q. 다음 낱말의 뜻풀이를 읽고 '아차산'의 이름의 유래에 대해 생각하여 써 보자!

아차 [I] 「감탄사」 무엇이 잘못된 것을 갑자기 깨달았을 때 하는 말
　　예 아차, 지갑을 놓고 왔구나!
[II] 「부사」 본의 아니게 어떤 일이 어긋나는 모양
　　예 아차, 그 일은 내가 너에게 실수했구나.

- '나'는 **예** 아차산의 이름은 '아차'의 낱말 뜻처럼, 홍계관의 말이 사실이었음에도 불구하고 명종의 실수 때문에 억울하게 죽은 일에서 유래되었다고 생각한다.

어휘력 확인

1~3 다음 문장의 빈칸에 알맞은 낱말을 **보기**에서 찾아 써 보세요.

보기

| 유역 | 전사 | 증거 |

1 강 [유역] 의 평야는 농경지로 사용된다.

2 김 형사는 사건의 확실한 [증거] 을/를 찾아냈다.

3 전쟁에 나가서 싸우던 삼촌의 [전사] 통지서를 받은 할머니가 쓰러지셨다.

4~5 다음 뜻에 알맞은 낱말을 글자의 첫소리를 참고하여 써 보세요.

4 사물이나 공간, 지위 따위를 자기 몫으로 가짐. 또는 그 사물이나 공간
　→ [ㅊ ㅈ] : 차지

5 건드리지 아니하여 조금도 축이 나거나 변하지 아니하고 그대로 온전한 상태로
　→ [ㄱ ㅅ ㄹ ㅎ] : 고스란히

6~7 다음 밑줄 친 낱말과 바꿔 쓸 수 있는 낱말을 골라 ○표 해 보세요.

6 그 회사는 자금난으로 지난달부터 작업을 <u>멈추고</u> 있다. (지속하고 / **중지하고**)

7 오늘 새벽에 뛰어나다는 의원을 찾아가 약을 한 첩 지어 집으로 돌아가는 길이다.
　　　　　　　　　　　　　　　　　　(**용하다** / 유명하다)

이중섭의 생애

핵심 내용 이해

Q. 다음 글자 카드를 활용하여 글쓴이가 이 글을 쓴 목적을 완성해 보자!

| 섭 | 생 | 애 | 이 | 중 |

- 글쓴이는 독자에게 [이][중][섭] 의 [생][애] 에 대해 알리고자 글을 썼다.

새로 알게 된 사실

Q. 이 글을 읽고 새롭게 알게 된 내용을 적어 보자!

예 이중섭이 '조선의 것'을 그리기 위해 소와 같은 전통적인 소재의 그림을 많이 그렸다는 것을 알게 되었다.

나의 생각 정리

Q. 다음 글을 읽고 '이중섭'의 태도에 대한 생각을 써 보자!

> 　1945년 8월 15일은 우리나라가 일제의 식민 통치로부터 벗어나 독립을 한 날이다. 우리나라는 국권이 강탈된 후 독립 운동을 진행하였고 끊임없이 일제에 저항하였다. 그러나 광복 이후 남과 북에 체제를 달리하는 정부가 수립되어 민족이 분열되었다. 당시 북한에 있던 이중섭 역시 북한의 화단으로부터 정치 체제의 선택을 강요받을 수밖에 없었다.

- '나'는 **예** 광복이 되고 혼란한 시대에서 남과 북의 정치 체제에서 벗어나 오로지 화가로서 자신의 그림을 그리고 싶어 했던 이중섭의 선택을 지지한다.

어휘력 확인

1~3 다음 문장의 빈칸에 들어갈 낱말을 **보기**의 글자 카드를 짝지어 만들어 보세요.

보기

| 결 | 로 | 국 | 일 | 이 | 찍 | 홀 |

1 나는 [결][국] 그의 간청을 뿌리치지 못했다.
　　일의 마무리에 이르러서. 또는 일의 결과가 그렇게 돌아가게

2 모두 집으로 떠나고 기숙사에는 나만 [홀][로] 남았다.
　　자기 혼자서만

3 가족들은 다음 날 아침 [일][찍][이] 다음 여행지로 출발했다.
　　일정한 시간보다 이르게

4~6 다음 낱말에 알맞은 뜻을 찾아 선으로 이어 보세요.

4 개학 •　　　• ㉠ 창조적인 일의 계기가 되는 기발한 착상이나 자극

5 다짐 •　　　• ㉡ 학교에서 방학, 휴교 따위로 한동안 쉬었다가 다시 수업을 시작함.

6 영감 •　　　• ㉢ 이미 한 일이나 앞으로 할 일에 틀림이 없음을 단단히 강조하거나 확인함.

7~8 다음 설명에 해당하는 낱말을 **보기**에서 찾아 써 보세요.

보기

| 재능 | 유학 |

7 외국에 머물면서 공부를 하는 것을 뜻하는 말이야.　→ [유학]

8 어떤 일을 하는데 필요한 재주와 능력을 나타내거나 개인이 타고난 능력과 훈련에 의하여 획득된 능력을 아울러 이르는 말이야.　→ [재능]

시장의 역사

🍎 핵심 내용 이해

Q. 다음 낱말 카드를 활용하여 시장의 역사를 정리해 보자!

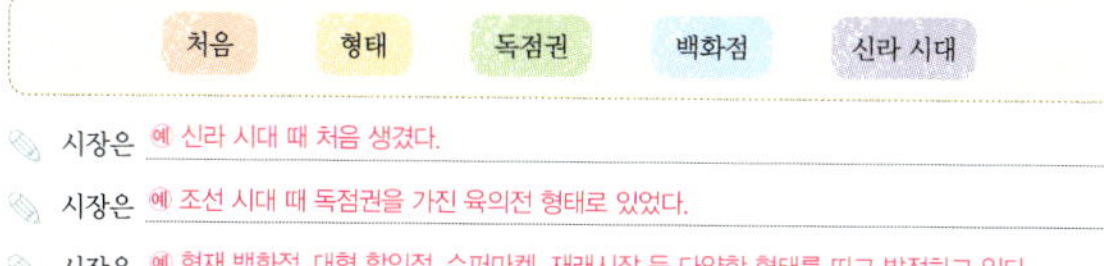

- 시장은 **예 신라 시대 때 처음 생겼다.**
- 시장은 **예 조선 시대 때 독점권을 가진 육의전 형태로 있었다.**
- 시장은 **예 현재 백화점, 대형 할인점, 슈퍼마켓, 재래시장 등 다양한 형태를 띠고 발전하고 있다.**

✈ 새로 알게 된 사실

Q. 이 글을 읽고 새롭게 알게 된 내용을 적어 보자!

예 시장이 신라 시대, 고려 시대, 조선 시대를 지나 현재에 이르기까지 어떤 모습으로 발전하고 있었는지를 알게 되었다.

⭐ 나의 생각 정리

Q. 다음 그림을 보고 이 시장의 특징을 생각하여 써 보자!

'나'는 **예 이 그림이 대형 할인점이라고 생각한다. 대형 할인점은 다양하고 많은 물건이 잘 진열되어 있는 형태이다.**

🗣 어휘력 확인

1~2 다음 밑줄 친 낱말의 뜻으로 알맞은 것을 찾아 ○표 해 보세요.

1 이곳은 최신식 설비를 갖춘 공장이다.
→ (오래 계속됨으로 / **있어야 할 것을 가지거나 차림**)

2 그는 가수에 못지않게 노래를 잘 부른다.
→ (**일정한 수준이나 정도에 뒤지지 않게** / 어떤 일이 끝난 뒤에 남아 미치는 영향)

3~5 다음 뜻에 해당하는 어휘를 보기 에서 찾아 써 보세요.

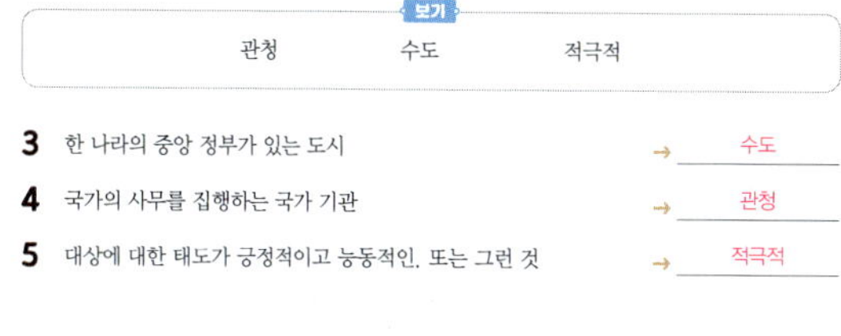

3 한 나라의 중앙 정부가 있는 도시 → **수도**

4 국가의 사무를 집행하는 국가 기관 → **관청**

5 대상에 대한 태도가 긍정적이고 능동적인. 또는 그런 것 → **적극적**

6~7 다음 밑줄 친 낱말과 바꿔 쓸 수 있는 낱말을 골라 ○표 해 보세요.

6 그는 시골에서 고등학교를 다녔다. (**촌** / 도시)

7 이 가게는 붕어빵 네 개를 사면 한 개는 서비스로 준다. (**덤** / 보답)

초등학생의 평균 키와 몸무게

🍎 핵심 내용 이해

Q. 다음 글자 카드를 활용하여 글쓴이가 이 글을 쓴 목적을 완성해 보자!

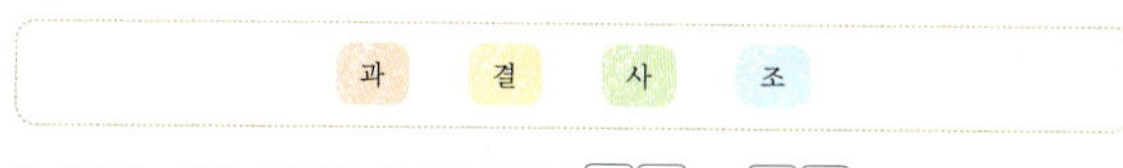

글쓴이는 초등학교 5학년의 키와 몸무게에 대해 **조** **사** 하고 **결** **과** 를 분석하며 글을 썼다.

✈ 새로 알게 된 사실

Q. 이 글을 읽고 새롭게 알게 된 내용을 적어 보자!

예 5학년 여학생은 남학생보다 키가 더 많이 컸고 몸무게도 더 빠른 속도로 늘었다는 것을 알게 되었다.

⭐ 나의 생각 정리

Q. 다음 글을 읽고 초등학교 5학년 여학생의 성장이 남학생보다 더 빠른 이유를 생각하여 써 보자!

> 같은 성별이어도 사춘기가 얼마나 빨리 시작하는지, 사춘기 동안 키가 가장 많이 크는 시기가 얼마나 빨리 오는지, 그때 얼마나 많이 크는지에 따라 키가 달라진다.
> 여자는 일반적으로 만 9~10세에 사춘기가 시작되면서 만 12세 때 키가 가장 많이 크는 시기가 온다. 사춘기가 시작된 이후 키는 크고 체중이 늘며 2차 성징을 한다. 남자는 여자보다 1년 정도 늦게 사춘기가 시작되고, 만 12세 이후 성장 속도가 빨라져 만 14세 이후 폭발적으로 키가 가장 많이 큰다.

'나'는 **예 초등학교 5학년 여학생의 성장이 남학생보다 빠른 이유는 남학생보다 사춘기가 빨리 시작하며, 키가 크는 시기도 빨리 오기 때문이라고 생각한다.**

🗣 어휘력 확인

1~3 다음 문장에 어울리는 낱말을 괄호 안에서 골라 ○표 해 보세요.

1 이 대화는 (**곧** / 결코) 시작된다.

2 비가 오는 날이면 (**반드시** / 반듯이) 허리가 쑤신다.

3 매일 조금씩이라도 운동을 (소홀히 / **꾸준히**) 하도록 노력해야 한다.

4~5 주어진 글자의 첫소리와 그 뜻에 알맞은 낱말을 빈칸에 넣어 문장을 완성해 보세요.

4 ㄷ ㅇ : 어떤 것과 비교하여 똑같음.
→ 국내 어디서나 **동일** 상품을 판매하고 있다.

5 ㅎ ㄷ : 무엇에 관계되는 바로 그것
→ **해당** 조건을 충족하는 신입 사원을 뽑고자 한다.

6~8 다음 문장의 빈칸에 알맞은 낱말을 보기 에서 찾아 써 보세요.

6 현대 사회로 오면서 삶의 **양상** 이/가 많이 달라졌다.

7 경찰은 그의 사망 원인에 대한 **조사** 을/를 실시했다.

8 학교 급식 **식단** 을/를 두고 영양 불균형 문제가 거론되고 있다.

월식과 일식

핵심 내용 이해

Q. 다음 글자 카드를 활용하여 글쓴이가 이 글을 쓴 목적을 완성해 보자!

| 식 | 일 | 월 |

글쓴이는 독자에게 **월식** 현상에 대해서 **일식** 현상과 비교하며 설명하는 글을 썼다.

새로 알게 된 사실

Q. 이 글을 읽고 새롭게 알게 된 내용을 적어 보자!

예 월식과 일식 현상이 무엇이고 어떤 종류가 있는지, 두 현상의 차이점은 무엇인지에 대해서 알게 되었다.

나의 생각 정리

Q. 다음 그림을 보고 어떤 현상에 대한 그림인지 생각하여 써 보자!

나는 예 이 그림이 태양과 지구, 달의 순서대로 일직선으로 놓여 있어 지구의 그림자가 달을 가리고 있으므로, 월식 현상에 대한 그림이라고 생각한다.

어휘력 확인

1~3 다음 뜻에 알맞은 낱말을 주어진 글자의 첫소리를 참고하여 써 보세요.

1 인간이 지각할 수 있는, 사물의 모양과 상태
ㅎ ㅅ : _현상_

2 뒤에 오는 말이 앞의 내용과 상반됨을 나타내는 말
ㅂ ㅁ : _반면_

3 육안이나 기계로 자연 현상 특히 천체나 기상의 상태, 추이, 변화 따위를 관찰하여 측정하는 일
ㄱ ㅊ : _관측_

4~5 다음 설명에 해당하는 낱말을 보기에서 찾아 써 보세요.

보기
| 대기 | 표면 |

4 천체의 표면을 둘러싸고 있는 기체를 나타내는 말이야. → _대기_
5 사물의 가장 바깥쪽 또는 가장 윗부분을 가리킬 때 쓰는 말이야. → _표면_

6~7 다음 문장의 빈칸에 들어갈 낱말을 보기의 글자 카드를 짝지어 만들어 보세요.

보기
| 간 | 부 | 시 | 실 | 전 |

6 어머니는 어제 수확한 딸기 **전부** 를 잼으로 만드셨다.
어떤 대상을 이루는 낱낱을 모두 합친 것

7 위성 방송을 통해 **실시간** 경기 중계가 가능해졌다.
실제 흐르는 시간과 같은 시간

우리나라의 문화유산

핵심 내용 이해

Q. 다음 낱말 카드를 활용하여 우리나라 문화유산의 특징을 정리해 보자!

| 동굴 | 사람 | 조선 | 세련 | 평민 |

바위그림은 예 동굴 벽면에 동물, 사람 등을 새긴 것이다.
민화는 예 조선 후기에 평민들 사이에서 유행한 그림이다.
고려청자는 예 세련되고 고급스러운 멋을 느끼게 한다.

새로 알게 된 사실

Q. 이 글을 읽고 새롭게 알게 된 내용을 적어 보자!

예 우리나라의 문화유산인 바위그림, 민화, 고려청자, 조선백자의 특징에 대해서 알게 되었다.

나의 생각 정리

Q. 다음 그림이 어떤 문화유산인지, 그 특징은 무엇인지 생각하여 써 보자!

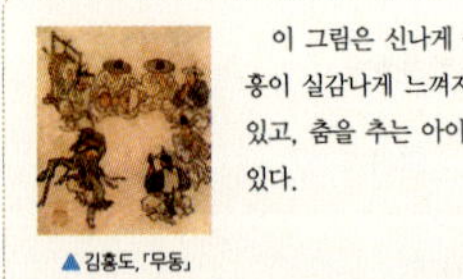

이 그림은 신나게 춤을 추고 있는 아이와 그 아이를 둘러싸고 있는 악사들의 흥이 실감나게 느껴지는 그림이다. 춤을 추고 있는 아이는 동그란 얼굴에 웃고 있고, 춤을 추는 아이의 주변에 있는 악사들은 모두 흥에 빠져 악기를 연주하고 있다.

▲김홍도, 「무동」
•출처(그림) 한국데이터베이스산업진흥원

예 이 그림은 민화이다. 민화는 조선 시대 평민들의 모습을 생생하게 그렸고, 이를 통해 특유의 재치와 익살스러움을 느낄 수 있는 그림이다.

어휘력 확인

1~3 다음 밑줄 친 낱말과 바꿔 쓸 수 있는 낱말을 골라 ○표 해 보세요.

1 그녀는 거울을 보고 모자를 곧게 썼다. (서투르게 / (반듯하게))
2 땅은 누가 다듬어 놓은 듯 판판했다. ((평평했다) / 울퉁불퉁했다)
3 새로 만든 도자기에 여러 가지 문양을 파서 넣었다. ((새겨) / 떼어서)

4~5 다음 밑줄 친 말과 바꿔 쓸 수 있는 낱말을 보기에서 골라 내용에 어울리게 써 보세요.

보기
| 띠다 | 그리다 | 씌우다 | 소박하다 |

4 생크림을 덮은 맛있는 케이크가 여기 있다. → _씌운_
5 수수한 그의 옷차림이 사람들의 시선을 끌었다. → _소박한_

6~8 다음 낱말에 알맞은 뜻을 찾아 선으로 이어 보세요.

6 정식 — ㉠ 먼 윗대의 조상
7 선조 — ㉡ 정당한 격식이나 의식
8 세련 — ㉢ 서투르거나 어색한 데가 없이 능숙하고 미끈하게 갈고닦음.

정답과 해설 • 35쪽

낱말 사이의 관계

핵심 내용 이해

Q. 다음 낱말 카드를 활용하여 낱말 사이 관계의 특징을 정리해 보자!

✎ 낱말에는 예 어떤 낱말이 다른 낱말을 포함하는 경우도 포함되는 경우도 있다.

✎ 낱말에는 예 뜻이 비슷한 낱말이 있는데, 이는 소리는 다르지만 의미가 비슷한 낱말이다.

✎ 낱말에는 예 뜻이 반대되는 낱말이 있는데, 이는 서로 반대되는 뜻을 가지고 있는 낱말이다.

새로 알게 된 사실

Q. 이 글을 읽고 새롭게 알게 된 내용을 적어 보자!

✎ 예 포함되는 낱말, 포함하는 낱말, 뜻이 비슷한 낱말, 뜻이 반대되는 낱말의 정의와 종류에 대해 알게 되었다.

나의 생각 정리

Q. 다음 글을 읽고 뜻이 비슷한 낱말을 생각하여 써 보자!

> 뜻이 비슷한 낱말에는 '얼큰하다', '매콤하다', '맵다'가 있다. '얼큰하다'는 약간은 맛이 매워 입안이 조금 얼얼할 때 사용하는 말이다. '매콤하다'는 냄새나 맛이 매우면서도 입맛이 끌리는 느낌이 있을 때에 사용한다. '맵다'는 고추나 겨자와 같이 맛이 알알하고 따가울 때 사용한다. 이렇게 뜻이 비슷하더라도 미묘한 의미의 차이가 있다.

✎ 예 뜻이 비슷한 낱말의 예로 '가꾸다'와 '보살피다', '키우다'가 있다. '가꾸다'는 식물이나 그것을 기르는 장소를 손질하고 보살피는 것이고, '보살피다'는 정성을 기울여 보호하며 돕는 것이다. '키우다'는 동식물을 돌보아 기르는 것이다.

어휘력 확인

1~3 다음 문장에 어울리는 낱말을 괄호 안에서 골라 ○표 해 보세요.

1 그 둘은 서로 (거스르는 / (반대되는)) 방향으로 뛰어갔다.

2 우리는 이번 체육 대회에서 같은 팀에 ((속한다) / 동의한다).

3 일반적으로 사람들은 자신과 ((비슷한) / 엇갈린) 사람과 친해지기 마련이다.

4~6 다음 문장의 빈칸에 들어갈 낱말을 보기 의 글자 카드를 짝지어 만들어 보세요.

4 모르는 [낱][말]을 사전에서 찾아봤다.
분리하여 자립적으로 쓸 수 있는 말이나 이에 준하는 말, 또는 그 말의 뒤에 붙어서 문법적 기능을 나타내는 말

5 그들은 [끼][니]를 거를 정도로 가난하였다.
아침, 점심, 저녁과 같이 날마다 일정한 시간에 먹는 밥, 또는 그렇게 먹는 일

6 그가 미소를 지을 때마다 하얀 [치][아]가 드러났다.
'이'를 점잖게 이르는 말

7~8 다음 밑줄 친 낱말의 뜻으로 알맞은 것을 찾아 ○표 해 보세요.

7 사랑하는 사이라 할지라도 남의 핸드폰을 함부로 보면 안 된다.
→ ((서로 맺은 관계) / 일의 형편이나 까닭)

8 심사 위원은 이번 심사의 기준을 바꾸겠다고 이야기하였다.
→ ((기본이 되는 표준) / 사물이나 현상, 이론, 시설 따위를 이루는 바탕)

정답과 해설 • 35쪽

백화점의 발전

핵심 내용 이해

Q. 다음 글자 카드를 활용하여 글쓴이가 이 글을 쓴 목적을 완성해 보자!

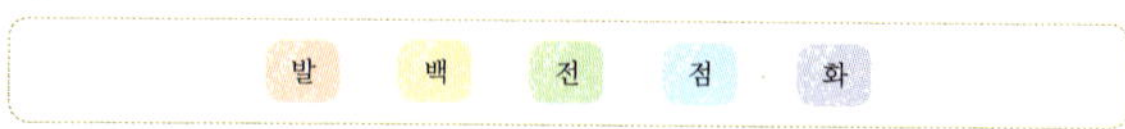

✎ 글쓴이는 독자에게 현재 백화점의 모습을 띠기까지 우리나라 [백][화][점]의 [발][전] 시기와 방향에 대해 설명하는 글을 썼다.

새로 알게 된 사실

Q. 이 글을 읽고 새롭게 알게 된 내용을 적어 보자!

✎ 예 우리나라 최초의 백화점과 백화점이 발전하던 시기에 대해 알게 되었다.

나의 생각 정리

Q. 다음 글과 같이 '백화점'의 미래 모습을 생각하여 써 보자!

> A 백화점은 올해 처음 문을 열며 문화와 예술 콘텐츠를 앞세운 '문화 백화점 전략'을 선보였다. 백화점은 물건만 파는 곳이 아니라, 생활 문화를 제시할 수 있는 곳으로 바뀌어야 한다는 것이다. 특히 매장 안에 문화 센터와 갤러리, 공연장 등을 선보이는 파격적인 선택을 했다. 또한 이곳은 매장 디자인과 인테리어도 도심 속 자연주의를 표방한 국내 최초의 자연 친화형 백화점이다.
>
> - 한국 금융 기사 참고

✎ '나'는 예 미래의 백화점은 메타버스 기술을 도입하여 백화점에 직접 방문하지 않아도 휴대폰이나 컴퓨터를 이용해 매장을 둘러보고 제품을 구매할 수 있을 것이라고 생각한다.

어휘력 확인

1~3 다음 문장의 빈칸에 알맞은 낱말을 보기 에서 찾아 써 보세요.

1 발표자는 사람들을 [둘러보며] 자신의 의견에 동의를 구했다.

2 이번 전시회에서는 고흐의 [다양한] 작품들을 관람할 수 있다.

3 아버지께서는 올바른 행실은 올바른 마음가짐에서 [비롯된다]고 생각하셨다.

4~5 다음 밑줄 친 낱말과 바꿔 쓸 수 있는 낱말을 골라 ○표 해 보세요.

4 내일부터 작전에 본격적으로 돌입한다. (부분적 / (전면적))

5 춘향전은 서양에서 최초로 번역된 우리나라 소설이다. (나중으로 / (처음으로))

6~7 다음 설명에 해당하는 낱말을 보기 에서 찾아 써 보세요.

보기
상회   기계화

6 사람이나 동물이 하는 노동을 기계가 대신하거나 그렇게 하도록 한다는 말이야.
→ 기계화

7 몇 사람이 함께 장사를 하는 상업상의 조합이라는 뜻으로, 기업이나 상점, 상사에 덧붙여 쓰는 말이야.
→ 상회

정답과 해설 · 36쪽

학교 급식의 올바른 관리

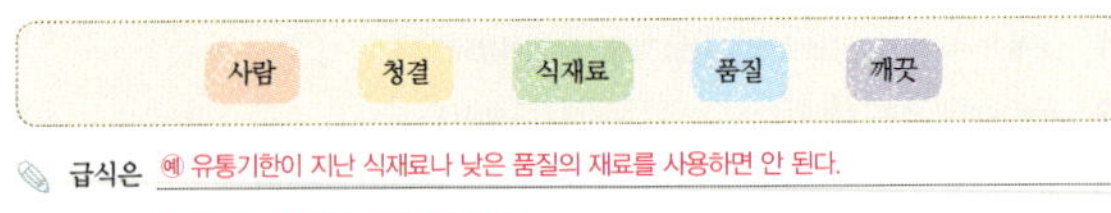

핵심 내용 이해

Q. 다음 낱말 카드를 활용하여 '학교 급식'의 특징을 정리해 보자!

사람	청결	식재료	품질	깨끗

✎ 급식은 ⟨예⟩ 유통기한이 지난 식재료나 낮은 품질의 재료를 사용하면 안 된다.

✎ 급식은 ⟨예⟩ 만드는 사람이 늘 깨끗해야 한다.

✎ 급식은 ⟨예⟩ 만드는 조리 시설이 청결해야 한다.

새로 알게 된 사실

Q. 이 글을 읽고 새롭게 알게 된 내용을 적어 보자!

✎ ⟨예⟩ 급식을 어떻게 만들어야 학생들이 건강하게 성장할 수 있는지를 알게 되었다.

나의 생각 정리

Q. 다음 글을 읽고 '식중독'을 방지하기 위해 어떻게 해야 하는지 생각하여 써 보자!

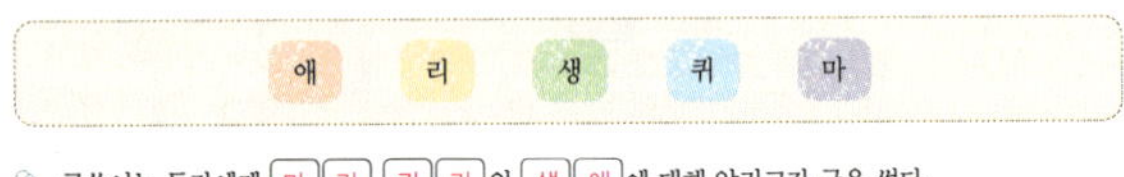

올해도 식중독 신호등은 빨간불

2022년 A시의 한 유치원에서 약 70여 명의 어린이가 집단 식중독 증세를 보였다. 확인 결과 장출혈성 대장균에 감염된 것이 문제였고, 이 중 18명은 중증 식중독에 걸렸다. 또한 B시와 C시에 위치한 김밥 프랜차이즈에서는 식중독 집단 감염이 발생하기도 하였다. D시에서는 김밥 가게에서 김밥을 먹은 사람이 사망하는 사고까지 발생하였다.

✎ '나'는 ⟨예⟩ 건강하고 싱싱한 식재료를 사용하고 조리 시설과 조리사의 청결과 위생을 유지해야만 식중독을 방지할 수 있다고 생각한다.

어휘력 확인

1~2 주어진 글자의 첫소리와 그 뜻에 알맞은 낱말을 빈칸에 넣어 문장을 완성해 보세요.

1 ㅅ 하다: 음식이 변하거나 썩어서 먹을 수 없게 되다.
→ 냉장고가 고장이 나서 음식물이 모두 [상]했다.

2 ㅂㅈ 하다: 어떤 일이나 현상이 일어나지 못하게 막다.
→ 안전사고를 미연에 [방지]하려면 시설 점검을 철저히 해야 한다.

3~4 다음 문장의 빈칸에 알맞은 낱말을 보기에서 찾아 써 보세요.

보기: 부실 살균 위생

3 젖병을 [살균]하기 위해서 열탕 소독을 해야 한다.

4 보건 당국은 [위생] 상태가 나쁜 음식점에 대한 단속에 나섰다.

5~7 다음 밑줄 친 낱말의 뜻으로 알맞은 것을 찾아 ○표 해 보세요.

5 음식을 만드는 주방은 늘 청결해야 한다.
→ (○맑고 깨끗함 / 건강에 유익하도록 조건을 갖추거나 대책을 세움.)

6 그 사건은 큰 화제가 되어 사람들에게 경각심을 불러일으켰다.
→ (서로 다투는 중심이 되는 점 / ○정신을 차리고 주의 깊게 살피어 경계하는 마음)

7 불경기가 계속되면서 대부분의 업체들이 매출 감소로 고생하고 있다.
→ (○사업이나 기업의 주체 / 직장 같은 곳에서 맡아서 하는 일)

정답과 해설 · 36쪽

위대한 과학자 마리 퀴리

핵심 내용 이해

Q. 다음 글자 카드를 활용하여 글쓴이가 이 글을 쓴 목적을 완성해 보자!

애	리	생	퀴	마

✎ 글쓴이는 독자에게 [마][리][퀴][리]의 [생][애]에 대해 알리고자 글을 썼다.

새로 알게 된 사실

Q. 이 글을 읽고 새롭게 알게 된 내용을 적어 보자!

✎ ⟨예⟩ 마리 퀴리가 남편과 함께 라듐을 발견하고 연구하여 죽음에 이르기까지의 생애를 알게 되었다.

나의 생각 정리

Q. 다음 글을 읽고 '나이팅게일'과 '마리 퀴리'의 공통점을 생각하여 써 보자!

영국의 간호사였던 나이팅게일은 크림 전쟁이 일어나자 38명의 간호사들과 함께 전쟁터로 갔어. 나이팅게일은 전쟁터에 있는 병원의 환경을 깨끗하게 만들고, 밤새도록 다친 병사들을 간호하였지. 이러한 노력으로 병사들의 사망률은 크게 떨어졌어. 이후 나이팅게일은 간호 학교를 설립하여 간호 교육의 기초를 세웠어.

✎ '나'는 ⟨예⟩ 올곧은 과학자의 정신으로 라듐을 발견하고 연구한 마리 퀴리와 병원의 환경을 깨끗하게 하고 병사들을 간호한 나이팅게일은 많은 사람들에게 도움을 주고 세상에 기여를 한 공통점이 있다고 생각한다.

어휘력 확인

1~3 다음 밑줄 친 말과 바꿔 쓸 수 있는 낱말을 보기에서 골라 내용에 어울리게 써 보세요.

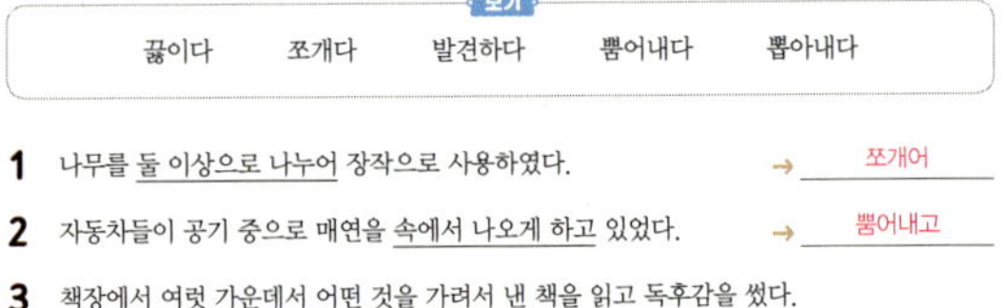

보기: 끓이다 쪼개다 발견하다 뿜어내다 뽑아내다

1 나무를 둘 이상으로 나누어 장작으로 사용하였다. → [쪼개어]

2 자동차들이 공기 중으로 매연을 속에서 나오게 하고 있었다. → [뿜어내고]

3 책장에서 여럿 가운데서 어떤 것을 가려서 낸 책을 읽고 독후감을 썼다. → [뽑아낸]

4~5 다음 뜻풀이를 참고하여 십자말풀이를 완성해 보세요.

4 ㉠ 물건의 값으로 치르는 돈

5 ㉡ 도량이나 능력, 업적 따위가 뛰어나고 훌륭하다.

6~7 다음 밑줄 친 낱말과 바꿔 쓸 수 있는 낱말을 골라 ○표 해 보세요.

6 건물은 적들에 의해 심각한 파괴를 당했다. (보존 / ○훼손)

7 같은 영양제라도 먹는 사람에 따라 효과가 다를 수 있다. (○영향 / 경향)

14일차

공부한 날 월 일

만리장성과 석굴암

핵심 내용 이해

Q. 다음 낱말 카드를 활용하여 건축물과 만리장성, 석굴암의 특징을 정리해 보자!

| 과학 | 역사 | 작품 | 주거 | 중국 |

- 건축물은 **예** 주거, 예술, 도시의 상징이 되기도 한다.
- 만리장성은 **예** 오랜 세월 동안 중국의 역사와 함께한 건축물이다.
- 석굴암은 **예** 과학과 예술 영역을 접목한 하나의 작품이다.

새로 알게 된 사실

Q. 이 글을 읽고 새롭게 알게 된 내용을 적어 보자!

예 중국의 역사를 함께한 만리장성과 과학, 종교, 예술, 건축 영역을 집합한 석굴암에 대해서 알게 되었다.

나의 생각 정리

Q. 다음 글을 읽고 '타지마할'에 대한 생각을 써 보자!

인도의 타지마할은 인도와 페르시아, 터키, 이슬람 문명권의 건축 양식과 기술이 조화를 이루어 신비롭고 찬란한 아름다움을 뽐내는 건축물이다. 타지마할은 1983년 유네스코 세계 유산으로 지정되었는데, 등재 당시 '무슬림 예술의 보석'이라는 찬사를 받았다.

▲ 타지마할

- '나'는 **예** 타지마할이 인도의 상징이자 뛰어난 건축 기술을 지닌 아름다운 예술 작품이라고 생각한다.

어휘력 확인

1~2 다음 문장에 어울리는 낱말을 괄호 안에서 골라 ○표 해 보세요.

1 차가 달려오자 행진을 하던 사람들이 순식간에 양쪽으로 (뭉쳤다 / **갈라졌다**).

2 서비스를 한 단계 끌어올릴 기능들을 (**집합한** / 해체한) 기술력으로 입소문을 탔다.

3~5 주어진 글자의 첫소리와 그 뜻에 알맞은 낱말을 빈칸에 넣어 문장을 완성해 보세요.

3 ㅇ 보다: 어떤 사실을 바탕으로 실상을 미루어 알다.
→ 그림을 통해 당시 사람들의 삶의 모습을 [엿] 볼 수 있다.

4 ㅈ ㅁ 하다: 둘 이상의 다른 현상 따위를 알맞게 조화하게 하다.
→ 우리는 전통극과 현대 연극을 [접목] 한 작품을 보고 있다.

5 ㅃ 다: 길이나 강, 산맥 따위의 긴 물체가 어떤 방향으로 길게 이어져 가다.
→ 고속 도로가 직진으로 곧게 [뻗] 어 있다.

6~7 다음 뜻풀이를 참고하여 십자말풀이를 완성해 보세요.

6 ㉠ 독창적인 성향이나 성질

7 ㉡ 중국의 북쪽에 있는 성. 북방 유목 민족의 침입에 대비하기 위해 쌓음.

15일차

공부한 날 월 일

바다의 자원

핵심 내용 이해

Q. 다음 글자 카드를 활용하여 글쓴이가 이 글을 쓴 목적을 완성해 보자!

| 바 | 원 | 자 | 다 |

글쓴이는 독자에게 [바][다] 의 다양한 [자][원] 에 대해 알리고자 글을 썼다.

새로 알게 된 사실

Q. 이 글을 읽고 새롭게 알게 된 내용을 적어 보자!

예 바다는 생물 자원, 광물 자원, 에너지 자원 등 매우 다양한 자원을 가지고 있다는 것을 알게 되었다.

나의 생각 정리

Q. 다음 그림은 어떤 에너지 생산 방법을 그린 것인지 써 보자!

▲ 풍력 발전기

- '나'는 **예** 이 그림이 바람의 힘으로 풍력 발전기의 날개를 돌려 에너지를 생산하는 방법을 그린 것이라고 생각한다.

어휘력 확인

1~3 다음 뜻에 알맞은 낱말을 글자의 첫소리를 참고하여 써 보세요.

1 사회적 관심이나 흥미
ㄱ ㄱ : 각광

2 사물의 가장 중심이 되는 부분
ㅎ ㅅ : 핵심

3 어떤 일의 바탕이 되는 돈이나 물자, 소재, 인력 따위가 다하여 없어짐.
ㄱ ㄱ : 고갈

4~5 다음 밑줄 친 낱말의 뜻으로 알맞은 것을 찾아 ○표 해 보세요.

4 내가 세를 들어 사는 이곳의 <u>면적</u>은 아주 좁다.
→ (실제로 체험하는 느낌 / **면이 이차원의 공간을 차지하는 넓이의 크기**)

5 그 회사는 <u>인력</u>을 양성하기 위해 신입 사원 교육에 힘쓴다.
→ (**사람의 노동력** / 과학 이론을 실제로 적용하여 생활에 유용하도록 가공하는 수단)

6~7 다음 문장의 빈칸에 들어갈 낱말을 **보기**의 글자 카드를 짝지어 만들어 보세요.

6 그 마을은 풍년이 들어 [식][량] 이 충분했다.
생존을 위하여 필요한 사람의 먹을거리

7 이곳은 바다와 [육][지] 사이에 있는 매우 좁은 해협이다.
강이나 바다와 같이 물이 있는 곳을 제외한 지구의 겉면

토론과 토의

핵심 내용 이해

Q. 다음 첫소리를 참고하여 빈칸을 채우며 토론과 토의가 무엇인지 정리해 보자!

ㅌㄹ 은 찬성과 반대로 나뉘는 ㄴㅈ 에 대하여 자신의 주장이 정당함을 입증하는 말하기 방식이다.

ㅌㅇ 는 열린 질문 형태의 ㅇㅈ 에 대하여 적절한 근거를 토대로 자신의 주장을 펼치는 말하기 방식이다.

답 (토론 / 논제 / 토의 / 의제)

새로 알게 된 사실

Q. 이 글을 읽고 새롭게 알게 된 내용을 적어 보자!

예 토론의 주제는 논제라고 하고 승패를 가른다는 것과, 토의의 주제는 의제라고 하고 합리적인 의사 결정이 필요할 때 한다는 것을 알게 되었다. 또한 토론과 토의에서는 경청의 태도가 중요하다는 것을 알게 되었다.

나의 생각 정리

Q. 다음 글을 읽고 토론의 논제가 갖추어야 할 요건에 대해 이유를 들어서 써 보자!

> **선생님:** 이번 토론의 주제는 무엇으로 정했나요?
> **학생 1:** 교복 착용에 대하여 찬반 토론을 하려고 해요.
> **선생님:** 그럼 논제를 어떻게 정했나요?
> **학생 2:** "학생의 표현의 자유를 제한하는 교복 착용에 반대한다."로 정했어요.
> **선생님:** 논제 자체가 찬성과 반대 중 어느 한쪽을 지지하는 것처럼 보이는 건 곤란해요. 논제를 수정하는 게 좋겠어요.
> **학생 2:** 그렇다면 "교복 착용에 반대한다."로 중립적인 논제를 정할게요.

'나'는 예 토론의 논제가 중립적인 성격을 가져야 한다고 생각한다. 왜냐하면 토론은 찬성과 반대의 입장으로 나누어 자신의 주장이 정당함을 입증하고 그 과정을 살펴 승패를 가르므로 처음부터 어느 한쪽을 지지하는 듯한 논제를 정하면 공평한 토론이 될 수 없기 때문이다.

어휘력 확인

1~3 아래의 낱말에 알맞은 뜻을 선으로 이어 보세요.

1 반박 •   • 새로 만들어 정해 둠.
2 설정 •   • 어떤 의견, 주장, 논설 따위에 반대하여 말함.
3 허점 •   • 불충분하거나 허술한 점. 또는 주의가 미치지 못하거나 틈이 생긴 구석

4~5 다음 뜻풀이를 참고하여 십자말풀이를 완성해 보세요.

4 ㉠ 귀를 기울여 들음.
5 ㉡ 뜻밖의 사고가 생기지 않도록 조심하여 단속함.

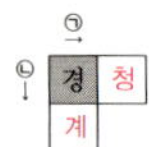

십자말풀이: ㉠ 경 청 / ㉡ 계 (경청 / 경계)

6~8 다음 문장의 빈칸에 알맞은 낱말을 보기에서 찾아 써 보세요.

보기: 미화   좌우   설득력

6 그의 주장은 참신하고 설득력 있는 것이었다.
7 성적을 좌우 하는 것은 타고난 지능보다는 노력이다.
8 과거의 친일 행적이 미화 되지 않도록 올바른 역사 교육이 이루어져야 한다.

디지털 폭력의 습격

핵심 내용 이해

Q. 다음 낱말 카드를 활용하여 '사이버불링'의 특징을 정리해 보자!

가상 공간   집단 따돌림   단톡방   익명성   확산 속도

사이버불링은 예 가상 공간 안에서 벌어지는 집단 따돌림을 뜻한다.

사이버불링은 예 단톡방에서 언어폭력을 행사하거나 대화에서 소외시키는 형태로 나타난다.

사이버불링은 예 가상 공간의 익명성과 엄청난 확산 속도, 가해자 처벌의 어려움 등으로 사회적 문제가 되고 있다.

새로 알게 된 사실

Q. 이 글을 읽고 새롭게 알게 된 내용을 적어 보자!

예 상대가 원치 않을 때 문자 폭탄을 보내는 것은 심리적 압박이 될 수 있고, 사이버불링에 해당한다는 것을 알게 되었다.

나의 생각 정리

Q. 다음 글을 읽고 '사이버불링'의 심각성과 해결 방안에 대한 생각을 써 보자!

> "이 사진 좀 봐. 영식이 엄청 웃기게 나오지 않았냐?"
> "와, 대박! 우리 이거 SNS에 올릴까?"
> "그래, 진짜 보면 볼수록 웃기다."
> '아, 너무 창피해. 왜 하필 내가 저렇게 나온 사진을 인터넷에 올려서 다른 친구들이 다 보게 하는 거야. 너무 속상해. 괴로워.'
>
> ……
>
> "저희는 그냥 장난으로 그랬어요."
> "네, 영식이가 그렇게까지 괴로워할 줄은 몰랐어요."

'나'는 예 사이버불링이 피해자에게는 엄청난 고통을 주더라도 가해자가 특별한 죄책감을 느끼지 않고 단순한 장난으로 생각할 수 있다는 점에서 더 문제가 되므로 온라인 예절에 대한 교육을 강화해야 한다고 생각한다.

어휘력 확인

1~3 다음 뜻에 해당하는 낱말을 보기에서 찾아 써 보세요.

보기: 일컫다   심각하다   행사하다

1 이름 지어 부르다. → 일컫다
2 행동하거나 어떤 짓을 하다. → 행사하다
3 상태나 정도가 매우 깊고 중대하다. 또는 절박함이 있다. → 심각하다

4~5 다음 문장에 어울리는 낱말을 괄호 안에서 골라 ○표 해 보세요.

4 감염병 바이러스의 (확대 / (확산)) 기세가 심상치 않다.
5 오늘은 저희 라디오 방송의 (시청자 / (청취자))분들께 전화 연결을 해 보겠습니다.

6~7 다음 문장의 빈칸에 들어갈 낱말을 보기의 글자 카드를 짝지어 만들어 보세요.

보기: 감   굴   신   어   욕   조

6 숙제를 하지 않아서 친구들 앞에서 혼이 난 영미는 굴 욕 감 을 느꼈다.
　 굴욕을 당하여 느끼는 참피한 느낌

7 급격한 신 조 어 의 증가는 세대 간의 소통을 어렵게 하는 요인 중 하나이다.
　 새로 생긴 말. 또는 새로 귀화한 외래어

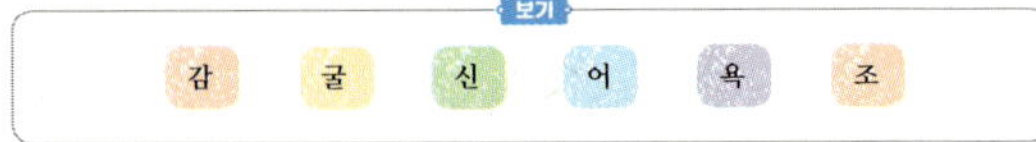

나를 인증하는 생체 인식 기술

핵심 내용 이해

Q. 다음 글자 카드를 활용하여 글쓴이가 이 글을 쓴 목적을 완성해 보자!

류	보	종	징	특	정

글쓴이는 생체 인식 기술의 **특 징** 과 **종 류** 에 대한 **정 보** 를 전달하기 위해 글을 썼다.

새로 알게 된 사실

Q. 이 글을 읽고 새롭게 알게 된 내용을 적어 보자!

예 개인마다 고유하게 가지고 있으면서 환경 변화에 따라 추출 값이 크게 달라지지 않는 정보만이 생체 인식 기술에 활용될 수 있다는 것을 알았다.

나의 생각 정리

Q. 다음 글에 나타난 문제점을 해결하기 위한 방안을 써 보자!

생체 인식 기술을 활용하면 보안 장치의 휴대성과 편리성, 정확성과 보안성을 높일 수 있다는 장점이 있다. 반면에, 개인의 생체 정보가 한번 유출되면 범죄에 악용될 수도 있고 유출된 정보를 새롭게 변경하거나 갱신할 수가 없다는 단점도 있다. 따라서 이를 보완할 수 있는 대응 방안이 필요하다.

예 생체 인식 기술을 활용할 때, 하나의 생체 정보만을 활용하는 것이 아니라 여러 가지의 생체 인식 기술과 다른 보안 장치를 함께 사용하여 다중 인증 체계를 갖춘다면 좀 더 안전하게 사용할 수 있을 것 같다.

어휘력 확인

1~3 주어진 글자의 첫소리와 그 뜻에 알맞은 낱말을 빈칸에 넣어 문장을 완성해 보세요.

1 ㅇㅇ 하다: 쓸모가 있다.
→ 휴대 전화의 카메라 기능은 매우 [유용] 하다.

2 ㅊㅊ 하다: 전체 속에서 어떤 물건, 생각, 요소 따위를 뽑아내다.
→ 커피의 맛과 향은 원두를 [추출] 하는 방식에 따라서 달라진다.

3 ㅁㄱ 하다: 자극에 빠르게 반응을 보이거나 쉽게 영향을 받는 데가 있다.
→ 배달 로봇은 도로의 곡선이나 요철에 [민감] 하게 반응하여 사고를 방지한다.

4~5 다음 뜻에 해당하는 낱말을 보기 에서 찾아 써 보세요.

보기
가정　　측정　　판정

4 판별하여 결정함. → 판정

5 일정한 양을 기준으로 하여 같은 종류의 다른 양의 크기를 잼. → 측정

6~7 다음 밑줄 친 낱말의 뜻으로 알맞은 것을 찾아 ○표 해 보세요.

6 크기가 작거나 상품성이 떨어지는 과일은 선별하여 가공 작업을 한다.
→ (특출난 것을 골라냄. / 가려서 따로 나눔.)

7 보안성이 뛰어난 장비일수록 다루기가 까다롭고 유지하는 데 많은 비용이 소모된다.
→ (안전을 유지하는 성질 / 안전을 위협하는 성질)

우리 집 바닥이 아랫집 천장이라고?

핵심 내용 이해

Q. 이 글의 내용과 일치하는 문장에는 ○표, 그렇지 않은 문장에는 ×표를 해 보자!

무량판 구조는 주거용으로 가장 적합한 바닥 구조이다. (×)

기둥식 구조는 건축 기간이 짧고 건축 비용을 절약할 수 있다는 장점이 있다. (×)

벽식 구조는 벽을 타고 진동과 소음이 고스란히 전달되어 층간 소음에 취약하다. (○)

새로 알게 된 사실

Q. 이 글을 읽고 새롭게 알게 된 내용을 적어 보자!

예 아파트 바닥 구조가 벽식 구조, 기둥식 구조, 무량판 구조로 나뉘고 구조에 따라 층간 소음에 미치는 영향이 다르다는 것을 알게 되었다.

나의 생각 정리

Q. 다음 기사를 읽고 층간 소음 문제에 대처하는 방안을 써 보자!

층간 소음 갈등이 부른 이웃 간의 참극

어제 서울 ○○구의 한 아파트에서 층간 소음 갈등으로 인한 이웃 간의 폭행 사건이 발생했다. 아래층에 사는 김 모 씨는 평소 층간 소음을 호소하며 수차례 위층에 주의를 주었다. 하지만 고쳐지지 않자, 자신을 무시한다고 느껴 충동적으로 위층을 찾아가 이 모 씨에게 폭력을 행사하고 집 안에 있던 집기를 파손한 혐의를 받고 있다. 이로 인해 이 모 씨는 전치 16주의 상해를 입고 병원에 입원 치료 중이며, 김 모 씨가 파손한 재산상의 손해액은 1,000만 원이 넘는 것으로 알려졌다.

'나'는 예 아파트의 바닥 구조 개선을 통해 층간 소음의 발생 위험을 줄이는 것과 동시에 이웃 간의 배려를 몸소 실천하고, 서로를 이해하려고 노력하는 것이 층간 소음 갈등을 해결하기 위한 가장 좋은 방법이라고 생각한다.

어휘력 확인

1~3 다음 뜻에 알맞은 낱말을 글자의 첫소리를 참고하여 써 보세요.

1 갈라져 흩어짐. 또는 그렇게 되게 함. → ㅂㅅ: 분산

2 물체에 작용하는 외부의 힘 또는 무게 → ㅎㅈ: 하중

3 개인이나 집단 사이에 목표나 이해관계가 달라 서로 적대시하거나 충돌함.
→ ㄱㄷ: 갈등

4~6 다음 밑줄 친 말과 바꿔 쓸 수 있는 낱말을 보기 에서 골라 문장에 어울리게 써 보세요.

보기
발생하다　　차지하다　　지탱하다

4 건조한 계절일수록 산불이 생겨나지 않도록 각별히 주의해야 한다. → 발생하지

5 갑작스런 집중 호우로 불어난 강물을 댐이 가까스로 버티거나 배겨 내고 있다. → 지탱하고

6 서구화된 식습관과 운동 부족으로 청소년 비만율이 전체의 20% 이상 비율을 이루게 되었다. → 차지하게

7~8 다음 문장에 어울리는 낱말을 괄호 안에서 골라 ○표 해 보세요.

7 남향의 집을 선호하는 가장 큰 이유는 (채광 / 채색)이 좋기 때문이다.

8 잡초들만 무성하게 자라 있는 (지연 / 지면)은 세월의 흔적을 보여 주었다.

통일이 되면 통역이 필요할까?

핵심 내용 이해

Q. 이 글의 글쓴이가 주장하는 것을 낱말 카드를 활용하여 적어 보자!

교류	다양성	동질성	이질화

✎ 남북한 어휘의 <u>예 이질화</u>를 극복하려면 활발한 교류를 통해 다양성을 유지하고 동질성을 회복하려는 노력이 필요하다.

새로 알게 된 사실

Q. 이 글을 읽고 새롭게 알게 된 내용을 적어 보자!

✎ 예 남한어는 외래어와 한자어가 차지하는 비중이 높은 반면, 북한어는 순우리말의 비중이 높다는 것을 알게 되었다.

나의 생각 정리

Q. 다음 글을 통해 알 수 있는 북한 문화어의 특징에 대해 써 보자!

> (가) 북한에서는 표준어를 문화어라고 하는데 『조선말대사전』에 따르면, '문화어란 주권을 잡은 로동 계급의 당의 령도 밑에 혁명의 수도를 중심지로 하고 수도의 말을 기본으로 하여 이루어지는, 로동 계급의 지향과 생활 감정에 맞게 혁명적으로 세련되고 아름답게 가꾸어진 언어'라고 되어 있다.
> (나) 북에서 새로 생겨난 말들
> － 정부 병원: 북한 특권층만을 위한 특수 병원
> － 로동 교양소: 노동을 통하여 인민들을 교육하는 기관

✎ 예 북한은 사회주의적 이념과 정치 체제를 강화하기 위하여 국가 주도적으로 말다듬기 사업을 통해 이념 어를 발전시켰기 때문에 문화어에는 이념과 정치적인 면이 두드러지게 나타나고 있다.

어휘력 확인

1~3 다음 뜻에 해당하는 낱말을 보기 에서 찾아 써 보세요.

보기		
극복하다	대체하다	흡수하다

1 다른 것으로 대신하다. → 대체하다

2 악조건이나 고생 따위를 이겨 내다. → 극복하다

3 외부에 있는 사람이나 사물 따위를 내부로 모아들이다. → 흡수하다

4~5 주어진 글자의 첫소리와 그 뜻에 알맞은 낱말을 빈칸에 넣어 문장을 완성해 보세요.

4 ㄱ ㅎ 하다: 수준이나 정도를 더 높이다.
→ 방역을 강화 하기 위해 영업시간을 제한하였다.

5 ㅇ ㅇ 하다: 어렵지 아니하고 매우 쉽다.
→ 이번에 구매한 텐트는 조립이 용이 한 것이 장점이다.

6~8 다음 문장의 빈칸에 들어갈 낱말을 보기 의 글자 카드를 짝지어 만들어 보세요.

보기					
교	념	류	소	이	통

6 미디어의 발달로 인해 문화의 교 류 가 더욱 활발해졌다.
문화나 사상 따위가 서로 통함

7 두 집단은 긴밀한 소 통 을 통해 원만한 합의를 도출해 냈다.
뜻이 서로 통하여 오해가 없음

8 그는 급진적인 이 념 을 가지고 있지만 온화한 태도를 지녔다.
이상적인 것으로 여겨지는 생각이나 견해

마음을 여는 설득의 비밀

핵심 내용 이해

Q. 다음 낱말 카드를 활용하여 설득의 요건을 정리해 보자!

감정	자질	논리성

✎ 에토스는 예 설득하는 사람의 자질과 관련된 것이다.
✎ 파토스는 예 듣는 사람의 감정과 관련된 것이다.
✎ 로고스는 예 내용의 논리성과 관련된 것이다.

새로 알게 된 사실

Q. 이 글을 읽고 새롭게 알게 된 내용을 적어 보자!

✎ 예 설득에 있어서 설득하는 사람의 자질과 듣는 사람의 감정, 내용의 논리성이 영향을 끼친다는 것을 알게 되었다.

나의 생각 정리

Q. 다음 글을 읽고 설득하는 말을 들을 때 주의해야 할 점에 대해 써 보자!

> 어떤 대상을 평가할 때, 그 대상의 어느 한 측면의 특질이 다른 특질들에까지도 영향을 미치는 것을 후광 효과라고 한다. 예를 들어 어떤 인물이 매력적인 외모를 가지고 있을 때, 그 사람의 능력이나 성격까지도 좋게 평가하는 것이다. 설득의 과정에서도 이러한 후광 효과가 영향을 미치는데, 설득하는 사람이 일반인일 때보다 전문적인 지식도 가지고 있고 사회적으로 지위가 높으면 듣는 사람은 그 사람의 말을 더욱 신뢰하게 된다.

✎ '나'는 예 설득하는 말을 들을 때, 설득하는 사람의 자질이나 인격과 관련된 후광 효과를 경계하기 위하여 내용의 논리성과 적절성을 비판적으로 판단하며 들어야 한다고 생각한다.

어휘력 확인

1~3 다음 뜻에 알맞은 낱말을 글자의 첫소리를 참고하여 써 보세요.

1 마음이 너그럽고 크다. → ㄱ ㄷ 하다: 관대

2 어떤 증거 따위를 내세워 증명하다. → ㅇ ㅈ 하다: 입증

3 서로의 관계가 매우 가까워 빈틈이 없다. → ㄱ ㅁ 하다: 긴밀

4~5 다음 문장에 어울리는 낱말을 괄호 안에서 골라 ○표 해 보세요.

4 일반적으로 무표정보다는 웃는 표정을 보고 사람들은 (호감 / 실감)을 느낀다.

5 그는 회사에서 원하는 (요구 / 요건)을/를 갖추지 못하였기 때문에 면접에서 탈락하였다.

6~8 다음 설명에 해당하는 낱말을 보기 에서 찾아 써 보세요.

보기		
연관되다	유리하다	제시하다

6 이익이 있다 또는 이롭다는 뜻을 가진 말이야. → 유리하다

7 사물이나 현상이 일정한 관계가 맺어진다는 뜻을 가진 말이야. → 연관되다

8 어떠한 의사를 말이나 글로 나타내어 보이게 한다는 뜻을 가진 말이야. → 제시하다

22일차 · 공부한 날 ___월 ___일

민주주의의 꽃, 선거

핵심 내용 이해

Q. 이 글을 읽고 선거의 4대 원칙에 대해 정리해 보자!

- 보통 선거는 예 일정한 연령에 도달한 모든 국민에게 차별 없이 선거권을 부여하는 것이다.
- 평등 선거는 예 모든 유권자에게 동등하게 한 표씩의 권리를 부여하는 것이다.
- 직접 선거는 예 선거권을 가진 사람이라면 반드시 본인이 직접 투표를 해야만 하는 것이다.
- 비밀 선거는 예 유권자가 자신이 투표한 후보에 대해 비밀을 유지하는 것이다.

새로 알게 된 사실

Q. 이 글을 읽고 새롭게 알게 된 내용을 적어 보자!

예 선거는 간접 민주주의에서 국민의 정치 참여라는 관점에서 의미가 있으며, 우리나라에서는 보통 선거, 평등 선거, 직접 선거, 비밀 선거를 선거의 4대 원칙으로 정하고 있다는 것을 알게 되었다.

나의 생각 정리

Q. 다음 글을 읽고 선거의 4대 원칙이 필요한 이유에 대해 써 보자!

1960년 3월 15일 제4대 대통령 및 제5대 부통령 선거가 시행되었다. 당시 정권을 잡고 있던 자유당은 대통령 후보로 이승만을, 부통령 후보로 이기붕을 내세웠다. 자유당은 오랜 집권으로 부정부패를 일삼는 바람에 민심을 잃어 선거 결과가 불리할 것으로 예측되자 조직적인 부정 선거를 저질렀다. 3~9명씩 묶어서 공개적으로 투표하기, 미리 찍어 놓은 표가 있는 투표함으로 바꿔치기 등 갖가지 방법이 동원된 끝에 자유당은 승리를 거두는 듯 보였지만, 이에 분노한 시민들이 선거 무효와 자유당의 자진 사퇴를 요구하며 시위를 벌이기 시작했고, 이러한 움직임이 전국적으로 번지면서 4·19 혁명의 도화선이 되었다.

'나'는 예 선거는 국민의 정치 참여라는 관점에서 공정성을 가져야 하며 국민들이 선거 결과를 신뢰하고 받아들이려면 유권자의 자유와 평등을 보장해 주는 선거의 4대 원칙이 지켜져야 한다고 생각한다.

어휘력 확인

1~3 다음의 낱말에 알맞은 뜻을 찾아 선으로 이어 보세요.

1 소수 · · 적은 수효

2 제약 · · 조건을 붙여 내용을 제한함. 또는 그 조건

3 호소 · · 어떤 일에 참여하도록 마음이나 감정 따위를 불러일으킴.

4~6 다음 뜻에 해당하는 낱말을 [보기]에서 찾아 써 보세요.

보기
실현하다　　동등하다　　준수하다

4 등급이나 정도가 같다. → 동등하다

5 꿈, 기대 따위를 실제로 이루다. → 실현하다

6 전례나 규칙, 명령 따위를 그대로 좇아서 지키다. → 준수하다

7~8 다음 문장의 빈칸에 알맞은 낱말을 [보기]에서 찾아 써 보세요.

보기
확보　　반영

7 수필에는 지은이의 가치관과 삶의 태도가 반영 되어 있다.

8 국제 유가가 급격하게 상승함에 따라 정부는 대체 연료 확보 에 나섰다.

23일차 · 공부한 날 ___월 ___일

자연과 더불어 사는 친환경 농업

핵심 내용 이해

Q. 다음 낱말 카드를 활용하여 '친환경 농업'의 장점과 단점을 정리해 보자!

| 건강 | 환경 | 시간 | 비용 | 인체 | 생산성 |

- 친환경 농업의 장점은 예 환경을 오염시키지 않으면서도 인체에 무해한 건강한 먹거리를 생산할 수 있다는 것이다.
- 친환경 농업의 단점은 예 농작물을 재배하는 데 시간과 비용이 많이 들며, 생산성이 떨어질 수 있다는 것이다.

새로 알게 된 사실

Q. 이 글을 읽고 새롭게 알게 된 내용을 적어 보자!

예 화학 비료나 농약 등을 사용하지 않고 동물이나 천적, 미생물 등을 이용하여 환경과 인체에 무해한 친환경 농업을 하면 자연과 인간이 모두 건강하게 공생할 수 있다는 것을 알게 되었다.

나의 생각 정리

Q. 다음 글에 나타난 관점에서 '친환경 농업'이 중요한 이유를 써 보자!

지속 가능한 개발이란 '환경과 개발에 관한 세계 위원회'가 1987년에 발표한 「우리 공동의 미래」라는 보고서에 의해서 공식화된 말로, 미래 세대를 위해 한계 용량의 범위를 넘지 않는 선에서 현재 세대의 필요를 충족하는 경제, 사회, 환경의 조화로운 발전을 추구하는 것을 의미한다.

'나'는 예 다음 세대에게 건강하고 살기 좋은 환경을 물려주기 위해서 인간이 자연을 훼손하지 않고 자연과 공존할 수 있는 친환경 농업이 중요하다고 생각한다.

어휘력 확인

1~3 주어진 글자의 첫소리와 그 뜻에 알맞은 낱말을 빈칸에 넣어 문장을 완성해 보세요.

1 ㄷ ㅅ 하다: 어떤 대상의 자리나 구실을 바꾸어서 새로 맡다.
→ 기계가 인간의 역할을 점차 대신 하게 되었다.

2 ㅊ ㄱ 하다: 목적을 이룰 때까지 뒤쫓아 구하다.
→ 지나치게 높은 이상을 추구 하다 보면 실망이 클 수 있다.

3 ㅇ ㅎ 하다: 해로움이 있다.
→ 만 3세 이전에 미디어에 과도하게 노출되는 것이 유해 하다는 연구 결과가 있다.

4~5 다음 문장에 어울리는 낱말을 괄호 안에서 골라 ○표 해 보세요.

4 물건의 가격에는 일정 비율의 세금이 (포함 / 함유)되어 있다.

5 잡초는 생명력이 강해서 완전히 (수거 / 제거)하지 않으면 다시 자라난다.

6~8 다음 문장의 빈칸에 알맞은 낱말을 [보기]에서 찾아 써 보세요.

보기
상품성　　생산성　　친환경

6 농업의 기계화는 생산성 을 비약적으로 향상시켰다.

7 이 두부는 친환경 인증을 획득한 콩으로 만들어 안심하고 먹을 수 있다.

8 이번 신제품은 합리적인 가격과 개성 있는 디자인으로 상품성 을 인정받았다.

24일차

공부한 날   월   일

골프의 이해

핵심 내용 이해

Q. 이 글을 읽고 다음의 사건이 일어난 순서대로 번호를 적어 보자!

- 영국에서 상금을 건 골프 시합이 치러졌다. (2)
- 스코틀랜드 의회에서 골프 금지령이 내려졌다. (1)
- 미국에서 골프의 급속한 발전과 대중화가 이루어졌다. (3)

새로 알게 된 사실

Q. 이 글을 읽고 새롭게 알게 된 내용을 적어 보자!

예 골프는 작은 공을 쳐서 구멍에 넣는 경기로 공을 치는 횟수가 적을수록 유리하며, 스코틀랜드에서 처음 유래됐다는 것을 알게 되었다.

나의 생각 정리

Q. 다음 글을 읽고 젊은 세대들에게 골프 열풍이 부는 까닭에 대한 자신의 생각을 써 보자!

과거에 골프는 나이가 지긋한 상류층의 사교 운동이라는 인식이 강했다. 하지만 최근 들어서는 MZ 세대라 불리는 젊은 층에서 골프 열풍이 불고 있다. 이러한 젊은 세대들 사이의 골프 열풍은 골프 관련 산업의 성장에까지 영향을 미쳤다. 고가의 골프 장비뿐만 아니라 각종 의류와 액세서리에 이르기까지 젊은 골퍼들을 겨냥한 다양한 상품들이 쏟아져 나오고 있으며, 실제 매출의 증가세도 가파르다.

'나'는 예 젊은 세대들이 경험을 중시하고 현재를 즐기려고 하는 소비 성향을 가지고 있다는 점과 골프의 대중화가 맞물리며 젊은 세대들에게 골프 열풍이 부는 것이라고 생각한다.

어휘력 확인

1~3 다음 밑줄 친 말과 바꿔 쓸 수 있는 낱말을 보기 에서 골라 내용에 어울리게 써 보세요.

보기

| 날리다 | 도입되다 | 전파되다 |

1 재택근무가 끌려 들어오면서 직원들의 근무 환경 만족도가 높아졌다.
→ 도입되면서

2 말은 발보다 빨라서 괴이한 소문은 걷잡을 수 없이 전하여져 널리 퍼뜨려졌다.
→ 전파되었다

3 운동장에 모인 아이들은 종이비행기를 공중에 띄워서 어떤 위치에서 다른 위치로 움직이게 하며 지루함을 달랬다.
→ 날리며

4~5 다음 문장에 어울리는 낱말을 괄호 안에서 골라 ○표 해 보세요.

4 (지나친 / 지난한) 농담은 상대방의 기분을 상하게 할 수 있다.

5 과학의 (비속한 / 급속한) 발전은 우리 생활에 편리함을 가져왔다.

6~7 다음 문장의 빈칸에 들어갈 낱말을 보기 의 글자 카드를 짝지어 만들어 보세요.

보기

| 대 | 발 | 중 | 전 | 화 |

6 안전성을 높이고 충전소를 늘리는 것이 전기차 대 중 화 를 위한 방안이다.
대중 사이에 널리 퍼져 친숙해짐. 또는 그렇게 되게 함.

7 시민 의식이 발 전 함에 따라 사회적 약자와 소외 계층에 대한 배려가 늘어났다.
더 낫고 좋은 상태나 더 높은 단계로 나아감.

25일차

공부한 날   월   일

알고리즘의 폐해

핵심 내용 이해

Q. 다음 낱말 카드를 활용하여 이 글의 주제를 한 문장으로 적어 보자!

| 알고리즘 | 문제점 | 비판적 | 제한된 정보 |

예 알고리즘의 한계와 문제점을 올바르게 인식하고 제한된 정보만을 받아들임으로써 편협한 사고에 빠지지 않도록 비판적으로 사고하는 능력을 길러야 한다.

새로 알게 된 사실

Q. 이 글을 읽고 새롭게 알게 된 내용을 적어 보자!

예 유튜브의 추천 영상 기능은 콘텐츠 기반 필터링 방식과 협업 필터링 방식을 통해 제공된다는 것을 알게 되었다.

나의 생각 정리

Q. 다음 글에 나타난 문제를 예방하기 위한 자신의 생각을 써 보자!

최근 유튜브의 추천 영상 기능이 악용되며 이로 인한 피해가 속출하고 있다. 어린이들을 대상으로 하는 인기 애니메이션의 추천 영상에서 갑자기 폭력적이고 선정적인 콘텐츠가 제공되거나 자신이 검색했던 내용과 연관된 일부 상업적인 광고 콘텐츠가 반복적이고 무분별하게 제공되는 것 등이 그러한 예이다.

'나'는 예 유튜브를 시청할 때 설정 제어를 통해 일부 연령에 맞지 않는 선정적이고 폭력적인 콘텐츠를 사전에 제한하고, 검색어 저장 기능을 해제하여 특정 알고리즘에 반복적으로 노출되는 것을 방지하는 것이 좋다고 생각한다.

어휘력 확인

1~3 다음 뜻에 알맞은 낱말을 주어진 첫소리를 참고하여 써 보세요.

1 기초가 되는 바탕. 또는 사물의 토대 → ㄱ ㅂ : 기반

2 다른 것과의 관계나 접촉을 막거나 끊음. → ㅊ ㄷ : 차단

3 옳지 못한 경향이나 해로운 현상으로 생기는 해 → ㅍ ㅎ : 폐해

4~6 다음 문장의 빈칸에 알맞은 낱말을 보기 에서 찾아 써 보세요.

보기

| 거대 | 악용 | 제공 |

4 저소득층을 위한 경제 지원이 악용 되는 사례가 적발되었다.

5 특정인에게 금품을 제공 하여 지지를 호소하는 것은 선거법 위반이다.

6 정부에서는 거대 기업이 독과점을 하지 못하도록 감시하는 기능을 한다.

7~8 다음 밑줄 친 낱말과 바꿔 쓸 수 있는 낱말을 골라 ○표 해 보세요.

7 그들은 쌍둥이지만 비슷한 점보다는 다른 점이 더 많다. (유사 / 유한)

8 고속도로에서 충돌 사고가 발생해 차량의 통행을 금지하고 있다. (제한 / 제외)

26일차

공부한 날　　월　　일

명당을 찾아서

핵심 내용 이해

Q. 다음 낱말 카드를 활용하여 '배산임수'에 대해 설명해 보자!

| 물 | 산 | 찬바람 | 농업용수 |

배산임수는 　예 뒤에는 산이 있고 앞에는 물이 흐른다는 뜻이다.

배산임수는 　예 겨울철의 찬바람을 막아주기에 유리하다.

배산임수는 　예 농업용수를 확보하기에 용이하다.

새로 알게 된 사실

Q. 이 글을 읽고 새롭게 알게 된 내용을 적어 보자!

예 풍수지리설의 명당이 우리나라의 전통적인 취락 조건인 배산임수와 유사하며 풍수지리설은 역사적으로 우리나라에 많은 영향을 끼쳤다는 것을 알게 되었다.

나의 생각 정리

Q. 다음 글에 나타난 생각과 '풍수지리설'의 공통점을 찾아 이에 대한 자신의 생각을 써 보자!

환경결정론은 인간의 생활 양식이 자연이 부여한 조건에 의하여 결정된다는 것으로, 자연에 대한 인간의 수동성을 강조하는 견해이다. 이는 독일의 지리학자 라첼에 의하여 체계화되었는데 인간의 지역적 생활 양식뿐만 아니라 역사와 문화까지도 인간의 자유로운 선택에 의한 것이 아니라 자연 환경에 의해 규제된다고 본다.

'나'는 　예 환경결정론과 풍수지리설이 모두 자연적인 환경이 인간의 생활 양식을 결정한다고 보는 관점에서 유사하다고 본다. 하지만 자연에 대해 지나치게 순응적인 태도는 경계할 필요가 있다고 생각한다. 인간의 능력은 무한하므로 주어진 환경에 국한되지 않고 능동적으로 개척해 나갈 수 있다고 믿는다.

어휘력 확인

1~3　다음의 낱말에 알맞은 뜻을 선으로 이어 보세요.

1 민간 ·　　· 우러러 공경함.

2 숭배 ·　　· 일반 백성들 사이

3 확보 ·　　· 확실히 보증하거나 가지고 있음.

4~6　주어진 글자의 첫소리와 그 뜻에 알맞은 낱말을 빈칸에 넣어 문장을 완성해 보세요.

4 　ㅇ ㄹ　하다: 이익이 있다.
→ 교통 혼잡 시간에는 자가용보다 대중교통을 이용하는 것이 　유리　하다.

5 　ㄱ ㅁ　하다: 서로의 관계가 매우 가까워 빈틈이 없다.
→ 우리 시에서는 교육과 행정이 　긴밀　하게 협조하여 다양한 행사를 주최하고 있다.

6 　ㅈ ㅈ　하다: 어떤 사람이나 단체 따위의 주의·정책·의견 따위에 찬동하여 이를 위하여 힘을 쓰다.
→ 전교 회장 선거에 출마한 소윤이를 　지지　하기 위해 우리 반 친구들이 힘을 모았다.

7~8　다음 문장의 빈칸에 들어갈 낱말을 보기의 글자 카드를 짝지어 만들어 보세요.

| 보기 |
| 고 | 론 | 거 | 려 |

7 이미 결정된 사안을 다시 　거　론　하는 것은 시간 낭비일 뿐이다.
어떤 사항을 논제로 삼아 제기하거나 논의함.

8 우리 학교에서는 이번 수학여행 장소로 제주도를 　고　려　하고 있다.
생각하고 헤아려 봄.

27일차

공부한 날　　월　　일

경제적 자유를 꿈꾸는 사람들

핵심 내용 이해

Q. 주어진 첫소리를 참고하여 '경제적 자유'의 의미를 정리해 보자!

경제적 자유란 일을 하지 않고도 일정한 　ㅅ ㅇ　을 만들어 내거나 금융 　ㅈ ㅅ　을 활용함으로써 일과 　ㄷ　에 종속되지 않고 자신의 　ㅇ ㅈ　대로 삶을 설계할 수 있는 자유를 말한다.

답　수익 / 자산 / 돈 / 의지

새로 알게 된 사실

Q. 이 글을 읽고 새롭게 알게 된 내용을 적어 보자!

예 파이어족이란 2008년 미국의 금융 위기 이후 고학력 고소득자들 사이에서 퍼진 개념으로 20~30대에 극단적인 저축을 통해 노후 자금을 마련하여 자발적인 조기 은퇴를 꿈꾸는 사람들을 지칭하는 말이라는 것을 알게 되었다.

나의 생각 정리

Q. 다음 글을 읽고 '경제적 자유를 꿈꾸는 사람들'이 늘어날 때 발생할 수 있는 사회적 문제에 대해 써 보자!

우리나라는 복지 국가의 형태를 지향하며 국민에게 거두어들인 세금을 통해 복지를 실현하고 행정 비용을 마련한다. 세금은 물건 가격에 포함되어 있기도 하고 개인의 재산 여부에 따라 차등 부과되기도 하는 등 여러 가지 경로를 통해 모이는데 그중에서도 고정적이고 높은 비중을 차지하는 것이 소득세이다. 즉, 개인이 벌어들인 돈에 대하여 일정 비율의 세금을 부과하고 이렇게 거두어들인 세금은 각종 공공재와 교육 문화 시설 전반에 대한 공적 자금의 마련과 경제적 사각지대에 있는 소외된 계층을 위한 복지 자금으로 운용된다.

예 사람들이 너무 이른 나이에 경제적 자유를 꿈꾸며 일하는 것을 멈추게 되면 국가의 재정적 위기에도 영향을 줄 수 있으므로 주의해야 한다.

어휘력 확인

1~3　다음 뜻에 해당하는 낱말을 보기에서 찾아 써 보세요.

| 보기 |
| 생소하다 | 씁쓸하다 | 험난하다 |

1 험하여 고생스럽다.　→ 험난하다

2 달갑지 아니하여 조금 싫거나 언짢다.　→ 씁쓸하다

3 어떤 대상이 친숙하지 못하고 낯이 설다.　→ 생소하다

4~5　다음 뜻풀이를 참고하여 십자말풀이를 완성해 보세요.

4 ㉠ 중용을 잃고 한쪽으로 크게 치우치는, 또는 그런 것

5 ㉡ 그렇지 아니하다고 단정하거나 옳지 아니하다고 반대하는, 또는 그런 것

	극
	단
부	정	적

6~8　다음 문장의 빈칸에 알맞은 낱말을 보기에서 찾아 써 보세요.

| 보기 |
| 경향 | 수익 | 열망 |

6 음악을 향한 그녀의 　열망　은 아무도 막을 수가 없다.

7 삼촌은 식당 운영을 통해 막대한 　수익　을 거두어들이셨다.

8 미디어에 과다하게 노출된 학생들은 집중력이 떨어지는 　경향　이 있다.

미세 플라스틱의 위협

핵심 내용 이해

Q. 다음 글자 카드를 활용하여 글쓴이가 이 글을 쓴 목적을 완성해 보자!

글쓴이는 [미][세] 플라스틱의 실태와 [유][해][성]을 알리고 경각심을 일깨우기 위하여 이 글을 썼다.

새로 알게 된 사실

Q. 이 글을 읽고 새롭게 알게 된 내용을 적어 보자!

예 미세 플라스틱은 체내에 농축되면 각종 질병을 일으킬 수 있는 유해한 물질이라는 것을 알게 되었다.

나의 생각 정리

Q. 다음 글을 읽고 '미세 플라스틱'의 사용을 규제할 수 있는 방법에 대해 자신의 생각을 써 보자!

미세 플라스틱의 위험성이 입증되면서 각국에서는 미세 플라스틱의 사용을 규제하기 위한 방안을 내놓고 있다.

미국에서는 2015년 미세 플라스틱이 함유된 세정 제품의 생산을 중지하는 법안을 통과시켰고, 캐나다 연방 정부는 2016년 환경 보호법에서 규정하는 유해 물질에 미세 플라스틱을 추가하였다. 한국은 2017년 2월 식약처에서 미세 플라스틱 규제 관련 개정안을 고시하고, 7월부터 미세 플라스틱이 함유된 화장품과 세정제의 판매를 전면 금지하였다.

'나는' 예 미세 플라스틱의 위험성에 대한 적극적인 홍보와 교육이 우선되어 사람들의 인식의 전환이 필요하다고 생각한다. 그 다음으로는 미세 플라스틱이 함유된 제품을 생산하는 제조 업체와 사용자에게 세금을 부과하는 것도 하나의 방법이 될 수 있을 것 같다.

어휘력 확인

1~3 다음 밑줄 친 낱말의 뜻으로 알맞은 것을 찾아 ○표 해 보세요.

1 인간은 경험의 축적을 통해 진보하고 성장한다.
→ (지식, 경험, 자금 따위를 모아서 쌓음. / 부족한 것을 보충하여 완전하게 함.)

2 또래 친구와의 경쟁은 동기를 유발할 수 있는 건강한 자극이다.
→ (어떤 것이 다른 일을 진정되게 함. / 어떤 것이 다른 일을 일어나게 함.)

3 미세먼지 저감 조치에 따라 노후 차량에는 먼지를 흡수하는 장치를 달아야 한다.
→ (빨아서 내보냄. / 빨아서 거두어들임.)

4~6 다음 밑줄 친 말과 바꿔 쓸 수 있는 낱말을 보기 에서 골라 내용에 어울리게 써 보세요.

보기
강력하다   배출되다   처분하다

4 아스피린의 복용 효과는 생각보다 힘이나 영향이 강했다. → 강력했다

5 쓰지 않는 물건들을 처리하여 치우고 나니 방안이 한결 깔끔해졌다. → 처분하고

6 공장에서 각종 폐수가 여과 없이 안에서 밖으로 내보내져서 수질 오염이 심각해졌다. → 배출되어

7~8 다음 문장의 빈칸에 알맞은 낱말을 보기 에서 찾아 써 보세요.

보기
섭취   배출   첨가

7 5대 영양소를 균형 있게 섭취 하는 것이 건강의 첫걸음이다.

8 여름철 음식을 만들 때 매실 발효액을 첨가 하면 배탈 예방에 효과적이다.

세계적인 건축가 가우디

핵심 내용 이해

Q. 이 글의 내용과 일치하는 문장에는 ○표, 그렇지 않은 문장에는 ✕표를 해 보자!

가우디의 건축물은 곡선의 아름다움과 자연과의 조화를 중시한다. (○)

가우디는 자신의 후원자인 구엘을 위하여 사그라다 파밀리아 성당을 건축하였다. (✕)

가우디는 바르셀로나 건축 학교에서 우수한 성적을 거두면서 인정받기 시작하였다. (✕)

새로 알게 된 사실

Q. 이 글을 읽고 새롭게 알게 된 내용을 적어 보자!

예 가우디는 스페인을 대표하는 건축가이며, 그의 작품 중 다수가 유네스코 세계 유산에 등재되어 있다는 사실을 알게 되었다.

나의 생각 정리

Q. 다음 글을 읽고 예술가가 갖추어야 할 자질에 대하여 자신의 생각을 써 보자!

스페인을 대표하는 예술가 중에 가우디만큼 유명한 사람이 바로 파블로 피카소지요. 그림에 대해 아무것도 모르는 사람일지라도 피카소의 그림은 한 번쯤 보았을 것입니다. 피카소는 회화 작품 이외에도 판화, 조각, 도자기 등 다양한 장르의 작품을 제작하며 90세가 될 때까지도 활발한 예술 활동을 이어 갔어요. 피카소의 작품들은 그의 천부적인 재능뿐만 아니라 파격적인 시도와 과감한 도전에서 비롯된 것이에요. 당시 서구 미술의 전통적인 규범이나 같은 원근법을 무시하고 자신만의 방식으로 대상을 재해석한 피카소의 기법은 현대 미술의 영역을 확장해 주는 역할을 하였어요.

'나는' 예 예술가가 갖추어야 할 가장 중요한 자질 중 하나는 파격적인 시도와 도전이라고 생각한다. 기존의 형식을 따르는 것에 그치지 않고 자기만의 상상력을 토대로 하여 다양한 시도를 해야만 특별한 예술 작품이 탄생할 수 있는 것 같다.

어휘력 확인

1~3 다음 뜻에 해당하는 낱말을 보기 에서 찾아 써 보세요.

보기
등재되다   중시하다   치밀하다

1 자세하고 꼼꼼하다. → 치밀하다

2 일정한 사항이 장부나 대장에 올려지다. → 등재되다

3 가볍게 여길 수 없을 만큼 매우 크고 중요하게 여기다. → 중시하다

4~6 다음 문장의 빈칸에 들어갈 낱말을 보기 의 글자 카드를 짝지어 만들어 보세요.

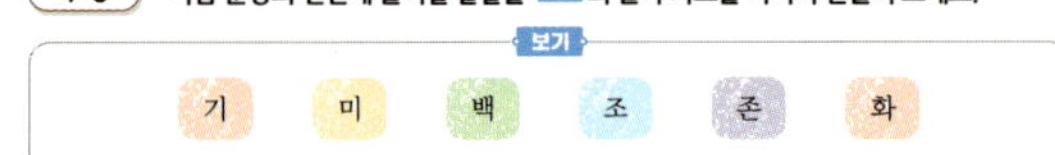

4 이번 여행의 [백][미] 는 수평선 너머의 일출이었다.
여럿 가운데에 가장 뛰어난 사람이나 훌륭한 물건을 비유적으로 이르는 말

5 터키는 동서양 문화의 [조][화] 를 체험할 수 있는 관광지로 유명하다.
서로 잘 어울림.

6 그들은 마땅한 대안을 찾지 못했기 때문에 [기][존] 의 계획대로 실행하기로 했다.
이미 존재함.

7~8 다음 뜻에 알맞은 낱말을 글자의 첫소리를 참고하여 써 보세요.

7 전체에 걸쳐 남김없이 완전한. 또는 그런 것 → [ㅈ][ㅍ]적: 전폭

8 하는 구실이나 작용과 관련된. 또는 그런 것 → [ㄱ][ㄴ]적: 기능

말하는 사람의 마음을 읽어 보아요

핵심 내용 이해

Q. 다음 글자 카드를 활용하여 언어의 네 가지 기능을 써 보자!

| 령 | 친 | 서 | 명 | 보 | 정 | 교 | 정 |

사람의 의사소통 수단인 언어는 말하는 사람의 의도와 목적에 따라 [정][보]적, [명][령]적, [친][교]적, [정][서]적 기능을 갖는다.

새로 알게 된 사실

Q. 이 글을 읽고 새롭게 알게 된 내용을 적어 보자!

예) 언어의 명령적 기능은 직접적으로 나타날 수도 있고, 간접적으로 나타날 수도 있다는 것을 알게 되었다.

나의 생각 정리

Q. 다음 글을 읽고 상황에 따른 언어의 기능이 중요한 까닭에 대하여 써 보자!

언어는 처한 상황에 따라 각기 다른 기능으로 작용할 수 있다. 예를 들어 "오늘 날씨가 참 좋다."라는 문장을 두고 특별한 목적이나 의미가 없이 상대방에게 건넨 말이라면 이것은 친교적 기능에 해당한다. 하지만 지인에게 운동을 권유하는 상황이라면 이것은 날씨가 좋으니 밖에 나가서 운동을 하라는 명령적 기능을 간접적으로 표현한 것이 된다. 만약 이 문장이 오늘의 날씨를 묻는 누군가에게 대답의 목적으로 쓰인 것이라면 이때는 정보적 기능을 갖게 된다.

'나'는　예) 언어의 기능을 말하는 상황과 말하는 사람의 의도에 따라 올바르게 파악하지 못한다면 의사소통에 장애가 생기거나 상호 간의 오해가 생길 수 있으므로 언어의 기능이 중요하다고 생각한다.

어휘력 확인

(1~3) 주어진 글자의 첫소리와 그 뜻에 알맞은 낱말을 빈칸에 넣어 문장을 완성해 보세요.

1 ㅈ ㅅ 하다: 일러서 시키다.
→ 우리 대표 팀 선수들은 감독이 [지시]한 대로 조직적으로 움직였다.

2 ㅈ ㅇ 하다: 어떠한 현상을 일으키거나 영향을 미치다.
→ 첫인상은 어떤 사람과의 관계를 맺을 때 매우 중요하게 [작용]한다.

3 ㅅ ㅎ 하다: 생각하거나 계획한 대로 일을 해내다.
→ 영신이는 반장의 역할을 훌륭하게 [수행]하여 친구들에게 모범을 보였다.

(4~5) 다음 문장에 어울리는 낱말을 괄호 안에서 골라 ○표 해 보세요.

4 희영이와는 모둠 활동을 함께하면서 끈끈한 ((유대감) / 적대감)이 생겼다.

5 졸업식을 앞두고 보니 후련하면서도 섭섭한 (통합적 / (복합적))인 감정이 들었다.

(6~8) 다음 문장의 빈칸에 알맞은 낱말을 [보기]에서 찾아 써 보세요.

보기
기능　　　유도　　　의도

6 마술사는 관객들의 시선을 상자로 [유도]하였다.

7 편집자의 [의도](으)로 인해 주인공에 대한 평가가 달라지기도 한다.

8 최첨단 자동화 [기능]을/를 갖춘 시스템은 배우는 데 시간과 노력이 필요하다.

약점 유형 분석표

- 일차별로 채점 후, 본문의 틀린 문제 번호에 ○표 하세요.
- 자신이 잘 틀리는 문제 유형이 무엇인지 확인해 봅니다.
- 틀린 문제는 해설을 통해 왜 틀렸는지 정확히 이해할 수 있도록 합니다.

일차	화제 파악	주제 파악	내용 이해	구조 이해	내용 추론	비판과 평가	상황에 적용
Day 01							
Day 02							
Day 03							
Day 04	❶		❷		❸		
Day 05			❶		❷		❸
Day 06	❶		❷		❸		❹
Day 07	❶			❷	❹		❸
Day 08	❶		❷		❸		❹
Day 09			❶ ❷		❸		❹
Day 10			❶ ❷		❸		❹
Day 11	❶		❷		❸		❹
Day 12	❶		❸		❷		❹
Day 13			❶	❸	❷		❹
Day 14			❶	❷		❹	❸
Day 15			❶	❷		❸	❹

일차	화제 파악	주제 파악	내용 이해	구조 이해	내용 추론	비판과 평가	상황에 적용
Day 16		❶	❷			❸	❹
Day 17	❶		❷			❸	❹
Day 18	❶		❷		❸		❹
Day 19	❶		❷		❸		❹
Day 20	❶		❷		❸		❹
Day 21	❶		❷				❸ ❹
Day 22		❶	❷			❸	❹
Day 23		❶	❷	❸			❹
Day 24			❶ ❷		❸		❹
Day 25		❶	❷			❸	❹
Day 26	❶		❷	❸			❹
Day 27		❶	❷		❸		❹
Day 28		❶	❷		❸		❹
Day 29	❶		❷		❸	❹	
Day 30		❶	❷	❸			❹

MEMO

똑똑 초등 국어 문해력은

문장 독해, 문단 독해, 지문 독해 훈련에
최적화된 교재입니다.

문장 독해 각 문장이 담고 있는 의미를 올바르게 해석해야
문단의 의미를 정확히 이해할 수 있습니다.

문단 독해 문단 간의 관계와 각 문단의 역할을 이해해야
글의 전체 흐름을 제대로 파악할 수 있습니다.

지문 독해 글의 전체 내용을 짧고 명확한 문장으로 요약할 수 있어야
글을 완벽하게 이해한 것으로 볼 수 있습니다.